Hagen Seidel
Schrei vor Glück

Schon wieder
für Martina und Fritz

Hagen Seidel

Schrei vor Glück

Zalando oder shoppen gehen war gestern

orell füssli Verlag

Umschlaggestaltung: Hauptmann & Kompanie Werbeagentur, Zürich
Druck: fgb • freiburger graphische betriebe, Freiburg

ISBN 978-3-280-05516-8

Die Deutsche Nationalbibliothek verzeichnet diese Publikation in der Deutschen Nationalbi-
bliografie; detaillierte bibliografische Daten sind im Internet über http://dnb.d-nb.de abrufbar.

Inhalt

Zalando

Gegründet: Juli 2008 von Robert Gentz und David Schneider

- 150 000 Artikel
- 1500 Marken
- 15 Millionen Kunden (Stand Mai 2013)

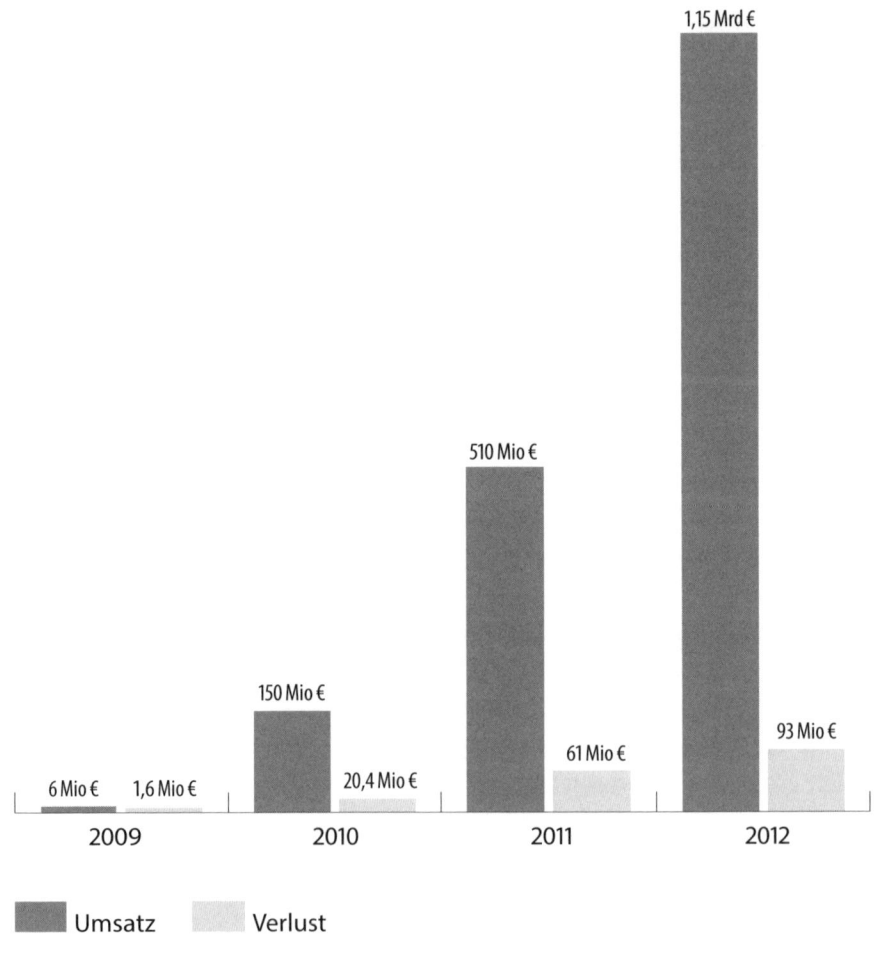

2009   2010   2011   2012

6 Mio €   1,6 Mio €   150 Mio €   20,4 Mio €   510 Mio €   61 Mio €   1,15 Mrd €   93 Mio €

■ Umsatz   ▨ Verlust

Gewinnmarge Ebit (Gewinn vor Steuern und Zinsen):

- 2010: minus 15 Prozent
- 2011: minus 12 Prozent
- 2012: minus 7 Prozent

Eigentümer (Stand 30. Juni 2013, Werte gerundet):
Rocket Internet : 36 Prozent
Investment AB Kinnevik: 29 Prozent
Holtzbrinck Ventures: 10 Prozent
DST Global: 9 Prozent
Tengelmann Ventures: 7 Prozent
Zalando-Management: 6 Prozent
Quadrant Capital Advisors: 1 Prozent
J. P. Morgan Asset Management: 1 Prozent

Zalando-Standorte
Zentrale Berlin: 1000 Mitarbeiter an mehreren Standorten
Logistik: Großbeeren/Brandenburg: Seit Sommer 2010. 25 000 Quadratmeter Fläche, 1000 Mitarbeiter (betrieben vom Dienstleister DocData)

Brieselang/Brandenburg: Seit Sommer 2011. 25 000 Quadratmeter Fläche, 1000 Mitarbeiter
Erfurt/Thüringen: Seit Winter 2012. 110 000 Quadratmeter, 2000 Mitarbeiter
Mönchengladbach/Nordrhein-Westfalen: Start zweites Halbjahr 2013. 75 000 Quadratmeter plus Erweiterungsfläche. Planziel 1000 Mitarbeiter

Einkaufsbüros in Stockholm, London, Paris, Mailand

Vertreten in Deutschland (seit 2008), Österreich (2009), Holland, Frankreich (2010), Italien, Großbritannien, Schweiz (2011), Belgien, Spanien, Finnland, Norwegen, Polen, Dänemark, Schweden (2012/13)

Geschäftsführer Robert Gentz, David Schneider, Rubin Ritter

Einführung

Oder: Welche Boygroup ist das?

Die Herren in ihren gehobenen Stadtverwaltungs-Outfits – Anzug, Krawatte, Mantel – wirken etwas verloren, wie sie da so auf dem freien Feld herum stehen. Sie warten. Der Oberbürgermeister von Mönchengladbach, sein Mann für die Wirtschaftsförderung und der für die Stadtplanung harren an diesem Frühjahrstag 2012 im matschigen, kaum erschlossenen Gewerbegebiet an der Autobahn 61 der potenziellen Investoren.

Irgendwann, endlich, fahren statt dunkler Vorstands-Limousinen zwei schlichte, beigefarbene Großraumtaxis vor. Und jetzt kommt es zu einer dieser skurrilen Begegnungen, die so typisch sind für die Verwirrungen, die der Onlinehändler Zalando in die Welt der Wirtschaft gebracht hat. Denn den Autos entsteigen nicht gesetzte Herren mit Haifischblick, gekleidet in der businessmäßigen Entsprechung des Stadtverwaltungs-Outfits, sondern lockere, junge Männer in etwas, das der Herr Oberbürgermeister für die Freizeitkluft der Jugend von heute halten muss. »Mein erster Gedanke war: Wer kommt da denn?«, erinnert sich Stadtoberhaupt Norbert Bude, »welche Boygroup ist das?«

Diese Jünglinge wollen sich wirklich in seiner Stadt ansiedeln und hier Millionen investieren? Die Geschäftsführer und die führenden Mitarbeiter der jungen Kultmarke Zalando, die in den ersten vier Jahren ihres Bestehens schneller gewachsen ist als jedes andere Unternehmen in Europa, hatten sich die Herren der Stadtverwaltung irgendwie ganz anders vorgestellt.

Doch im Gespräch merken die Rathaus-Leute sehr schnell, was für Manager in Freizeitkleidung sie da vor sich haben: »Die waren extrem gut vorberei-

tet, stellten die wichtigen Fragen und bestanden auf vernünftigen Antworten«, erinnert sich Bude. Gleich in diesem allerersten Gespräch werden sich beide Seiten einig und stellen einen Zeitplan für den Bau eines riesigen Logistikzentrums auf. Das soll nicht nur Nordrhein-Westfalen und die angrenzenden Bundesländer, sondern gleich auch noch Holland, Belgien und Frankreichs künftig mit Schuhen und Mode versorgen und die Kundinnen vor Glück schreien lassen. Genauso wie in den inzwischen legendären Werbespots.

»Wir gaben uns den Handschlag und bisher haben sich beide Seiten an alle Abmachungen gehalten«, staunt Mönchengladbachs Oberbürgermeister noch ein Dreivierteljahr später bei der Grundsteinlegung des Betriebes, der 1000 Menschen Arbeit geben soll. Dabei hatte er schon befürchtet, die Sache mit dem Handschlag, der tatsächlich noch etwas gilt, sei aus der Mode gekommen. Und dass Investoren per SMS statt in einem förmlichen Brief nachfragen, wie weit es mit der besprochenen Änderung des Bebauungsplanes denn nun sei, haben sie in deutschen Stadtverwaltungen auch noch nicht so häufig erlebt.

Bei Zalando geben sie halt nicht viel auf herkömmliche Formalien, sie haben keine Zeit, sie haben eine Vision und wollen Fakten. Hier sind keine halbwüchsigen Möchtegern-Unternehmer am Werk, sondern Macher, die klotzen statt zu kleckern. »Hauptsache groß«, umschreibt Oliver Samwer, mythenumrankter Serien-Firmengründer und Zalando-Geldgeber der ersten Stunde, diese Marschrichtung.

Bisher funktioniert es blendend, die junge Marke aus Berlin hat – Stand Mai 2013 – 15 Millionen Kunden, die schon mehrfach bestellt haben. Pro Monat kommen noch 500000 Neukunden hinzu, von denen viele ebenfalls bleiben. Eine Million Pakete verschickt Zalando jeden Monat nach Deutschland, Österreich, in die Schweiz und elf weitere europäische Länder. Die Kunden haben die Auswahl aus 150000 verschiedenen Mode- und Schuh-Produkten von 1500 Marken – das sind so viele Artikel, wie sie in 60 oder 70 klassische Geschäfte hineinpassen würden. Über eine Milliarde Euro Umsatz hat Zalando den geschockten, bisweilen ratlosen klassischen Händlern in Europa allein 2012 schon abspenstig gemacht, doppelt so viel wie noch im Vorjahr. Die zweite Milliarde ist wohl nur eine Frage der Zeit. Das reicht schon jetzt für den Titel des größten E-Commerce-Versenders für Fashion-

artikel in Europa. Die Internetseite verzeichnet nach Unternehmensangaben 100 Millionen Besuche jeden Monat.

Und weil das Wachstum ungebremst weitergeht, spekulieren Experten schon, wie viele Tausend herkömmliche Läden schließen müssen und wie viele Innenstädte veröden werden, weil der Onlinehandel – längst nicht nur Zalando – in atemberaubender Geschwindigkeit in Deutschland, Europa und in der ganzen Welt die Einkaufsgewohnheiten auf den Kopf stellt.

Klassisches Shoppengehen war gestern, Smartphone und Tablet-PC ersetzen vor allem bei jungen Leuten gleichermaßen den Stadtbummel wie das Blättern in Omas 1 000 Seiten dickem Versandhauskatalog. Dabei ist Zalando und der gesamte Onlinehandel eigentlich gar nichts anderes als Quelle, Neckermann oder Otto, nur mit Elektroantrieb.

Umso faszinierender ist das Phänomen, das in seinen Auswirkungen der Ablösung der Tante-Emma-Läden durch die Selbstbedienungs-Supermärkte in nichts nachsteht. Und doch ändert sich alles viel schneller, als die meisten glauben. Vor allem schneller, als es viele Einzelhändler erwarten, in deren Läden immer weniger Kunden auftauchen. Fast alle Prognosen zum Wachstum der Angreifer aus dem Internet mussten bisher über den Haufen geworfen werden, weil sie von der Wirklichkeit überholt wurden.

Nach einer Allensbach-Studie kauften 2012 noch 52 Prozent aller Bundesbürger am liebsten in klassischen Geschäften ein. Schaut man sich allerdings nur die Bevölkerung unter 30 Jahren an, sind es gerade noch 23 Prozent, die am liebsten auf die Art einkaufen, wie es schon ihre Eltern taten. Umgekehrt bevorzugen elf Prozent der Gesamtbevölkerung den Einkauf im Internet, bei der jüngeren Zielgruppe sind es mit 20 Prozent bereits fast doppelt so viele (Allensbacher Archiv, IfD-Umfrage 10096, 2012). Schon diese wenigen Zahlen zeigen, wohin in den kommenden Jahren der Trend beim Einkaufen gehen wird – und dass sich der Onlineboom noch immer am Anfang befindet. Die Statistiken über die Umsatzzahlen weisen breite Streuungen auf. Nimmt man die Zahlen des Handelsverbands Deutschland (HDE), so kauften die Deutschen 2012 im Internet Waren im Wert von 29,5 Milliarden Euro ein. In diesen Wert nicht eingerechnet sind Dienstleistungen wie Downloads und die Umsatzsteuer. Andere Quellen zählen diese Werte hinzu – was zu allgemeiner Verwirrung beiträgt, wenn man die Größe dieses Marktes erfassen will. Für 2013 erwartet der HDE ein weiteres Wachstum des Onlineumsatzes

um zwölf Prozent auf gut 33 Milliarden Euro. Zehn Jahre zuvor hatte der Wert gerade bei elf Milliarden gelegen.

Von 100 Euro, die die Deutschen für Mode und Schuhe ausgeben, landen laut HDE bereits 15 Prozent bei Onlinehändlern. Die Quote wird weiter steigen.

Der Dauer-Boom des Onlinehandels

E-Commerce-Umsätze mit Waren in Deutschland, ohne Umsatzsteuer
In Milliarden Euro

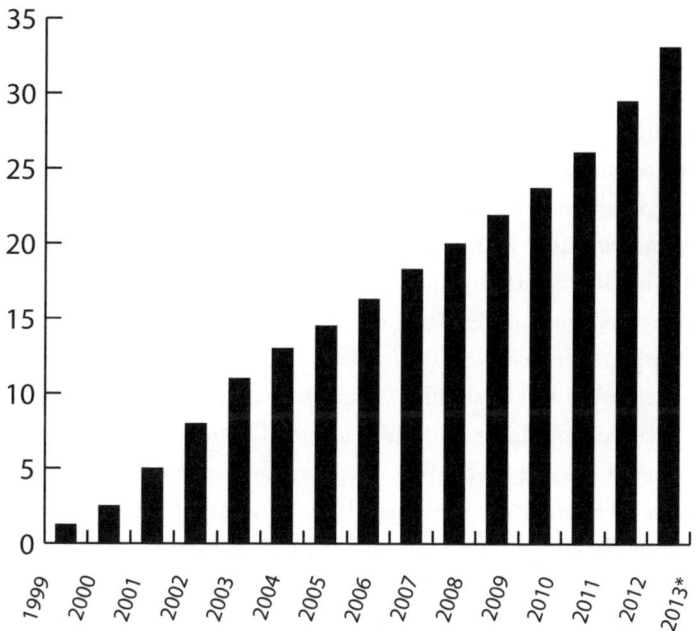

Quelle: Handelsverband Deutschland HDE
*HDE-Prognose

Knapp zehn Prozent der privaten Konsumausgaben der Deutschen landen nach einer Prognose des Forschungsinstituts IFH Köln 2013 bereits bei Anbietern aus dem Internet. Weit größer sind Bedeutung und Wachstum des Online-Einkaufs, wenn man sich nur jene Produkte anschaut, die Zalando verkauft: In der Kategorie »Fashion & Accessoires« verbuchen die Onliner laut IFH bereits knapp 17 Prozent des Umsatzes der gesamten Branche in

Deutschland auf sich. 2007 waren es noch nicht einmal fünf Prozent. Damit wächst der Modehandel im Netz sogar noch schneller als der virtuelle Absatz von Unterhaltungselektronik und Computern. Nirgends entfällt so viel Umsatz auf die Eroberer aus dem Cyberspace wie bei der Mode und der Elektronik (IFH Köln, Branchenreport Online-Handel Jahrgang 2013).

»Online und Mobilfunk werden den Einzelhandel in den nächsten fünf Jahren stärker verändern als in den vergangenen 50«, glaubt Jochen Hiemeyer, Handelsexperte der Unternehmensberatung Accenture. (Accenture: »The Seamless Consumer Speaks – Are Retailers Listening?«, Februar 2013)

Zalando ist damit neben Amazon und ebay der wesentliche Treiber dieses Paradigmenwechsels in der Einkaufswelt Europas – und der bedeutendste, der nicht aus den USA stammt. Sondern aus dem ehemaligen Strom-Umspannwerk in Berlin-Prenzlauer Berg. Grund genug, sich die Wachstumsmaschine Made in Germany, die inzwischen Kunden in 14 Ländern beliefert, genauer anzuschauen. Dafür habe ich mit vielen gesprochen, die zu Zalando etwas sagen können: angefangen von den beiden Firmengründern, den Investoren und Mitarbeitern über Lieferanten, Geschäftspartner und Konkurrenten bis hin zu Wissenschaftlern und Unternehmensberatern.

Mit der großen Lupe betrachtet, zerfällt die Beurteilung von Zalando im Wesentlichen in zwei Teile: in die Frage der operativen Exzellenz zum einen und in jene nach der wirtschaftlichen Zukunftsfähigkeit zum anderen: Dass die Zalando-Macher in sehr kurzer Zeit eine überdurchschnittlich gut funktionierende Marketing-, Verkaufs-, Logistik- und Wachstumsmaschinerie mit tollen Verkaufserfolgen geschaffen haben, die ihresgleichen sucht, erkennen sogar Konkurrenten an. Bei der Frage jedoch, ob dieses Wachstumswunder auf Dauer attraktive Gewinne erzielen kann, ist es mit der Einigkeit vorbei: Über diese Frage tobt der Meinungskrieg zwischen Handelsexperten in den Büros der Verwaltungsgebäude der etablierten Konsumbranche ebenso wie zwischen den Start-up-Nerds in den Internetforen. Die einen halten Zalando für eine riskante Internetwette ohne reale Basis, die anderen für eine der genialsten Firmengründungen der vergangenen Jahre.

Setzt sich also die von den Gründern Robert Gentz und David Schneider sowie den Investoren um die geheimnisvollen Samwer-Brüder verbreitete Version durch, nach der das Unternehmen jetzt auf Teufel komm raus investieren muss, um vor seinen Konkurrenten auf jenen Märkten zu sein, in

denen in den kommenden Jahren mutmaßlich das große Geld verdient wird? Sind die Verluste von heute tatsächlich die Gewinne von morgen? Oder pumpen die Investoren das Unternehmen nur mit ihren Marketing-Millionen auf, damit sie beim Ausstieg – etwa über einen Börsengang – das Mehrfache davon zurückbekommen? Wobei sie in Kauf nehmen, dass das Unternehmen anschließend in sich zusammenfällt?

Ist Zalando also einer der großen lukrativen Fashionanbieter zumindest des kommenden Jahrzehnts oder lediglich ein Schneeballsystem, an dem lediglich jene Millionäre und Milliardäre verdienen können, die als erste investiert haben? Diese Frage, die »Zalando-Frage« sozusagen, ist 2013 noch längst nicht beantwortet. Genau das macht die Beobachtung dieses ungewöhnlichen Unternehmens umso spannender.

Je weiter meine Gesprächspartner von Zalando entfernt waren, desto skeptischer äußerten sie sich zur Chance, dass das Unternehmen jemals in die Gewinnzone kommen kann. Aber je näher sich die Informanten am Onlinehändler, seinen Managern und seinem Geschäftsmodell befanden – etwa als Geschäftspartner –, desto sicherer waren sie, dass Zalando auf Dauer ein Erfolg wird.

Dieses Buch versucht, so objektiv wie möglich zu beleuchten, was da gerade passiert in unserer Einkaufswelt. Denn an einer solchen Objektivität fehlt es bisweilen im Umgang mit diesem emotionalen Thema. Dass dem Strukturwandel im Schuh- und Modehandel, den neben Zalando viele andere junge Unternehmen betreiben, traditionelle Händler zum Opfer fallen, ist nun mal ein wesentliches Element unserer Marktwirtschaft. Und kein Grund, die neuen Händler zu verdammen. Die Zeit der Tante-Emma-Läden war auch irgendwann vorbei. An ihrer Stelle eroberten Selbstbedienungsgeschäfte den Markt, weil sie den Kunden Vorteile versprachen. Ähnlich ist es jetzt beim Siegeszug der Onlinehändler. Nur geht alles noch viel schneller, wie auch der Autor beim Schreiben dieses Buches feststellen musste: Mehrfach waren Passagen zu aktualisieren, weil die Entwicklung im Markt und vor allem bei Zalando so rasant voranschritt. Dass sich das auch nach der Drucklegung des Buches fortsetzt, ist sehr wahrscheinlich.

Die Skepsis dem Unternehmen Zalando gegenüber, die bisweilen in Häme umschlägt, zeigt, dass Deutschland noch längst nicht die Gründermentalität hat, wie sie etwa in den Vereinigten Staaten vorherrscht und wie

wir sie auch hier gut gebrauchen könnten. Zumindest ein wenig davon. Während in den USA derjenige, der etwas Neues versucht, zunächst mit Applaus und einem gewissen Vertrauensvorschuss bedacht wird, erklären in Deutschland viele, warum etwas nie Dagewesenes auf keinen Fall funktionieren kann. Auch in Zukunft nicht.

Die vielen Gründer der Generation unter 30 Jahren oder knapp darüber in Deutschland hätten es stattdessen verdient, von der Gesellschaft stärker angefeuert und unterstützt zu werden: Sie schaffen Unternehmen und Arbeitsplätze und zahlen – jedenfalls diejenigen, die profitabel werden – irgendwann auch Steuern. Dass viele so weit niemals kommen werden und ihre Firmen wieder schließen müssen, ist kein Grund, die aktuelle Gründerwelle in Deutschland – und insbesondere in Berlin – nicht trotzdem zu begrüßen. Einige, vielleicht sogar viele dieser erwachsen werdenden Start-ups werden überleben und zu den wichtigen Unternehmen der kommenden Jahre gehören. Es spricht einiges dafür, dass Zalando dabei sein kann.

Doch selbst wenn nicht, so hat doch dieses Unternehmen schon jetzt viel für die Akzeptanz des Onlinehandels in Deutschland getan. Und auch für die Mentalität, jeden Tag zunächst die Chance zu sehen und nicht in erster Linie das Problem. Ein neues Geschäftsmodell und eine neue Unternehmenskultur zu versuchen, hat schon einen Wert an sich, auch wenn man den Ausgang des Projektes noch nicht kennt. Ein bisschen »zalandöser« könnte der Standort Deutschland in dieser Hinsicht schon werden. Es würde ihm nicht schaden.

1

Irgendwas mit Online

Oder: Wie aus einer Idee Zalando wurde

Da saßen sie nun im Garten von Roberts Eltern in der Nähe von Düsseldorf. Robert Gentz und David Schneider, die nach ersten unternehmerischen Erfahrungen in Mexiko, Argentinien und Spanien wieder in Deutschland und zudem ziemlich brutal auf dem Boden der Realität angekommen waren. Reicher waren sie durch die kurze Zeit als Firmengründer und Chefs allenfalls an Erfahrung geworden. Ihr Geld war weg, aber der unternehmerische Geist der beiden Mittzwanziger, die sich seit dem Studium kannten, war noch da. Nach dem kurzlebigen Sozialen Netzwerk, das sie verwegenerweise gleich in mehreren lateinamerikanischen Ländern aufzubauen versucht hatten, wollten sie jetzt etwas viel Bodenständigeres machen. Robert Gentz und David Scheider würden einen Schuhhandel im Internet aufziehen. Wahrscheinlich jedenfalls. So etwas gab es zwar schon damals – etwa unter der Marke Zappos in den USA und in Deutschland von Otto oder Görtz – aber sie würden es besser als diese können, meinten die beiden jungen Männer. Viel besser und kundenfreundlicher.

Doch die Sache drohte bereits jetzt an 50 Euro zu scheitern. Sollten sie sich für diesen Betrag dieses Buch nun kaufen oder nicht? »Der Schuhhandel in Deutschland« hieß der Wälzer, den Gentz und Schneider sich vor ihrer ersten Unternehmensgründung in Europa eigentlich gönnen wollten. Nach dem finanziellen Reinfall in Lateinamerika war das schon verdammt viel Geld. Ihre Eltern um finanzielle Hilfe zu bitten, dafür waren sie zu stolz. Im Rückblick ist es kaum zu glauben, von welchen Kleinigkeiten der Erfolg von etwas Großem manchmal abhängen kann. »Wir haben hin und her diskutiert, ob wir uns das leisten können. Letztlich haben wir uns entschieden, das Buch zu kaufen. Trotz des ansehnlichen Preises von 50 Euro«. sagt Gentz heute, »wir haben es als Investition ins Unternehmen gesehen«. Und das war wohl eine der erfolgreichsten Zalando-Investitionen überhaupt.

Ein paar Wochen zuvor hatten sie nicht einmal mehr das Geld für den Rückflug von Lateinamerika nach Europa gehabt. Oliver Samwer, erfolgrei-

cher Investor, Verkäufer des Klingeltonanbieters Jamba und genau wie Gentz und Schneider Absolvent der Elite-Hochschule Otto-Beisheim WHU im Örtchen Vallendar bei Koblenz, hat ihnen schließlich geholfen und das Ticket bezahlt. Dafür sollten sie bei Samwers Tarifportal tarifas24 in Madrid aushelfen, über das der Nutzer Online Preise von Versicherungen vergleichen konnte.

Die drei kannten sich flüchtig. Gentz und Schneider hatten während des Studiums ein paar Auftritte des WHU-Absolventen Samwer miterlebt. Der hatte dort bereits einen Namen als Kopierkünstler, Firmengründer, Geldeintreiber und Start-up-Verkäufer. Vor Jamba hatten die Samwers bereits Alando gegründet, diese Kopie der amerikanischen Versteigerungsplattform ebay und sie schon wenige Monate später an das Original verkauft – für einen Preis von angeblich 40 bis 50 Millionen Dollar. Das wusste jeder am Campus. Wenn auch noch nicht jeder ahnte, dass Oliver Samwer und seine beiden Brüder mit dieser Copycat-Masche in den nächsten Jahren so viel Geld verdienen würden, dass sie schon bald in der Liste der reichsten Deutschen auftauchen.

Das Lateinamerika-Projekt von Gentz und Schneider im Jahr 2007 dagegen war Samwer, dem Mann mit der guten Nase für gute Geschäftskonzepte, sofort suspekt. Obwohl die beiden Möchtegern-Gründer spanisch sprachen und die Region kannten, senkte er den Daumen. Für eine Facebook-Kopie in Argentinien und Mexiko wollte er kein Geld geben: »Schwachsinn!« Das konnte nicht funktionieren, war er sich sicher, da steckte doch nichts Messbares dahinter. Aber für vollkommen untalentiert hat er die beiden wohl nicht gehalten: »Meldet euch, wenn ihr zurück seid«, hatte Samwer ihnen mit auf den Weg gegeben.

Das tat Gentz im Jahr darauf tatsächlich. Obwohl sie noch gar nicht zurück waren aus Lateinamerika, sondern ja gerade erst unbedingt zurück nach Europa wollten. Nur halt leider praktisch pleite waren. Doch nach diesem Anruf investierte Samwer in sie, wenn auch zunächst erst einmal nur in Form von zwei Flugtickets nach Madrid. »Jetzt waren wir jedenfalls wieder zurück in Europa«, sagt Gentz im Rückblick.

Und in Madrid sollte dann die Idee reifen, ein Handelsgeschäft mit so etwas Konventionellem wie Schuhen im Internet aufzuziehen. Gewissermaßen während sie bei Samwers Tarif-Vergleichsportal ihre Ticket-Schuld abarbeiteten.

Wer weiß: Ohne diese Bruchlandung mit dem Facebook-Klon auf Spanisch Tausende Kilometer entfernt von zu Hause wäre Zalando vielleicht niemals entstanden. Deshalb lohnt der genaue Blick auf die Vorgeschichte.

»Unibicate«: Die Vorgeschichte

Schuhhändler wollten die beiden Zalando-Gründer ursprünglich auf keinen Fall werden. Wirklich nicht. »Als wir Zalando gegründet hatten, musste ich mir das ein paar Mal im Spaß von meinen Freunden anhören: Na, wirst Du jetzt Schuhhändler?«, erinnert sich David Schneider. Die Kumpels mit ihren Elite-Hochschulabschlüssen dachten dabei wohl eher an Al Bundy, den erfolglosesten und unfähigsten Schuhverkäufer der amerikanischen Fernsehgeschichte, als an einen europäischen Amazon für Footware.

Unternehmer oder Berater waren die Berufs-Optionen, die sich für Schneider im Laufe des Studiums herauskristallisiert hatten. Doch dann wurde ihm klar, dass der Beraterjob vielleicht doch nicht das Wahre für ihn sein würde. »Da fehlte mir das Element, eigene Konzepte zu verwirklichen«, sagt er heute, »ich wollte etwas schaffen, über das ich sagen konnte: Das habe ich mit aufgebaut.«

Für Robert Gentz war es ähnlich, die Freiheit im Beruf war ihm schon immer wichtig, sagt er. Er wollte als Selbstständiger selber Entscheidungen treffen – jedenfalls häufiger, als er es als Angestellter würde tun können. Robert war auf dem elterlichen Gestüt aufgewachsen – ob seine Ausrichtung etwas mit der Freiheit auf dem Rücken von Pferden zu tun hatte? »Meine Eltern waren auch nicht angestellt, sie leiteten ihr eigenes Unternehmen«, sagt er. Das allerdings wollte er nicht übernehmen, denn neben der Freiheitsliebe sei da noch das Fernweh gewesen. Der Wunsch, etwas von der Welt zu sehen.

Warum aber dann kein Studium in den USA, sondern Betriebswirtschaftslehre an der WHU in einem Dorf bei Koblenz? »Es war nicht der entscheidende Grund, dass es dort eine der besten Ausbildungen gab. Für mich war wichtiger, dass unternehmerisches Denken, Wille zum Erfolg und Zielstrebigkeit dort anerkannt und gelebt wurden. Es gab viele Kommilitonen, die ähnliche Ziele hatten, mit denen man sich austauschen konnte und es wurde respektiert, wenn jemand etwas erreicht hatte.« Eine Uni voller Streber? »Viel-

leicht sehen es einige so«, sagt er. Noch etwas ist typisch für die WHU, das die Netzwerkqualität der Hochschule erklärt, von der insbesondere die Firmen der Samwers bis heute noch profitieren: »Bei 300 Studenten in einem kleinen Dorf kennt man nach einem Semester jeden und weiß über dessen Hintergrund Bescheid.« Und jeder hat zumindest einen der drei Samwers mal gesehen – etwa auf den Rekrutierungsworkshops oder dem Gründerkongresses »Idea Lab« der Hochschule.

Exklusive Auslandsstationen finden sich in Gentz' Vita dennoch: 2005 studierte er sowohl im mexikanischen Monterrey als auch an der University of Hawaii at Manoa. Schneider vermerkt als Auslandsaufenthalte auf seiner Xing-Seite – unter einem für Zalando-Kriterien völlig untypischen Schwiegersohn-Lichtbild mit Sakko und Krawatte – die Universidad de San Andres in Argentinien und die Singapore Management University. Das Schöne an der Spätphase des Studiums sei damals gewesen: »Wir hatten nichts zu verlieren. Es gab keine Fallhöhe«.

Da passten die beiden Kommilitonen ja schon mal gut zusammen. Neben Unternehmergeist und Leistungswillen teilten sie auch die Vorliebe zu Lateinamerika. Praktika und Auslandssemester sowie Ferien verbrachten sie dort, Robert am liebsten in Mexiko und Chile, David mit Vorliebe in Argentinien. Dass Ideen nicht immer im Büro entstehen müssen, zeigt dieses Beispiel von Robert Gentz. »Ich lag am Strand in Guatemala und las in der Zeitung, dass StudiVZ verkauft worden war. Das fand ich faszinierend und fragte mich: Wie kann eine Website so wertvoll sein? Was ist das Wertvolle daran?« 50 Millionen Euro bekämen die bisherigen Eigentümer sofort, bis zu 35 Millionen Euro wären an bestimmte Erfolgszahlen gekoppelt, hieß es in der Branche. Verkäufer waren neben den Gründern um WHU-Absolvent Michael Brehm auch die drei Samwer-Brüder, die hier Geld investiert und mit dem Verkauf des Start-up an Holtzbrinck Ventures sehr erfolgreich vermehrt hatten.

Ab diesem Zeitpunkt, dem Januar 2007, beschäftigte sich Gentz im fernen Lateinamerika intensiv mit der Frage, wie man mithilfe des Internet Geschäfte und Millionen machen kann. Irgendwas mit Online also sollte es sein. So kamen die beiden Deutschen auf die Idee, ein soziales Netzwerk gleich hier in Lateinamerika aufzubauen. Dass es bereits welche gab, hinderte sie nicht. Zweifellos sei die Idee »etwas schräg« gewesen, gibt Schneider zu.

Ihre gemeinsame Diplomarbeit nutzten Gentz und Schneider sogleich sehr praxisorientiert, um sich tiefer in die Internetwirtschaft einzugraben. Sie wählten ein Thema aus, das sie bis heute bei der Wachstumsmaschine Zalando verfolgt. Schlicht ausgedrückt: Welchen Einfluss hat die Größe eines Unternehmens auf seinen Erfolg?

Nebenher schrieben sie einen Businessplan für ihr Baby. Mit der Leipziger Unister GmbH und den Gründern der Online-Marketing Agentur Iven & Hillmann fanden sie in Deutschland tatsächlich Investoren. Ein sehr niedriger sechsstelliger Betrag in Euro soll es gewesen sein.

»Unibicate« hieß ihr Netzwerk im mexikanischen Monterrey, das sie mit dem Geld hochfahren konnten. Der Name bedeutete eine Mischung aus »Hochschule« und irgendetwas wie »finde Dich«. Doch mit dem Eintrag ins Handelsregister des Amtsgerichtes Berlin-Charlottenburg im August 2007 fanden die Gründer noch nicht die Idee ihres Lebens oder den Schlüssel zum schnellen Reichtum. Im Gegenteil.

»Uns war schon relativ bald nach dem Start klar, dass das ziemlich schwierig werden würde«, sagt Gentz. Denn in Lateinamerika sei halt alles anders als in Europa. Programmierer seien kaum zu bekommen gewesen, in den Unis hätten sie fast um Mitarbeiter betteln müssen. Das Cash-Management sei problematisch gewesen, die gleichzeitige Verbreitung in Mexiko, Argentinien und Chile viel zu anspruchsvoll, obwohl sich viele Hochschulen in ihr Projekt einklinkten. »Wir haben gemerkt, dass wir viel mehr Geld gebraucht hätten, um das aufzubauen.« Diese Geschäftsidee der beiden jungen Deutschen an diesem Ort zu dieser Zeit und mit dieser Ausstattung war wohl doch etwas zu schräg gewesen, Oliver Samwer hatte es ja gleich gesagt. Irgendwie hätten sie ihr erstes eigenes Unternehmen dennoch sicherlich noch ein paar Monate am Leben halten können. Aber Rationalisten waren sie schon damals und so beschlossen sie Anfang 2008 zusammen mit den Investoren, dass eine Fortsetzung keinen Sinn mehr machen würde. Lieber würden sie die Erfahrungen nutzen, um es später mit einem besser planbaren und mehr Erfolg versprechenden Konzept noch einmal zu versuchen.

»Unibicate« war also erfolglos. Die Seite wurde dicht gemacht, 25 Mitarbeiter mussten gehen. 2011 erst wurde die GmbH liquidiert und 2012 aus dem Handelsregister gelöscht. »Wir hatten uns acht Monate lang kein Gehalt gezahlt«, erinnert sich Gentz. Doch das könnte klassisches Lehrgeld gewesen

sein, das mit Blick auf die spätere Gründung von Zalando gut angelegt war. Es war ihnen klarer als zuvor: »Das Internet hat ein wahnsinniges Potenzial für die Zukunft«, so Gentz.

Doch mit dem schnellen Ende von Unibicate war es so ziemlich das erste Mal im jungen Leben von Gentz und Schneider, dass etwas, das sie wirklich wollten, nicht funktioniert hatte. Dennoch analysierten sie jetzt trocken, was passiert war und warum. Sie zogen ihre »Learnings«, wie sie es ausdrücken, aus der Geldverbrennungsaktion in Monterrey, von denen einige bald in die DNA von Zalando eingehen würden: »Wir haben aus dem Projekt »Unibicate« Respekt vor dem Risiko und der Verantwortung gelernt.

Dass es eine Kunst ist, mit Geschäftspartnern und Mitarbeitern zu kommunizieren und sie zu fördern und zu führen, haben die Jungunternehmer in Lateinamerika ebenfalls erfahren. Sich und seine Geschäftsidee für mögliche Investoren so attraktiv darzustellen und das eigene Geschäftsmodell so zu verkaufen, dass sie einem ihr Geld hinterhertragen, auch das haben Gentz und Schneider in dieser Zeit gelernt. »Und danach war ganz klar, dass wir kein soziales Netzwerk oder etwas ähnliches mehr versuchen würden. Der soziale Aspekt ist analytisch kaum zu fassen oder gar zu beeinflussen: Niemand weiß, wie viele Leute sich anmelden werden und wovon das eigentlich abhängt. Ein solches Geschäftsmodell ist kaum planbar und schwer skalierbar«, begründet Gentz.

»Skalierbar« – das ist das Wort, das einem bei Zalando und überhaupt im Umfeld der Samwers und deren Inkubator Rocket Internet immer wieder begegnet. Die Grundidee dabei ist, ein Geschäftsmodell so zu entwickeln, dass man es später schnell und ohne grundsätzliche Veränderungen auf andere Märkte oder Produkte erweitern, also skalieren kann. Und wenn man das Wort an einem Tag in der Zentrale 15 oder 20 Mal von verschiedenen Gesprächspartnern gehört hat, ist man manchmal versucht, das Unternehmen nicht Zalando, sondern »Skalando« zu nennen.

Der gemeine Skalierer braucht knallharte Zahlen für die Planung und Steuerung seines Unternehmens. Denn mit dem Bauchgefühl allein skaliert es sich schlecht. Und deshalb sind solche Zahlen und Daten jeder Art als Entscheidungsgrundlage bei »Skalando« bis heute noch wichtiger als in vielen anderen Unternehmen.

Neues Testfeld: Die Ökonomie der Flip Flops

Durch sein nicht ganz selbstloses Ticket-Sponsoring hatte Oliver Samwer Gentz und Schneider nach Madrid und in die Welt von »Rocket Internet« gebracht. Jetzt übernahm sein Bruder Alexander die beiden. Mit ihm telefonierten Gentz und Schneider: »Alex zeigte seine Bereitschaft, in E-Commerce zu investieren«, sagt Gentz. Das war wenig überraschend, denn in diesem Bereich würde die Zukunft liegen, das wusste kaum jemand besser als ein Samwer. Die Gesprächspartner tickten in vielen Dingen ähnlich, da machte sich vielleicht die WHU-Sozialisation bemerkbar: Beide Seiten dachten analytisch und pragmatisch, stark an Zahlen, an der präzisen Messbarkeit von Potenzialen und den Auswirkungen des eigenen Handelns orientiert. Zwecks einfacher und schneller Skalierung des Geschäftsmodells. Das alles passte gut zum E-Commerce, für den man beim Hochfahren der Maschine keine teuren Fabriken oder Geschäftshäuser bauen muss. Irgendwas mit Online also sollte es werden, das war ja schon klar. Genauer jetzt: irgendwas mit Onlinehandel.

Aber womit handeln? Schuhe waren schnell in der engeren Auswahl, auch Unterwäsche, Mode überhaupt und Beautyprodukte – lauter »emotionale Produkte«, wie Gentz sie nennt. Vor allem sind sie viel zuverlässiger zu kalkulieren als die Bereitschaft junger Menschen, sich in ein neues soziales Netzwerk einzuloggen, was dann vielleicht Werbeerlöse einbringt. Bücher und CDs kamen nicht in Frage, sie waren bereits durch Amazon in Perfektion besetzt. »Wir fanden Schuhe dann am sinnvollsten. Das war die klarste und unkomplizierteste unserer Kategorien. Da war klar, welche Schritte wir zuerst gehen mussten«, sagt Gentz. »Und es hatte den Vorteil, dass mit Zappos in den USA schon ein Unternehmen gezeigt hatte, dass man damit sehr groß werden konnte. Das war wichtig, um weitere Investoren von unserer Idee überzeugen zu können. Man ruft ganz unterschiedliche Hirnaktivitäten bei Geldgebern hervor, ob man nun sagt: ›Wir wollen einen Onlineshop für Schuhe aufbauen‹ oder ›Wir haben jetzt die Möglichkeit, in Deutschland oder sogar in Europa ein erfolgreiches Unternehmen wie Zappos aufzubauen‹«. Denn beim Namen »Zappos« – dem bereits erfolgreichen amerikanischen Urmeter aller Online-Schuhhändler – mögen in den Augen des einen oder anderen Investors gleich die Dollarzeichen in den Augen aufblitzen, was die Mitmach-Bereitschaft maßgeblich erhöht.

Inzwischen allerdings nervt David Schneider der ewige Vergleich mit Zappos. Und auch die Copycat-Vorwürfe, die alle Firmen im Umfeld der Samwers regelmäßig treffen, kann er kaum noch hören. »Wir bieten Mehrwert für Kunden, den es bisher nicht gab. Das ist eine Innovation«, sagt Schneider.

Und: »Wenn ein Modehändler ein neues Ladengeschäft mit ein paar Innovationen eröffnet, kritisiert kein Mensch: Das ist ja ein Laden, die Idee ist geklaut, denn Läden hat jemand anderes schon vor langer Zeit erfunden.« Zurück ins Jahr 2008: Die Frage, ob wirklich Tausende Menschen in Deutschland Schuhe bestellen wollen, um sie zu Hause anzuprobieren und dann entweder zu kaufen oder zurückzuschicken, »haben wir uns selbst eigentlich gar nicht gestellt. Man darf bei so etwas einfach nicht so sehr von sich selbst ausgehen, sonst wird der Horizont sehr schnell zu eng«, glaubt Gentz. Schon im klassischen Versandhandel der Katalog-Ära waren Schuhe schließlich eine große Produkt-Kategorie gewesen. Bei ebay in Europa wurde die Produktgruppe ebenfalls sehr schnell groß. Und nicht zuletzt Zappos hatte in den USA ja gezeigt, dass Millionen von Konsumenten bereit sind, ihr Schuhwerk nur nach Anschauung am Computer zu kaufen. Warum also sollte das nicht auch in Deutschland funktionieren?

Schlecht war aber auch die Auswahl der anderen Warengruppen nicht, mit denen sich die Gründer beschäftigt hatten. Denn sowohl Mode – einschließlich Unterwäsche – als auch Schönheitsprodukte rückte Zalando später zusätzlich in seine virtuellen Regale, als sich abzeichnete, dass die Sache mit den Schuhen ganz gut laufen würde. Alle sind hervorragend für den E-Commerce geeignet.

Analytiker Gentz hatte bei seinen Untersuchungen zum Suchmaschinenmarketing zudem den Beweis für die ungeheure Nachfrage nach Schuhen im Internet gefunden. »Da war ja ganz deutlich nachzuvollziehen, wie viele Leute jeden Tag Suchbegriffe wie ›Schuhe‹, einzelne Schuhmarken oder ›Größe 38‹ oder Ähnliches eingaben. Die Fakten waren also klar«.

Schuhhändler wie Görtz waren damals schon im Online-Markt unterwegs, auch Otto oder die Bauer-Gruppe. »Aber es gab im Markt kein Unternehmen«, so Gentz, » das ganz klar den Service in den Vordergrund stellte.« Und das hieß unter anderem: große Auswahl, kostenloser Versand und kostenlose Retouren. »Wir haben die Chance gesehen, etwas Neues zu schaffen, das einen Mehrwert für den Kunden bringt«, erinnert David Schneider an die

Überlegungen von damals, sich einzigartig zu machen. »Wir haben gar nicht so sehr nach links und rechts geschaut, um zu sehen, was die anderen machen. Wir wollten etwas bewegen, klar. Aber es war ja nicht abzusehen, wie sich das einmal entwickeln würde.«

Die Neulinge im Schuhhandel hätten sich haarklein und systematisch auf ihren Start vorbereiten können. Doch das hätte ihnen viel zu lange gedauert, von irgendetwas mussten die Lateinamerika-Heimkehrer ja leben. Also sagten sie sich: »Lass es uns einfach machen. Wir kaufen Schuhe ein und versuchen, sie wieder zu verkaufen. Ganz pragmatisch«, so Gentz. Learning by doing war angesagt. »Wir haben zum Beispiel die Navigation auf der Seite leicht verändert und beobachtet: Wie reagieren die Kunden darauf? Wenn sie positiv reagierten, haben wir es so gelassen oder verfeinert. Wenn nicht, haben wir etwas anders versucht. So optimierten wir die Schriftgröße und tausend anderen Dinge. Und so arbeiten wir im Prinzip heute noch: Wir verbessern uns ständig, indem wir Zalando in kleinen Schritten den Wünschen und Gewohnheiten der Kunden anpassen«, sagt Schneider. Und deshalb können Unternehmensberater mit ihren Komplett-Konzepten noch heute bei Zalando nicht wirklich reich werden.

Startkapital gab es immerhin, es kam von Alexander Samwer. Nicht viel, 50 000 Euro, aber immerhin. Die Idee mit den Schuhen und das Konzept der beiden Gründer fand er gut. Dabei hatte er die beiden Jungunternehmer bis dahin nie gesehen, alles lief per Telefon oder E-Mail. Als Business Angel zur Unterstützung schickte er stattdessen seinen Schulfreund Florian Seubert, den Finanzchef des Online-Tierbedarfshändlers zooplus.de. Erst zwei Monate später trafen sich die drei erstmals.

Neben dem überschaubaren Startkapital aber verschaffte Alexander Samwer den Gründern eine andere Ressource, ohne die der Start nicht so schnell hätte klappen können: Programmierer-Zeiten bei Rocket Internet. »Da zogen wir dann durch die Büros, immer auf der Suche nach einem Platz und Programmierern, die ein paar Stunden für uns arbeiten würden.« Im Juli 2008 wurde die Zalando gegründet, ein richtiges Unternehmen war es jedoch noch nicht. Sollte es auch noch gar nicht sein.

Denn erst wollten die Rationalisten Gentz und Schneider Erfahrung im Online-Schuhhandel sammeln. Der Schritt ins ernste Geschäftsleben sollte ausgerechnet mit einem Produkt erfolgen, das wie kaum ein anderes für Frei-

zeit, Strand und Erholung, mithin das Gegenteil von harter Arbeit, steht: mit Flip Flops. Mit ihrem Onlineshop fliptops.de wollten sie herausfinden, wie das geht mit dem Schuhverkauf, mit der Beschaffung, mit dem Marketing, mit der Lieferung, mit der Abrechnung und überhaupt. David Schneider, bis heute der Produktexperte und Chefeinkäufer bei Zalando, besorgte die Schuhe, die die beiden dann fotografierten. Die Bilder luden sie auf der Seite hoch – und plötzlich waren sie Onlinehändler. Wenn auch bisher nur für Flip Flops. Voller Stolz und Aufregung ließen sie sich jede Bestellung aufs Handy weiterleiten, das dann einen Ton von sich und Anlass zu großer Freude gab. Klang so schon der Erfolg?

Weit wichtiger allerdings war der ganz normale Klingelton des Handys, der für einen Anruf. »Wir waren immer heilfroh, wenn mal ein Kunde anrief«, erinnert sich Gentz, »dann konnten wir ihn fragen, was gut funktioniert an der Seite und was nicht, was wir besser machen können und was er sich noch wünscht.« Hier machte der Gründer und Chef den Kunden-Service also noch höchst persönlich und sparte sich gleichzeitig teure Gutachten von McKinsey oder Roland Berger.

Mit 100 Paar Flip Flops – darunter auch solche der Kultmarke »Havaianas« – für ein paar Hundert Euro Warenwert begann das junge Zwei-Mann-Unternehmen. Die Firma sollte nicht dazu dienen, Geld zu verdienen, sondern »Learnings« zu bekommen, mit deren Hilfe man später richtig viel Geld verdienen würde. Produkte, die sie beim Großhändler nicht bekamen, besorgten sie sich einfach bei anderen Händlern und verkauften sie zum Einstandspreis ohne Gewinn weiter. Sie brauchten schließlich eine gewisse Auswahl und wollten verstehen, wie das Geschäft funktioniert, bevor sie das knappe Startkapital aus dem Hause Samwer antasten wollten.

Wie sortiert man eigentlich Schuhe, wenn man sie im Netz verkaufen will? Nach Marken? Nach Farben? Nach Größen? Und wie verpackt man sie? Lauter Fragen, mit denen sich die früheren Elite-Studenten der WHU nun plötzlich befassen mussten. Gentz beschäftigte sich unter anderem mit dem Marketing im Netz und mit den besten Kanälen, über die die neue Marke möglichst kosteneffektiv bekannt gemacht werden konnte

Rocket Internet hatte den beiden Gründern Programmierer zur Verfügung gestellt, »die sich wirklich auskannten. Das war sehr hilfreich. Wir wussten ja nicht, wie man eine Internetseite programmiert. Wir konnten denen

nur immer sagen, wie wir uns das aus Kundensicht vorstellen.« Sowohl für die Übungsfirma Fliptops wie später für »die große Seite«, wie Gentz Zalando nennt.

Wobei sich die Begeisterung der Rocket-Programmierer über diese beiden Plastik-Sandalenhändler bisweilen durchaus in Grenzen hielt. Etwa an jenem Tag, als David Schneider mit einem Stapel Kartons über ein Stromkabel stolperte und die Verbindung schwungvoll aus der Steckdose kickte. Was zur Folge hatte, dass die Bildschirme gleich mehrerer Programmierer schlagartig schwarz wurden und deren Werk der vergangenen Minuten wohl im Orkus landete. Die Reaktionen der Computerfreaks kann man sich vorstellen. Schneider hatte mit den Kartons auf dem Arm zum Schwarzweiß-Drucker der Computerfreaks – den durften die Schuhleute mit benutzen – eilen wollen, der weiße Klebeetiketten mit dem selbst entworfenen Fliptops-Logo bedruckte: »Da musste man ziemlich schnell sein. Sonst kam ein anderer Druckauftrag dazwischen und jemand hatte lauter Fliptop-Logos auf seinem Ausdruck.« Ja, damals …

Der Servicegedanke, den beide in den deutschen Onlinemarkt bringen wollten, manifestierte sich unter anderem darin, dass bereits der Zalando-Vorgänger seine Freizeitlatschen versandkostenfrei verschickte. »Das haben die Kunden extrem geschätzt, das hörten wir immer wieder«, sagt Gentz. Denn das war damals im deutschen Handel durchaus nicht üblich und ist es heute noch nicht. C&A zum Beispiel berechnet noch 2013 Versandkosten, Billighändler KiK verlangt in seinem gerade erst gestarteten Web-Shop 4,95 Euro pro Sendung, selbst Premium-Anbieter Escada verlangt von seinen Kundinnen Geld für die Lieferung. Ohne den Versandkostenbeitrag der Kunden, hört man in der Branche immer wieder, könne sich das Onlinegeschäft nicht rechnen.

Bei Gentz und Schneider allerdings sollte das schon 2008 anders sein: Denn obwohl sie von ihren Kunden kein Porto verlangten, blieb pro Bestellung ein Gewinn übrig in dem kleinen Übungsbetrieb unter Realbedingungen. Wobei man einberechnen muss, dass sie sich selber keine ernsthaften Gehälter zahlten und somit nur geringe Overhead-Kosten anfielen, was die Bilanz deutlich günstiger aussehen ließ. Dennoch hatten sie Blut geleckt: In dieser Branche war tatsächlich etwas zu holen, sogar ohne Versandkostenpauschale.

Das Flipflop-Fliptops-Projekt erwies sich tatsächlich eher als Top denn als Flop: »Der Testlauf funktionierte wirklich gut«, erinnert sich Gentz, »es war auch ein sehr heißer Sommer im Juli und August 2008.« Der bisherige Marktführer im deutschen Online-Flip-Flop-Handel, »Die Strandsandale«, hatte echte Konkurrenz bekommen. Und schon bald lief das Geschäft so gut, dass fliptops.de am besten Tag sage und schreibe 15 Paar Schuhe verschickte, jedes Paar zum Rechnungsbetrag von rund 20 Euro. 15-mal also machte das Handy an diesem Tag den Triumph-Ton.

Gut vier Wochen hatten die beiden mit Flip Flops gehandelt. Jetzt waren sie der Meinung, genug über den virtuellen Schuhhandel gelernt zu haben, um den großen Schritt zu wagen und das »richtige« Unternehmen zu starten. Zudem nahm die operative Arbeit an der Freizeitlatsche inzwischen schon so viel Zeit in Anspruch, dass kaum noch Raum für die Zalando-Planung blieb. Zeit zum Abschalten also. Wobei der Flip Flop-Handel insbesondere Schneider so viel Spaß gemacht hat, dass er gerne noch ein paar Wochen weiter gemacht hätte. Ein paar Restflipflops aus dieser Phase hat Schneider noch heute im Keller. Vielleicht kommen sie ja mal ins Zalando-Museum. Falls es so etwas jemals geben sollte. Komplett abgeschaltet indes wurde die Seite gar nicht: Wer heute hier bestellt, bekommt weiterhin seine Ware – allerdings von Zalando. Der Kunde schlappt einfach automatisch weiter auf zalando.de.

Damit begann jetzt die Schluss-Phase für die Vorbereitung dessen, was bald als Zalando bekannt werden würde. »Eine sehr turbulente Zeit«, sagt Gentz.

Torstraße 218: Drei Zimmer und ein Keller sind Zalando

Dass sie sich für den Start ihres Unternehmens den wohl schlechtesten Zeitpunkt des gesamten Jahrzehnts ausgesucht hatten, konnten Robert Gentz und David Schneider nicht ahnen, als sie Ende August 2008 ihr erstes Maisonette-Büro in der Torstraße 218 in Berlin-Mitte bezogen. Drei Zimmer für Büros und einen Keller als Lager in einem Altbau-Wohnhaus mit Hinterhof, nach vorn heraus zur Hauptstraße. »So konnten wir den Lieferanten immerhin erzählen, wir würden vielleicht auch mal Offline-Shopping machen. Denn damals verband man mit dem Internethandel vor allem ebay und Dis-

count. Und das war nicht unbedingt das, was Markenhersteller mochten«, sagt Gentz. Tatsächlich hatten sie natürlich niemals vorgehabt, auch einen klassischen Schuhladen zu eröffnen. Sie waren schon damals voll und ganz auf dem E-Commerce-Trip.

Rund 2000 Euro Miete kosteten die knapp 200 Quadratmeter pro Monat – ganz schön viel für ein Unternehmen, das noch im Werden begriffen war und das noch nicht einen Euro eingenommen hatte. Also drückten Gentz und Schneider die Kosten durchs Untervermieten: Sie behielten zunächst nur ein Zimmer und den Keller, in die anderen Räume zog zunächst ein – inzwischen längst untergegangenes – Start-up-Unternehmen, das sich mit Schmuck beschäftigte.

Da weder ins Budget noch in die Kultur der Gründer ein aufwändiger und teurer Pitch für eine Namensagentur gepasst hätte, grübelten die beiden Chefs zwischen all ihren Flip Flops selber drüber nach, wie sie ihren Laden denn nun nennen sollten. Einfach und am besten kurz, einprägsam und internationalisierbar sollte ein Name für eine Internetfirma sein. Damit der mögliche Kunde den Namen nicht so schnell vergisst und ihn vor allem fehlerfrei in die Maske der Suchmaschine eintippt. Die wunderbar kurzen Namen waren schon belegt, sie zu kaufen hätte viel Geld gekostet. Favorit der beiden Gründer war schon bald »Salando«. Aber nach der rechtlichen Prüfung fürchteten sie Ärger mit dem Schuhkonzern Salamander, der sich ähnlich anhörte. Also ersetzten sie das S durch ein Z – und geboren war der Name Zalando. Die Samwers, so heißt es, hätten keinen Einfluss auf die Namensfindung genommen. An Zufall mag da glauben, wer will: Aber dass der Name der frühen ebay-Kopie der Samwers, »Alando«, seither den Kern des neuen Firmennamens bildet, ist doch irgendwie auffällig.

Vor lauter Vorbereitungsstress nahmen die beiden Gründer nur am Rande wahr, was in diesen Wochen draußen in der Welt vor sich ging. Die Subprime-Krise in den USA erschütterte die Finanzmärkte. Die Preise für Immobilien waren über lange Zeit rasant gestiegen, immer mehr Amerikaner kauften sich mithilfe immer höherer Kredite immer größere Häuser. Bis immer mehr zutage trat, dass der ganze Immobilienaufschwung nichts als ein Schneeballsystem war, getrieben von faulen Krediten in riesiger Milliardenhöhe. Am 15. September dann platzte die Bombe: Die für bombensicher gehaltene Investmentbank Lehman Brothers, die wie so viele andere Institute kräftig in

diesen Immobiliengeschäften mitgemischt hatte, musste Insolvenz anmelden. Ein Schock erfasste die Finanzwelt weltweit. Banken liehen Kunden und anderen Banken von heute auf morgen kein Geld mehr, weil sie befürchteten, es niemals zurückzubekommen. Und am 1. Oktober wollten Gentz und Schneider Zalando starten. »Wir hatten hart dafür gearbeitet und freuten uns auf den Start und dann kam so ein einschneidendes Ereignis«, beschreibt Gentz seine Gefühlslage in diesen Tagen. Würde jetzt noch irgendjemand Geld in die Idee zweier junger Männer investieren, Schuhe über das Internet zu verkaufen?

»Für uns war klar, dass wir jetzt noch sparsamer sein mussten. Von den 50 000 Euro Startkapital mussten wir jeden Euro zwei- oder dreimal umdrehen. Große Fehler konnten wir uns schlichtweg nicht leisten. Das zwang uns von Anfang an zu einer hohen Risikoaversion. Wir mussten soviel optimieren, wie es irgendwie ging«, sagt Gentz. Diese Erfahrungen der knappen Ressourcen in den frühen Tagen sind Teil der Firmen-DNA von Zalando geworden. Noch heute werden Neuerungen vorsichtig im Kleinen getestet, bevor die Geschäftsführer große Summen dafür ausgeben.

Im Rückspiegel betrachtet allerdings, haben die Lehman-Pleite und die sich daran anschließende Kreditklemme jungen Händlern wie Zalando im Wettbewerb gegen den alten Handel vielleicht sogar geholfen. Für Arcandor zum Beispiel, den Handelskonzern, der mit Marken wie Quelle und Neckermann neben Otto noch immer zu den ganz großen Spielern im deutschen Versandhausgeschäft gehörte, war diese Krise der letzte Sargnagel. Mit der Royal Bank of Scotland, die fast über Nacht verstaatlicht werden musste, um nicht ebenfalls in die Insolvenz zu rutschen, kam Arcandor-Chef Thomas Middelhoff buchstäblich über Nacht einer von drei Kreditgebern abhanden. Die anderen beiden waren die Commerzbank und die BayernLB, die bald ebenfalls vom Staat gestützt werden mussten. Middelhoff bekam zwar in letzter Minute mithilfe kurzfristiger Kredite und einer Kapitalerhöhung, die das Bankhaus Sal. Oppenheim in Köln zeichnete, noch eine neue Finanzierung gestemmt. Doch als diese Kurzfristkredite im Juni des folgenden Jahres fällig wurden, blieb Arcandor nur die Insolvenz. Zwar wurde die Warenhauskette Karstadt anschließend in verkleinerter Form weitergeführt, bei Quelle allerdings gingen Ende 2009 die Lichter aus. Dieser große und traditionsreiche Versender, der aber immer für die jetzt zu Ende gehende Zeit des gedruckten Universalkataloges gestanden hatte, verschwand vom Markt. Otto übernahm

zwar die Marke, hatte aber wenig Erfolg damit. Inzwischen ist quelle.de nur noch ein Marktplatz unter dem Markendach von Otto. (Hagen Seidel, »Arcandors Absturz«, Frankfurt/New York 2010)

Nach Jahren des Siechtums musste später auch die Geschäftsführung des kleineren Versandhauses Neckermann zum Insolvenzrichter, obwohl sich das Unternehmen schon früh einen E-Commerce-Anstrich gegeben hatte und sich »neckermann.de« nannte.

Neckermann und vor allem Quelle hatten stets einen hohen Anteil ihrer Umsätze mit Schuhen und Textilien gemacht. Damit wären sie eigentlich einer der großen Konkurrenten von Zalando gewesen. Eigentlich. Doch nun begegneten sich beide – im übertragenen Sinne – allenfalls ganz kurz, nämlich als Zalando auf dem Weg nach oben und Quelle/Neckermann auf dem Sturz nach unten war. Die Milliardenumsätze, die die früheren Arcandor-Versender mit Schuhen und Mode gemacht hatten, waren jetzt frei für andere Anbieter. Auch für Zalando, wie sich schon bald zeigen sollte.

Doch darauf durften Gentz und Schneider in diesen turbulenten Septembertagen des Finanzkrisenjahres 2008 nicht hoffen. Sie mussten ihre Seite live schalten, was auch immer an der Wall Street in New York, in der Londoner City oder im Frankfurter Bankenviertel passierte. Am 1. Oktober 2008 war dann der offizielle Starttermin für zalando.de, doch schon am 28. September lief die Seite. Sofort beinhaltete sie jene Serviceelemente, mit denen sich der Neuling von der Konkurrenz abheben wollte: keine Versandkosten, kostenlose Retouren, zahlreiche Rechnungsarten über PayOne, Vorkasse und Kreditkarte bis hin zum für Händler riskanten Kauf per Rechnung. Nur bei größeren Bestellungen ab 200 Euro prüfte Zalando am Anfang systematisch durch Abfragen bei Bonitätsspezialisten, ob sie es riskieren konnten, das Paket mit der Rechnung drin rauszuschicken. Trotz des Risikos sei Zahlungsausfall kein großes Problem gewesen.

Zwei oder drei Bestellungen gingen in den ersten Tagen bei Zalando ein, immerhin. Aus Deutschland und auch aus Österreich. Den Service am Telefon und das Verpacken in braune Pakete mit Zalando-Aufkleber machten die Chefs selber, fürs Fotografieren der Ware beschäftigten sie immerhin schon einen Praktikanten. Zwischen 400 und 500 Paar Schuhe hatte Zalando zu Beginn im Sortiment, mehr noch nicht. Eine bunte – erfahrene Schuhhändler hätten wohl gesagt: wirre – Mischung aus sieben oder acht sehr

unterschiedlichen Marken zwischen Adidas, Gabor und den hippen Sneakers von Creative Recreation bildete das erste Zalando-Sortiment. Von jedem Paar gab es vier oder fünf unterschiedliche Größen.

Wie schon bei den Flipflops war es David Schneiders Job, für das vollkommen unbekannte Unternehmen die Ware zu besorgen. »Das brauchte eine ganze Menge Überzeugungsarbeit. Ich bin zu den Schuhherstellern und auf Fachmessen gefahren und habe versucht, den Leuten unsere Idee zu erklären«, erinnert er sich. Damals war das Internet noch mehr als heute mit Begriffen wie »Rabatt« und »billig« verbunden. »Viele Hersteller waren skeptisch, weil sie eine Verwässerung ihrer Marke befürchteten, wenn es sie im Netz über Zalando gab. Dabei wollten wir ja genau das Gegenteil, nämlich erstmals auch im Netz diese Markenwelten zeigen. Einige Hersteller allerdings haben die Chance sofort erkannt. Ihr Risiko war gering: Wir haben ja mit sehr kleinen Volumina begonnen.« Adidas und Diesel gehörten zu den aufgeschlossenen Marken, die Vorsichtigen will Schneider nicht nennen. Dass von Anfang an bekannte Marken dabei waren, half, die Skepsis bei kleineren Herstellern langsam zu verringern. Immerhin bekam Schneider rechtzeitig ein Sortiment zusammen. Eines jedoch, das sich als viel zu klein herausstellte: »Wir hatten fast immer mehr Nachfrage als Angebot.« Was eigentlich toll ist für einen Händler. Doch wenn der Kunde die Ware nicht bekommt, die ihm versprochen wurde, bestellt er bei diesem Laden oder Onlinestore wahrscheinlich nie wieder.

Ändern konnten Schneider und Gentz diese missliche Situation zunächst jedoch nicht. Dass die erfahrenen Leute von den Markenherstellern den Neulingen auch mal angestaubte Modelle angedreht haben, die ihnen sonst kein Händler abgekauft hätte, wollen die Gründer durchaus nicht ausschließen.

Zumeist mussten sie die Ware bezahlen, bevor sie sie fotografieren, die Bilder auf die Seite hochladen und dann im besten Fall schnell mit Gewinn verkaufen konnten. Wenn viele Artikel lange Zeit unbestellt im Keller herumlagen, reduzierte das das ohnehin schmale Einkaufsbudget zusätzlich. Dann stand das Kapital in Leder und Gummi gebunden im Regal herum. Das galt es zu vermeiden.

Also vertiefte sich Gentz weiter in die Mysterien der Suchmaschinen-Welt. Wonach googeln die Nutzer? Welche Schuhe, welche Marken muss man folglich im Angebot haben? Bei einigen Marken verbanden die Nutzer ihre Such-

anfrage mit einem Ort. Wenn das öfter vorkam, war klar, dass die Kunden diese Schuhe klassisch im Laden und nicht im Webshop einkaufen wollten. Solche Marken würden Zalando also kaum große Umsätze bringen. Bei jüngeren, trendigeren Marken wie »Blowfish« war das anders, da suchten die Kundinnen kein Geschäft in der Fußgängerzone, sondern den besten Shop im Netz. Das war die Chance für Zalando, diese Kundinnen passten genau ins Beuteschema. Mithilfe der inzwischen branchenweit üblichen Suchmaschinenoptimierung (SEO) versuchte Gentz zudem, die Angebote seiner Seite so zu präsentieren und zu formulieren, dass Zalando bei Suchanfrage nach Schuhen bei Google, Yahoo oder den kleineren Suchmaschinen ganz oben auftauchte. Am besten gleich an erster Stelle. »Wir haben den Markt Stück für Stück erarbeitet«, sagt Gentz.

Mit den ersten Bestellungen kamen Erfahrungen und Daten hinzu, mit denen Gentz und Schneider ihr Angebot kundennäher und damit umsatzträchtiger gestalten konnten. Vom ersten Tag an wurde alles trocken ausgewertet, das Bauchgefühl zählte nicht viel: Welche Artikel hat der Kunde gesucht und angeschaut, was hat er gekauft und was hat er sich nur angeschaut? Wofür interessiert er sich noch? Wie hoch sind nach dem Kauf die Retourenquoten der einzelnen Artikel? So bekamen die Rationalisten mithilfe ihrer geliebten Zahlen und Daten ein Gefühl für den Markt, den sie aufzurollen gedachten.

Derart akribisch arbeitet Zalando noch heute, nur auf ungleich größerer Datenbasis. Was die analytischen und die handwerklichen Qualitäten der Arbeit betrifft, sehen viele E-Commerce-Experten Zalando längst als Europameister. Mancher stellt die Perfektion der Verkaufsmaschine Zalando bereits in eine Reihe mit der des Onlinehändlers schlechthin, nämlich mit Amazon. Die Grundlagen ihres Wettbewerbsvorteils, die Daten-Pipeline für das spätere Milliardenunternehmen, legten die Gründer Gentz und Schneider in diesen frühen Tagen von Zalando.

Die Perfektionierer aus Berlin-Mitte scheinen ihre Arbeit von Anfang an gut gemacht zu haben. Denn die Zahl der Bestellungen stieg stetig. Zunächst brachten die Gründer die Pakete noch jeden Abend selber zur Post an der Torstraße. Schon nach zwei oder drei Wochen allerdings waren es so viele, dass die Zalando-Leute ein Taxi für die Schuhe bestellen musste. Doch schon bald konnten die Geschäftsführer die Mitarbeiter der Post »überzeugen«, die

Pakete an der Torstraße abzuholen. »Zehn Pakete am Tag schaffen wir schon«, hatte Gentz mutig versprochen. Die schafften sie auch – und den Paketboten gleich mit. Denn weil das Tagespensum schnell bei 50 oder 60 Paketen lag, klagte der, wenn auch halb im Scherz: »Wenn ich bei euch war, ist mein Transporter voll.« Der Mann kam gegen Mittag vorgefahren und brachte gleich die Retouren mit – auf diesen Zeitpunkt taktete Zalando seine noch sehr überschaubare Versandabteilung. Die Idee für die längst Kult gewordene Zalando-Werbung mit dem Postboten allerdings kam erst viel später.

Für Gentz und Schneider waren diese Entwicklungsschübe ihrer noch sehr überschaubaren Logistik Indizien dafür, dass sie auf dem richtigen Weg sind. Wichtiger war mal wieder eine Zahl: Im Dezember 2008, also drei Monate nach dem Start, erzielte Zalando bereits einen Umsatz von 50 000 Euro. 20 Mitarbeiter, ein paar Festangestellte und viele Praktikanten, verdienten ihr Geld an der Torstraße. »Alle hatten Lust auf diese Aufbruchstimmung und die Atmosphäre. Wir wollten alle etwas aufbauen. Das war ein starker Magnet.« Mehr als ein Drittel dieser ersten 20 Mitarbeiter sind Mitte 2013 noch bei Zalando, allen voran Angestellte Nummer eins, Nicole Appel. Sie leitet heute das Büro der drei Geschäftsführer. Und der erste Praktikant, der schon in der Fliptop-Zeit dabei war, kehrte nach dem Ende seines Studiums zurück und machte Karriere als IT-Mann bei Zalando. Als eine der ersten angestellten Einkäuferinnen kam Claudia Reth von einem traditionellen Schuhkonzern und stürzte sich mit einer gehörigen Portion Risiko in das gerade gegründete Mini-Unternehmen. »Sie kannte sich richtig gut aus und bestellte junge Marken, auf die ich damals nie aufmerksam geworden wäre. Das hat uns bei den Kunden sehr geholfen, weil es diese Marken anderswo kaum gab«, lobt Schneider.

Das Wachstum setzte sich munter fort: Im August 2009, also knapp ein Jahr nach der Gründung, lag der monatliche Umsatz bei 400 000 Euro – allerdings vor Abzug des Wertes der Retouren und einschließlich Mehrwertsteuer. »Für uns war das schon eine riesiger Wachstumsschritt«, so Gentz. Die Logistik gaben die beiden Chefs aus Kapazitätsgründen bald an DocData ab, den niederländischen Dienstleister, der heute noch immer einen der Standorte von Zalando betreibt.

Dass sie bei allem Wachstum und trotz ihrer Sparsamkeit mit dem Startkapital von 50 000 Euro nicht weit kommen und dass es »sehr, sehr knapp

werden« würde, war beiden klar. Die große Finanznot gleich zum Start blieb Zalando immerhin erspart. Denn Alexander Samwer hatte bereits sehr früh die Fühler ausgestreckt. Er kontaktierte noch im Oktober Holtzbrinck Ventures, dem Risikokapital-Zweig der Stuttgarter Verlegerfamilie. Holtzbrinck hatte den Samwers – und hier schließt sich ein Kreis – zuvor ja schon das Netzwerk StudiVZ abgekauft. Genau die Nachricht dieses Deals war es ja gewesen, die Robert Gentz im Jahr zuvor am Strand erst auf die Idee gebracht hatte, sich intensiv mit Internet basierten Geschäftsmodellen zu beschäftigen. Doch Zalando war gerade erst gestartet und konnte noch nicht viel vorweisen, was einen Investor zu einer üppigen Überweisung würde bewegen können. Immerhin gab es neben dem Konzept die Web-Seite schon, die den Holtzbrinck-Leuten offenbar gefiel. Und tatsächlich funktionierte es, der erste externe Investor hatte angebissen. Trotz weltweiter Finanzkrise stieg Holtzbrinck Ventures mit einer bescheidenen Summe ein, die zwar bei einem Vielfachen der Samwerschen Anschubfinanzierung, aber auch deutlich unterhalb einer halben Million Euro lag. Die größte Not immerhin war damit abgewendet, es war Geld für größere Wareneinkäufe da. Aber Sparsamkeit und ein »leaner« Unternehmensaufbau blieben erste Gründerpflicht im Hause Torstraße 218.

Dass die Samwers übergroßen Einfluss auf die Geschäfte der Firmen nehmen, bei denen sie engagiert sind, bestreitet Gentz. Schon in den Anfangstagen von Zalando sei das nicht so gewesen. Das Büro in der Torstraße platzte schnell aus allen Nähten, obwohl der Untermieter längst ausgezogen war. Das Sortiment wurde immer größer, die Bestellzahlen stiegen und mit ihnen die Retouren. Diese Rückläufer mussten überprüft, bearbeitet und ins Lager gebracht werden, der Kaufpreis musste den Kunden zurücküberwiesen werden. Aus großen Schreibtischen wurden kleine Schreibtische, damit mehr Leute ins Büro passten. Die Stirnseiten wurden ebenfalls besetzt. Der Meetingraum wurde schnell umfunktioniert – auch das zieht sich durch die Zalando-Historie bis heute. Noch heute im Umspannwerk in Prenzlauer Berg herrscht ewiger Mangel an Besprechungsräumen. So werden immerhin Sitzungszeiten nur selten überzogen, weil schon die Nachfolgenutzer vor den Türen warten. Und die sind etwa in der Zentrale von 2013 in der Sonnenburger Straße in Prenzlauer Berg zumeist aus Glas, die nächste Gruppe ist also unübersehbar.

In der Torstraße reichte auch der Platz für die Ware in der ersten Jahreshälfte 2009 nicht mehr aus, überall stapelten sich die Kartons. Der Raum

unterhalb der Schreibtische der Programmierer wurde auch noch mit Schuhen zugestellt – und kurzerhand zum »Lager Nummer drei« erklärt. »Wir hatten zwar eine Art Aufschwung in unserem Mikrokosmos. Aber draußen in der Welt lähmte die Finanzkrise alles. Das hieß, dass es sehr schwierig war, Geld von Investoren zu bekommen«, sagt Gentz. Damit war das Wachstumstempo limitiert – und die Torstraße musste bis auf weiteres als Hauptquartier reichen.

»Es ist kaum noch vorstellbar, wie das alles mal angefangen hat«, sagt Gentz in einem der wenigen Augenblicke der Erinnerung. »Heute würde ein solches Unternehmen sehr viel schneller und mit sehr viel mehr Power und Geld aufgebaut werden und es würde viel schneller wachsen.« Genau das passiert inzwischen mit den von den Samwers initiierten und gestützten Brüdern und Schwestern von Zalando in Asien, Lateinamerika oder Afrika.

Doch das, was Gentz die nicht geplante »Strechphase« im Unternehmensaufbau 2008 und 2009 mit dem durch Finanzkrisen bedingten gebremsten Wachstum nennt, hatte den großen Vorteil, dass die Gründer ihr Unternehmen und alle anfallenden Tätigkeiten genau kannten, weil sie alles auch mal selber gemacht haben: »Früher haben wir alles selbst gemacht und wissen immer noch, wie der Prozess funktioniert. Das ist ein riesiger Vorteil im Vergleich zu Geschäftsführern großer Konzerne, die von außen in die Unternehmensleitung kommen«, glaubt Gentz. Und Schneider ergänzt, dass er diese Erfahrungen nicht missen möchte: »Wir haben wahnsinnig viel gelernt, zum Beispiel im direkten Kontakt mit unseren Kunden.«

Gentz musste im Gespräch mit Kunden lernen, dass Konsumenten guten Service manchmal allzu selbstverständlich nehmen: Einen Tag vor Weihnachten 2008 bestand eine Kundin aus der Nähe von Düsseldorf darauf, das gerade erst bestellte Produkt auf jeden Fall noch vor dem Fest zu bekommen. »Und weil Robert sowieso zu seinen Eltern in der Nähe von Düsseldorf gefahren ist, hat er die Lieferung einfach eingepackt und der Frau gebracht«, grinst Schneider. Doch wer glaubt, in dieser Situation sei die Idee zum »Schrei vor Glück« gekommen, irrt: »Die Frau öffnete die Tür, nahm das Paket und machte die Tür wieder zu. Das war alle.« Keine Spur vom Glücksschrei!

Kaum etwas symbolisiert das enorme Wachstumstempo von Zalando vom ersten Tag bis heute so plastisch wie die Raumproblematik: Ständig und viel schneller als erwartet wurden die Büros zu klein, weil wegen der rasant stei-

genden Nachfrage so viele neue Mitarbeiter eingestellt wurden. Die Torstraße platzte schon im Frühjahr 2009 aus allen Nähten. Bis zum Sommer allerdings hielten die damals 40 oder 50 Mitarbeiter – die wenigsten davon fest angestellt – noch durch, bis endlich der erste von vielen Umzügen in ein deutlich größeres Büro anstand.

Zuvor allerdings musste Mitarbeiterin Nummer eins, Nicole Appel, das Kunststück fertig bringen, das Büro, von den Spuren erster Erfolge befreit, an den Vermieter zurückzugeben. Das Problem: Die Wände des Kellers, der als Lager gedient hatte, waren übersät von Zalando-Stempelabdrücken. Das junge Team hatte es sich zur Angewohnheit gemacht, bei jeder Bestellung vor Freude einmal an die Wand zu stempeln. Am Anfang zehnmal am Tag, dann immer häufiger. Dieses Wandbild beginnender Marktbedeutung galt es nun unsichtbar zu machen, bevor der Vermieter das Büro abnahm. »Leider deckte die Farbe nicht richtig«, erzählt die Assistentin der Geschäftsführung. Doch die Zeit drängte und so wendete Appel den Trick an, den auch jede Studenten-WG beim Auszug versucht: »Ich habe mich mit dem Vermieter am Abend verabredet, als es schon langsam dunkel wurde. Da fiel es dann nicht auf, dass die Stempelabdrücke noch leicht durchschimmerten.«

Währenddessen hatten die anderen Mitarbeiter bereits begonnen, sich etwa 300 Meter weiter in die Zinnowitzer Straße einzurichten. Zunächst bezog die Firma ein Stockwerk und das Dachgeschoss, anfangs etwa 400 Quadratmeter, »und dann sind wir im Gebäude gewachsen«, so Schneider. Bald kam noch ein Haus schräg gegenüber dazu, doch das Wachstum sprengte weiterhin alle (Raum-)Pläne. Neben der auch hier bald herrschenden Enge erinnern sich jene, die damals dabei waren, noch an das Übermaß von Sonne und Wärme hinter den riesigen Glasscheiben. Zwar war vor der Fensterfront ein textiler Sonnenschutz angebracht, doch sobald Wind aufkam, rollte der sich zusammen. Und der Sommer 2009 soll in Berlin ein ebenso sonniger wie windiger gewesen sein. Der Anblick des zweiten Zalando-Hauptquartiers muss schon ziemlich skurril gewesen sein, und wie ein Rückgriff auf die Flip Flop-Kultur gewirkt haben: Um sich vor der Helligkeit zu schützen, die die Schrift auf den Computerbildschirmen unlesbar zu machen drohte, standen im Büro Sonnenschirme. Mitarbeiter saßen mit Sonnenbrillen vor den Rechnern, die Füße in Eimern mit Eiswasser. Zalando – arbeiten, wie andere Urlaub machen …

Die Büroeinrichtung kam weitgehend von Ikea. In den frühen Tagen des Unternehmens schraubte Nicole Appel die Tische für die neuen Kollegen noch selber zusammen. »Aber irgendwann wurden es zu viele. Die neuen Kollegen mussten also selbst zum Inbusschlüssel greifen«, sagt die Berlinerin.

Jobs bei Zalando: Nicole Appel
Die Frau mit der Mitarbeiter-Nummer 1
28, Assistentin der Geschäftsführung

Die erste fest angestellte Mitarbeiterin von Zalando kam aus einer anderen Welt. Aus einer Art kulturellem Gegenuniversum. Denn bevor Nicole Appel ihren ersten Arbeitstag bei dem kaum von bewährten Strukturen belasteten, oft vom Improvisieren lebenden, sich selber suchenden, aber stürmisch wachsenden Start-up in der Berliner Torstraße absolvierte, war sie Auszubildende bei der Deutschen Rentenversicherung in der Hauptstadt gewesen. Einem Hort des geregelten Dienstablaufs. Doch irgendwie war das auf Dauer nicht das Richtige für die blonde Berlinerin. Und so bewarb sich die gerade ausgelernte Verwaltungsfachangestellte auf diese Onlineanzeige eines »jungen Start-up-Unternehmens im Fashionbereich«, das eine Assistentin der Geschäftsführung suchte. »Das Gespräch mit Robert und David war supernett und kurze Zeit später habe ich angefangen«. Im September 2008 war das.

Zalandos Vollzeit-Mitarbeiterin Nummer eins war also eine Frau aus einer Behörde. Man mag es kaum glauben, wenn man zum ersten Mal in dieses wuselige Unternehmen kommt, das eher der Außenstelle einer Uni als einem Amt ähnelt. In dem es die Hierarchien selbstverständlich gibt, sie aber nicht gemäß hoheitlichem Dienstgradwesen nach außen getragen werden.

Man sieht es schon daran, dass Nicole Appel und ihre Kolleginnen mit den drei Firmenchefs in einem Großraum zusammen sitzen – wenn auch in einem relativ kleinem Großraum. Die der normalen Mitarbeiter gleichen dagegen eher Turnhallen. Klassische Chefbüros mit Vorzimmer sind nicht vorgesehen im deutschen Vorzeigeunternehmen der Web 2.0-Ökonomie. Und auch kein »Sie«. »Nicci« duzt ihre Chefs wie eigentlich alle Kollegen. »Die lockere Atmosphäre gefällt mir einfach.«

Fast alles hat Nicole Appel bei Zalando schon gemacht, damit der Schuh-verkauf ins Laufen kam. Die Umzüge organisiert, die Büros an die Vermie-ter zurückgegeben, in der Frühphase Schreibtische und immer mehr Schreibtische für immer mehr Mitarbeiter bei Ikea gekauft und am Anfang auch noch aufgebaut. Bei den Recherchen für dieses Buch kamen die Ge-schäftsführer bisweilen ins Schleudern, wenn es um Daten aus der ganz stürmischen Sturm- und Drangphase des Unternehmens ging. Der Stan-dardhinweis war stets: »Nicci fragen. Die weiß das.« Heute organisiert die Berlinerin vor allem die Arbeitstage für die drei »Jungs«.

Und das hat gar nichts mit Behördenalltag zu tun. »Flexibel zu sein ist ext-rem wichtig bei Zalando, anders geht das hier gar nicht.« Denn dauernd passiere etwas, das nicht geplant ist. »Wenn es dann mal wieder heißt: Wir haben jetzt das Problem x oder y, dann müssen wir das ganz schnell lösen. Und dafür kann man auch mal unsere mühsam aufgebauten Strukturen ignorieren.« Sauer sei dann niemand, wenn es wirklich um die schnelle Lösung des Problems geht. Ist halt ein Start-up, wenn auch im frühen Er-wachsenenstadium.

Anders als die Mitarbeiter in den anderen Großraumbüros hat sie kein Fähnchen auf ihrem Schreibtisch stehen. Die Nationalflaggen zeigen, wo-her jemand kommt und welche Sprache – außer Englisch oder Deutsch – er oder sie spricht. »Das gefällt mir sehr. Wir brauchen Leute mit Sprach-kenntnissen. Wir sind ja in 14 Ländern aktiv.«

Die meisten von ihnen wissen gar nicht, dass sie Mitarbeiterin Nummer eins ist – sie kamen ja auch alle nach ihr zu Zalando. Deshalb kennt sie, anders als früher, längst nicht mehr alle sofort beim Namen. »Ich gehe da-mit auch nicht hausieren. Ich bin nicht so ein extrovertierter Typ.« Das hat die 28jährige mit ihren Chefs gemeinsam. Die drängeln sich ja auch nicht gerade in jede Talk Show.

»Ich mag die Begeisterung, mit der die Geschäftsführer bei der Arbeit sind. Das springt auf die Kollegen über.« Der Führungsstil? Da muss Nicole kurz überlegen. »Sicherlich sehr Teamorientiert. Sie besprechen Ziele im Team und dann werden die gemeinsam umgesetzt. Freundschaftlich kollegial kann man das wahrscheinlich nennen.« Und fügt dann an: »Die leben das wirklich.« Und wenn mal was danebengeht? Kann man dann brüllende Zalando-Chefs erleben? »Nein, die brüllen nicht.«

Ins Detail will sie dann aber nicht gehen. Denn die Vorzimmer-Loyalität gibt es auch bei Zalando. Selbst ohne klassisches Vorzimmer.

Neues Ziel: Größter Online-Schuhhändler – das wäre doch schon mal was

Entspannung war nicht angesagt. Denn jetzt sorgten die Gründer und die frühen Geldgeber selber dafür, dass die Raumprobleme das Unternehmen so zuverlässig verfolgen würden, wie der Wechsel von Farben, Styles und Schnitten die Damenmode. Auch die Zentrale in der Zinnowitzer Straße würde schon wieder zu eng werden.

Gerade ein Jahr nach der Gründung fragte sich das Team, wie es weitergehen sollte. Die Frühjahrs- und Sommersaison 2009 war sehr gut gelaufen, obwohl Zalando mit wenig Geld und sehr kleinem Team gearbeitet hatte. Sechs Millionen Euro Umsatz würden am Ende des ersten kompletten Geschäftsjahres 2009 in der Bilanz stehen. Das Konzept schien also tatsächlich zu funktionieren und Zukunft zu haben. Jetzt stand man am Scheideweg: »Die Frage war, ob wir ein kleiner, überschaubarer Onlineshop mit wenigen Kollegen und überschaubaren Ressourcen bleiben. Oder ob wir uns das Ziel setzten, der dominierende Online-Schuhhändler in Deutschland oder vielleicht sogar Europa zu werden«, sagt Gentz. Gleichzeitig gab es die Idee, im nächsten Entwicklungssprung des Unternehmens auch Textilien zu verkaufen. »Wir hatten gemerkt, dass wir eigentlich viel mehr machen könnten«, ergänzt Schneider. Dass er und Gentz, dass die Samwers und Holtzbrinck Ventures sich für die Marktführer-Option entschieden, die damals noch eher eine Vision war, konnte angesichts der Besetzung des Beschlussgremiums nicht überraschen. »Die Investoren glaubten an uns und wussten, dass sie zunächst viel Geld ins Unternehmen stecken mussten. Denn wir konnten nur das anbieten, was wir zuvor eingekauft hatten. Aber wir hatten bis dahin offenbar bewiesen, dass wir ein System skalieren konnten«, glaubt Gentz.

Aber um den Markt aufzurollen, brauchten sie sehr viel mehr Geld, um sehr viel mehr Ware für ihren virtuellen Schuhladen zu beschaffen. Und sie mussten investieren, um alle Systeme und Prozesse so gut wie möglich auf den

zu erwartenden Umsatzanstieg vorzubereiten. Sie mussten zudem ein größeres Managementteam aufbauen. Denn mit zwei Gründern an der Spitze, die alles wissen müssen und sich im Zweifel um alles kümmern und alles entscheiden, würde es mit dem Marktführer-Anspruch nicht mehr gehen, das wäre zu wenig. Also war klar: »Um unser Ziel zu erreichen, brauchten wir zu dem Zeitpunkt erst einmal weitere Investoren«, erinnert sich Gentz.

Die Aufgabe, sie zu besorgen, übernahm vor allem Oliver Samwer. Und der Geldbesorger hatte Erfolg – ausgerechnet bei Karl-Erivan W. Haub, dem Chef des über 140 Jahre alten Handelsunternehmens Tengelmann in Mülheim/Ruhr, das bisher weitgehend an seinen Läden hing und nicht als herausragend internetaffin galt. Den Haubs gehörten nicht nur die Supermarktkette Kaiser's/Tengelmann, sondern auch eine große Beteiligung an Obi als Deutschlands größtem Baumarkt sowie Anteile am Textildiscounter KiK, an der Ein-Euro-Kette TeDi sowie zahlreiche Einzelhandelsimmobilien. Klassischer Handel also, wenig oder gar kein Online-Geschäft.

Haub hatte gerade nach einem heftigen Bieterduell zwischen Edeka und Rewe seine Discounterkette »Plus« – damals die Nummer drei hinter Aldi und Lidl – an Edeka verkauft. Nur plus.de, die Onlinesparte, hatte er behalten. Die Milliardäre aus Mülheim wurden durch diesen spektakulären Deal noch reicher. Samwer hatte Haub angerufen, den er bei einem Vortrag an der WHU kennengelernt hatte, nd ihn gefragt, ob er nicht bei ihm in einen jungen, aber ambitionierten Online-Schuhhändler investieren und eine Firma für seine Kinder aufbauen wollte (mehr dazu im zweiten Kapitel).

Die Firma Tengelmann war es, laut eigener Angaben, gewesen, die in den Fünfzigerjahren des 20. Jahrhunderts als erster Händler aus den USA die Idee eines Selbstbedienungsladens nach Deutschland, nämlich nach München, gebracht hatte. Den aktuellen Evolutionssprung vom stationären Handel zum Onlinehandel vergleichen viele Branchenexperten in ihrer Bedeutung und im Ausmaß der Veränderung des Einkaufsverhaltens der Kunden mit der damaligen Entwicklung vom Geschäft mit Tresen und Bedienung zum Selbstbedienungs-Supermarkt. Ob Haub es seinen Vorgängern in puncto Innovationsbereitschaft jetzt, Ende 2009, gleichtun wollte?

Tatsächlich sagte Haub bei Samwer zu, »weil er wohl ebenfalls die Grundüberzeugung hatte, dass die Zukunft des Handels Online sein würde«, meint Gentz. Haub stand auch hinter dem Konzept, das Sortiment von Schuhen

auf Mode auszuweiten. Im Textilhandel kannte er sich durch seine KiK-Beteiligung ja aus.

Zum ersten Mal investierte damit ein erfahrener Händler in großem Umfang bei Zalando. Das war etwas Neues, denn bisher hatten sich mit Rocket Internet und Holtzbrinck Ventures nur typische Internet-Investoren finanziell am Schuhgeschäft für das 21. Jahrhundert beteiligt. Kurz vor Weihnachten hatte Haub unterschrieben. »Das war ein tolles Signal für uns als Start-up im Handel und für alle, die uns beobachteten. Wir haben uns in den Weihnachtsurlaub verabschiedet, mit dem Gefühl: Jetzt geht es richtig los mit Zalando«, sagt Gentz. Denn Haub investierte richtig viel Geld: mehrere Millionen Euro.

Nach dem Beschluss ein paar Wochen zuvor, das Unternehmen richtig groß zu machen, war der Einstieg von Haub wohl so etwas wie der entscheidende »Zalando-Moment«. Der Augenblick, in dem in Gedanken und Businessplänen tatsächlich jenes Unternehmen entstand, über das bald alle reden würden. Gentz und Schneider sollten nun unter Beweis stellen, dass sie Pläne und Beschlüsse ähnlich schnell, konsequent und effektiv umsetzen können wie die Samwer-Brothers. Gentz tat, was er überhaupt am liebsten tut: Systeme »skalieren«, also ausrollen. Allen voran die IT, das Marketing und nicht zuletzt das bisher noch sehr spärlich besetzte Management.

Zalando musste angesichts der neuen, überaus ehrgeizigen Ziele jetzt auf ganz neue Füße gestellt werden. Damit organisierten Gentz und Schneider faktisch bereits das vierte Unternehmen innerhalb von knapp drei Jahren: nach Unibicate, Fliptops und dem »kleinen« Zalando aus der Torstraße jetzt das »große« Zalando, den künftigen Wachstums-Europameister. Rund 150 Mitarbeiter hatte das Start-up inzwischen, die noch mal ganz tief Luft holen sollten für das, was kommen würde.

»Wir brauchten im Management unbedingt jemanden, der das Erreichte zusammenhalten, durchstrukturieren und weiter systematisch ausbauen konnte. Denn David und ich verbrachten inzwischen den Großteil unserer Zeit damit, Klippen zu umschiffen, die irgendwo auf dem Weg auftauchten«, sagt Gentz. Das Gründer-Duo suchte – nicht lange – genau dort, wo die Samwers sie selber entdeckt hatten: bei den Ehemaligen der WHU, ihrer früheren Hochschule in Vallendar. Rubin Ritter war der erste Kandidat. Er hatte mit Gentz und Schneider im selben Jahrgang studiert. »Natürlich denkt

man in einer solchen Phase zuerst an jemanden, den man kennt und bei dem man sicher ist: Er kann das, er passt zum Unternehmen und seiner Kultur und ihm können wir vertrauen«, sagt Schneider. Bei Ritter hatten sie keinerlei Zweifel, zumal er gerade Berufserfahrung als Berater für verschiedene Branchen bei McKinsey gesammelt hatte.

Und der wollte jetzt ohnehin mehr als nur beraten, sondern etwas aufbauen – genau wie auch Gentz und Schneider es immer vorgehabt hatte. Am liebsten in Berlin. »Und dann rief Robert an: Zalando erreiche jetzt eine neue Wachstumsphase und dafür könnten sie mich gebrauchen«, erinnert sich Ritter. Dennoch sagte er ab. Als Robert Gentz nicht locker ließ, versprach er, sich das Unternehmen wenigstens anzuschauen. Der erste Besuch im Unternehmen überzeugte ihn: »Der Spirit und das Klima in diesem Büro in der Zinnowitzer Straße und die Gespräche mit den Menschen dort haben mich ziemlich schnell begeistert. Alle waren mit Eifer dabei und man merkte, dass dieses Team etwas erreichen möchte. Am nächsten Tag war mir klar: Das will ich auch.«

Rubin Ritter kündigte tatsächlich beim Weltkonzern McKinsey. Stattdessen stieg er bei seinen früheren Kommilitonen als Geschäftsführer ein und kümmerte sich um die »Maschinerie«: Finanzen und Operations. »Das konnte ich ja und das machte mir Spaß«. Gleichzeitig war er auch noch für rechtliche Fragen und zahlreiche andere Aufgaben zuständig. Und zwar schneller, als er erwartet hatte. Nach zwei oder drei Tagen musste er Verhandlungen mit Textilherstellern über Lieferungen und Preise führen. »So etwas hatte ich zuvor noch nie getan. Aber da musst du eben schnell ein Profi werden und lernen, so zu handeln, als wäre es dein Unternehmen. Du kommst rein und übernimmst gleich Verantwortung. So ist das bei Zalando.« Aber vorher noch selber den Schreibtisch aufbauen, bitte …

Damit war Zalandos Top-Trio komplett. Ritter war der Mann für die Finanzen, Schneider der für die Produkte und Gentz war für den eigentlichen Onlinebereich zuständig. Seit den Anfangstagen fassen die drei Beschlüsse gemeinsam, Kampfabstimmungen gibt es angeblich nicht.

Sie arbeiteten zusammen mit einigen Kollegen in einem gemeinsamen Büro, an den typischen kleinen Computertischen. »Wir haben uns gedacht: Wenn wir das von unseren Mitarbeitern verlangen, müssen wir das auch tun«, sagt Ritter.

Auch andere Führungskräfte aus der engen oder weiteren WHU-Clique kamen in dieser Zeit zu Zalando, etwa der Chief Marketing Officer (CMO) Christian Meermann oder David Schröder, Geschäftsführer der MyBrands Zalando eLogistics GmbH, der die gesamte Konzern-Logistik aufbaute. Beide entstammen demselben WHU-Jahrgang wie Gentz, Ritter und Schneider. Noch heute gibt es wegen der gemeinsamen Uni-Vergangenheit bei Zalando zahlreiche Mitarbeiter, die sich länger kennen, als das Unternehmen überhaupt besteht. »Viele von uns verstehen sich auch privat sehr gut und sind nicht nur Kollegen«, versichert Schneider. Oftmals sind es die Gründer selber, die gute Leute in die Führungsetage ihres Unternehmens locken. So war es auch bei Studienfreund Meermann. Er war seit drei Jahren Berater bei der Boston Consulting Group (BCG) in München. Robert Gentz rief ihn 2010 an und fragte, ob er nicht als Marketingchef zu Zalando kommen wolle. Und dann ging es so wie bei Rubin Ritter und vielen anderen: Der Umworbene schaute sich den Laden nicht einmal zwei Tage lang an, redete mit den Gründern und Mitarbeitern – und kündigte seinen Job bei der etablierten, global tätigen Beratungsgesellschaft. »Ich dachte mir: Diese Idee mit dem Schuh- und Modehandel im Internet könnte Potenzial haben«, sagt Meermann zu seinen Beweggründen, in das junge Unternehmen seiner früheren Studienfreunde einzusteigen. Drei Jahre lang blieb er, dann wechselte er zum anerkannten Modehändler P & C, um dessen jungem Onlinegeschäft auf die Beine zu helfen.

Dabei sah sich der BCG-Berater durchaus nicht als Marketingexperte: »Das Spezialwissen musste ich mir in den ersten Monaten nachts anlesen. Ich hatte nun mal den Anspruch, als Marketing-Chef alles bis ins Letzte in meinem Bereich zu verstehen. Und das war auch der Anspruch von Rocket Internet.«

Diese Art der Mitarbeiterrekrutierung setzte ein Schneeballsystem in Bewegung: Die Kumpels von der Uni aktivierten ihre eigenen Netzwerke, um Freunde und Bekannte zu Zalando zu holen. Neben diesen persönlichen Bekanntschaften, dem hoch attraktiven Standort Berlin, der bisherigen Firmenstory und den hochfliegenden Plänen lockte die Chance, an etwas möglicherweise Außergewöhnlichem mitwirken zu können. Viele ließen dafür vermeintlich sicherere Führungsjobs sausen. Zahlreiche Praktikanten aus der Frühzeit Zalandos oder gar Fliptops kamen zudem zum Unternehmen zu-

rück, als sie ihr Studium beendet hatten, und machten hier schnell Karriere. Wegen dieses quasi privaten Rekrutierungssystems hatten die großen Headhunter-Unternehmen lange Zeit kaum eine Chance, vom Wachstum Zalandos zu profitieren. Die Aufträge kamen erst später und dann vor allem für typische Modejobs, die direkt mit der Ware und mit den Kollektionen zu tun hatten. Denn in dieser Disziplin hatte die WHU wenig qualifiziertes Personal zu bieten. »Uns war klar, dass wir mit unserem BWL-Hintergrund nicht auf Anhieb die Experten für Schuhe oder Mode sein würden«, so Schneider. Die Mischung aus zahlengesteuerten Jungmanagern und erfahrenen – älteren – Praktikern aus der Fashionbranche sei eine Grundlage für den Erfolg gewesen.

Das Personal der – immer noch sehr überschaubaren – Einkaufsabteilung war fortan mindestens ausgelastet, zumeist jedoch überlastet. Denn 2010 war das große Jahr des Aufbruchs der jungen Firma – und das der nie da gewesenen Einkaufstouren. Besonders, nachdem Anfang des Jahres neben dem Onlinemarketing der erste skurile Fernsehspot – noch ohne Postbote, aber mit einem vor Zalando warnenden Mann im Kleiderschrank – die Marke schlagartig bekannt gemacht hatte. »Wir sind damals innerhalb von drei Monaten um das Zehnfache gewachsen.« Rubin Ritter erinnert sich an zahllose Runden mit den Einkäufern von Zalando, bei denen jeder vorstellte, was er noch irgendwo an Ware zusammensuchen konnte: »Und dann haben wir überlegt, ob der Preis in Ordnung war und ob wir die Posten kaufen. Wir konnten mit den Wünschen der Kunden kaum mithalten und einfach nicht so viel Ware besorgen, wie sie wollten.«

Üblicherweise ordern Textilhändler ein Dreivierteljahr, oft sogar ein Jahr im Voraus, ihre Kollektionen. Zalando aber hatte diesen Vorlauf nicht, weil man sich so spät entschlossen hatte, richtig aufzudrehen. Also liefen Verkauf und Einkauf der Ware praktisch parallel – was den Stressfaktor unglaublich erhöhte. Denn ein solches Daytrading ist nicht unbedingt das, was die Steuerung eines Handelsunternehmens mit all seinen Vorlaufzeiten erleichtert. Damals haben sie praktisch alles gekauft, was am Markt zu bekommen war und was irgendwie zu Zalando passte. Ständig gab es wegen der rasant steigenden Bestellzahlen Nachschubprobleme – eine Katastrophe für jeden Händler: Man hat den Kunden, aber keine Ware!

Manchmal allerdings sorgte eine andere Katastrophe für zeitweise – allerdings nur scheinbare – Linderung: »In dieser Zeit kam es vor, dass die Server

unter dem hohen Traffic zusammenbrachen«, erinnert sich Gentz an die Chaostage. Zalando, das den Kundenservice doch so groß schreiben wollte, war für seine Kunden kurzzeitig nicht mehr erreichbar. Manchmal haben sie sogar kurzfristig Werbespots gestrichen, damit nicht das ganze System in die Luft flog.

Ständig musste jetzt improvisiert werden, weil im laufenden Geschäft neue Produkte ins Sortiment genommen wurden. Oft kam Ware nicht zum vereinbarten Zeitpunkt vom Hersteller oder Großhändler. Oder sie kam zu früh und war folglich noch nicht im Warenwirtschaftssystem vereinnahmt, war nicht fotografiert und somit noch nicht reif für die Seite und den Verkauf. Dann stapelten sich die Kartons viel zu lange im viel zu kleinen Lager – während Zalando gleichzeitig nicht ausreichend lieferfähig war. Der für dieses tote, im Weg herumstehende Kapital üblicherweise verwendete Begriff »Sperrlager« ist bei den frühen Zalandos heute noch ein Codewort für dieses viel zu stürmische Wachstum mit all seinen ungewollten Nebenwirkungen.

Mehr Mitarbeiter mussten also her, die die Sperrlagerware im System vereinnahmte, damit sie schnell verkauft werden konnte. »Wir haben buchstäblich neue Kollegen von der Straße engagiert. Unsere Mitarbeiter sind raus gegangen und haben vor einem Café neben dem Büro Passanten angesprochen, die irgendwie nach Studenten aussahen und ihnen einen Job bei uns angeboten«, erinnert sich Ritter. Das habe sogar funktioniert und unter den neuen Kollegen seien zahlreiche Volltreffer gewesen. »Mein kürzestes Vorstellungsgespräch dauerte eine halbe Stunde. Dann haben wir dem Mann ein Angebot unterbreitet, wir waren uns einig. Ich habe ihn gefragt, wann er anfangen kann und er sagte: Eigentlich sofort. Also ist er aus dem Vorstellungsgespräch heraus, hat seinen Tisch und seinen Rechner aufgebaut – und dann hat er angefangen«, erinnert sich der frühere McKinsey-Berater.

Sandra Schaarschmidt war in dieser Zeit in der internen Kommunikation auch für die Mitarbeiter zuständig. Bis dahin war es üblich, dass sie neue Kollegen im Intranet mit einem Foto und ein paar Zeilen kurz vorstellte. »Das ging dann gar nicht mehr. Wir haben so viele Leute eingestellt, dass wir Gruppenfotos machen mussten und einfach nur noch die Namen darunter geschrieben haben.«

Und weil immer wieder irgendwo größere Probleme auftauchten, führte Ritter die »War Rooms« ein. »Das hatten wir bei McKinsey mal bei einem

Mandaten gemacht.« Wie im Krieg wurden kurzfristig alle für die Lösung eines Problems hilfreichen Kollegen in einem Raum versammelt – »und die durften dann erst dann wieder herauskommen, wenn das Problem gelöst war«, erklärt Ritter. Die »War Rooms« gibt es bei Zalando immer noch, wenn nötig. Gründer Gentz staunt noch heute über das, was da im Frühjahr 2010 im Unternehmen passierte: »Das waren 20-Stunden-Tage, Samstag und Sonntag inklusive. Drei Monate lang. Das war vielleicht ein Akt – aber die Begeisterung hat uns die Zeit vergessen lassen!«

Doch die in diesem Ausmaß nicht geplante Sturm-und-Drang-Phase mit ihren Mühen und Unzumutbarkeiten schlug sich fulminant in den Zahlen nieder: Auf drei Millionen Euro war der Umsatz im Februar 2010 – dem letzten Monat vor dem Start der Fernsehwerbung – bereits angestiegen. Im Mai dann, nachdem die Fernsehwerbung gestartet war, verzehnfachte sich der Umsatz schlagartig: 30 Millionen Euro Bruttoumsatz – allerdings vor Retouren – in nur vier Wochen! Geld, das nach Abzug der Kosten wieder für neue Einkäufe zur Verfügung stand. »Wir hatten in dieser Zeit unbeschreiblich niedrige Marketingkosten pro Order, weil wir bei den Kunden offene Türen eingerannt haben. Wir hatten eine Welle an Nachfragen selbst ausgelöst und wurden dann von ihr getragen«, freute sich Geschäftsführer Gentz.

Im zweiten Halbjahr 2010 wagte sich Zalando zudem erstmals ins Ausland – nach Holland. »Es hat uns fast überrascht, wie gut die erste Expansion lief«, sagt Schneider. Die Seite musste übersetzt und hier und dort angepasst werden. Aber Grundsätzliches musste nicht geändert werden, damit aus »zalando.de« »zalando.nl« wurde. Die jungen Frauen diesseits und jenseits der Grenze hatten vergleichbare Markenpräferenzen.

Kurze Zeit später in Frankreich sollte der Zalando-Start nicht so reibungslos funktionieren. Denn hier gab es ein anderes Markenumfeld als in Deutschland oder in den Niederlanden. »Dort benötigten wir etwa zwei Saisons, um den Kunden richtig zu verstehen und uns an die lokalen Gegebenheiten anzupassen«, so Schneider. Einfach nur die Seite zu übersetzen, reichte hier nicht. Die Franzosen favorisierten neben den global angesagten Brands auch viele regionale Marken, die Zalando erst einmal besorgen musste.

Einen großen Vorteil indes hatte der französische Markt von Anfang an gegenüber dem deutschen, in dem die Kunden mindestens 50 Prozent der georderten Ware an Zalando zurückzuschicken pflegten: Der französische

Kunde retourniert aus Tradition weit weniger, was für dem Onlinehändler enorm viel Geld spart. »Die Deutschen waren es schon von den Katalogversendern gewöhnt, dass sie die Ware kostenfrei zurückschicken konnten. In Deutschland entscheiden deshalb viele Kunden erst zu Hause, welche Artikel sie behalten wollen. Franzosen dagegen entscheiden schon über einen Kauf, wenn sie Online auf der Seite sind. Nur Kleidung und Schuhe, die von der Größe her nicht passen, werden zurückgeschickt«, erklärt Schneider. Der Hintergrund ist, dass der Kauf auf Rechnung in Frankreich keine große Tradition hat. Und bei dieser Bezahlart ist es besonders verführerisch, viel zu bestellen und viel zurückzuschicken, der Kunde hat dafür ja noch kein Geld bezahlt. Er belastet sein Konto also nicht. Wer über andere Wege bezahlt hat, bekommt den Rechnungsbetrag über die Retoure zwar zurück – aber erst einmal wird der Wert der Order vom eigenen Konto abgebucht, man muss das Geld sozusagen unverzinst vorstrecken. In diesem Fall bestellen die Kunden schon mal vorsichtiger und mit kritischerer Vorauswahl.

Und Fashion Partys wie in Deutschland, für die junge Mädchen massenweise Kleider, Hosen oder Tops bestellen, um sie dann gemeinsam und feuchtfröhlich anzuprobieren und das meiste wieder zurückzuschicken, gibt es in Frankreich ebenfalls kaum. Damit läuft das Geschäft in Frankreich deutlich kostengünstiger als in Deutschland. Die hohen Retourenquoten und die damit verbundenen Kosten sind für Zalando-Skeptiker stets ein Haupt-Argument für ihre Einschätzung, dass es für das Unternehmen extrem schwer, wenn nicht gar unmöglich sei, in attraktive Gewinnregionen vorzustoßen.

2010 wurde das Jahr des Durchbruchs für Zalando. Man sprach über Zalando, auf YouTube wurde die Schrei-Werbung erstmals parodiert. »Das war die Zeit, in der wir merkten, dass Zalando wirklich zur Marke wurde«, so Schneider. Mit rund 100 Mitarbeitern war Zalando ins Jahr 2010 gegangen, mit 500 kam die Firma am Ende wieder heraus. Und aus sechs Millionen Euro Jahresumsatz waren knapp 160 Millionen Euro geworden – nach Abzug der Erstattungen für die zahlreichen Retouren. Das Unternehmen immer wieder auf diese enormen Umsatzsprünge auszurichten, war die wichtigste Herausforderung dieser Zeit. Die frühzeitige Vorbereitung der Systeme auf die Skalierungen hatte sich ausgezahlt, zumindest auf den Umsatz bezogen. Unter dem Strich allerdings war nichts übrig geblieben von der Umsatzexplosion. Zalando schrieb einen Verlust von 20 Millionen Euro.

Doch neben dem Umsatzschub 2010 hatte das Team mit der Auslandsexpansion und dem Einstieg ins Textilgeschäft schon die Grundlagen für den nächsten Wachstumsschub gelegt: Frühjahr/Sommer 2010 war die erste Saison, in der Zalando auf dem Modemarkt aktiv war. Die Chancen würden riesig sein: Der Textilmarkt ist schließlich um ein Vielfaches größer als der des Schuhhandels.

Wieder hatten die Gründer auf kleiner Flamme begonnen, mit überschaubarem Risiko. Die Erfahrungen mit den Schuhen ließen sich zum Teil auf die Textilien übertragen. Aber nicht komplett. Denn bei den Schuhen mussten die Zalando-Leute einfach nur Schuhe irgendwo gut ausgeleuchtet hinstellen, fotografieren und die Bilder auf die Homepage hochladen. Bei T-Shirts, Jacken, Blusen, Cardigans, Kleidern, Röcken, Hosen oder Unterwäsche aber war es sinnvoll, dass ein Model die Ware trägt und in zahlreichen Posen abgelichtet wird. Auch die Textbeschreibung der Produkte ist deutlich aufwändiger als bei den Schuhen.

Unterschiede gab es zudem in der Logistik: Während stapelbare Schuhkartons im Lager noch recht einfach in Massen zu lagern und zu bearbeiten sind, ist das mit weichen, flexiblen Textilien schwieriger – erst recht mit der sogenannten »Hängeware«, also etwa Kleidern, die im Lager zu Hunderten auf Bügeln und Stangen baumeln. Auch gab es von Textilien mehr Größen- und Farbvarianten pro Kollektion als bei Schuhen, was die Komplexität deutlich erhöhte.

Dabei war die Begeisterung darüber intern durchaus nicht einhellig, dass Zalando seine Kundinnen – denn an die wendete sich die Seite weiterhin in erster Linie – nun auch oberhalb des Knöchels anziehen wollte. »Einige waren der Ansicht, dass die Marke Zalando ganz auf Schuhe ausgerichtet war. Die Ausweitung unseres Angebots auf Mode sahen einige als Problem«, erinnert sich Schneider. Doch letztlich entschieden die drei Geschäftsführer einstimmig: »Wer Schuhe Online bestellt, bestellt auch Mode Online.« Die gerade angelaufenen TV-Spots würden diese Markenspreizung und -erweiterung schon rüberbringen.

Jobs bei Zalando: Claudia Reth

Die Frau, die wissen muss, was die Kundinnen gern hätten

36, Einkaufschefin Textil, Damen

Ohne diese zierliche Frau wäre Zalando wahrscheinlich nicht so schnell einer der großen Modehändler in Europa geworden. Claudia Reth war schon seit 13 Jahren Textileinkäuferin bei anderen Modehändlern, bevor sich alles änderte. »Irgendwann sprachen mich Vertreter von Herstellerfirmen darauf an, dass es in Berlin diesen neuen Schuh-Onlinehändler namens Zalando gebe.« Das fand sie spannend, und beschäftigte sich mit dem Thema. Und wie so oft: Nach einem Gespräch mit den beiden Gründern wechselte sie zu Zalando. Gentz und Schneider scheinen mit ihrer lockeren, freundlichen Art, die ihren Ehrgeiz nicht überdeckt, etwas zu haben, das bei anderen Leuten den Wunsch erzeugt, für sie zu arbeiten. »Die beiden sind einfach sehr sympatisch. Und man merkt, dass sie mit voller Energie dabei sind und an ihr Ziel glauben.«

Claudia Reth stieg 2009 noch in das erste Zalando-Team an der Torstraße ein, das nach ihrer Erinnerung gerade aus etwa zehn festen Mitarbeitern und ein paar Werkstudenten bestand. »Ich habe zwar an das Konzept geglaubt. Aber ich hatte keine Ahnung, dass das so schnell so groß werden würde.«

Statt wie zuvor Kleidung und Schuhe kaufte sie jetzt für ihren neuen Arbeitgeber also nur noch Schuhe ein. »Nach zwei Monaten aber sagten David und Robert: Kannst du nicht auch Textilien einkaufen? Die Leute, die bei uns Schuhe bestellen, tragen doch auch noch was anderes.« Der Textilmarkt ist deutlich größer als der für Schuhe. Skalierungs-Fans wie die von Zalando müssen also fast zwangsläufig rein in diesen Markt.

Also machte Reth erst einmal beide Jobs, den der Einkäuferin für Schuhe und auch noch gleich für die neue Kategorie Mode. »Es war sicher hilfreich, dass ich schon ein gutes Netzwerk hatte und mich die Leute bei den Herstellern kannten. Das senkte die Hürden für Zalando als neuen Modeanbieter.« Die Warenkreditversicherer standen damals schließlich noch nicht so geschlossen hinter dem jungen Onlinehändler wie heute. Bei Warenkreditversicherer – etwa coface, Euler Hermes oder atradius – sichern die Hersteller die Risiken ihrer Lieferungen an Einzelhändler ab, damit sie sich darauf verlassen können, dass sie ihre Rechnungen auch bezahlt bekom-

men. Und je wackeliger den Warenkreditversicherern die Handelsunternehmen erscheinen, desto höhere (Risiko-)Gebühren verlangen sie für ihre Dienste von den Herstellern. Typisch Versicherung also. Und ein gerade in den Markt gestarteter Onlinehändler wird bei den Versicherern nun mal als deutlich höheres Risiko eingestuft als P&C, Breuninger oder Kaufhof.

Auch deshalb startete Claudia Reth Zalandos Modesparte – ganz nah der noch jungen Tradition des Hauses – erst einmal vorsichtig mit kleinen Mengen. Aber mit bekannten Logos. »Es war wichtig, dass einige große Marken von Anfang an dabei waren. Die fungierten als Türöffner, dann kamen auch die kleineren fast automatisch nach.« Unter diesen Mode-Türöffnern waren einige, die – wenn sie denn sowohl Schuhe als auch Mode herstellten – zuvor schon beim Schuh-Start von Zalando zu den Pionieren gezählt hatten, etwa Adidas oder Diesel. Auch G-Star oder Tommy Hilfiger holte sie sofort an Bord, um mit einer attraktiven Markenpalette starten zu können.

Den Schuh-Einkauf hat sie dann bald abgegeben und sich ausschließlich mit dem Aufbau des Modeeinkaufs beschäftigt. »Da kamen dann schnell gute Leute mit Erfahrung dazu, etwa vom KaDeWe in Berlin oder großen Katalogversendern. Das wurde ein sehr gutes Team.«

Wieder einmal hatte das Zalando-Prinzip funktioniert: Chancen – auch mithilfe der geliebten Zahlen – ausmachen, im kleinen Team zunächst ohne großes öffentliches Aufhebens erst einmal vorsichtig und ohne allzu risikoreichen Einsatz von Ressourcen starten, testen, lernen, verbessern. Und dann irgendwann mit Volldampf – da ist es wieder, dieses Wort: – skalieren. Die Kalkulation ging auf. Schnell wurde der Modehandel so hochskaliert, dass er einen ähnlichen Umsatzanteil brachte wie die Schuhe: also knapp die Hälfte.

Betriebswirtschafterin Reth sieht sich dabei ganz und gar als Mode-Frau, vertritt also die Bauch-Fraktion im Unternehmen: »Selbstverständlich sind die Zahlen superwichtig für uns. Aber es geht immer um Mode. Und da kann man nicht alles so analytisch vorhersagen. Dafür braucht man dieses Gefühl, diese Leidenschaft für Mode. Und diese Erfahrung.«

Zum Beispiel? »Lange Zeit liefen Label-Shirts sehr gut. Würden wir das Unternehmen nur nach den Erfolgszahlen steuern, hätte ich weiterhin

Tausende Shirts mit den Logos großer Marken auf der Brust eingekauft – und wäre letztendlich wahrscheinlich darauf sitzen geblieben. Der Trend flaute nämlich ab. So etwas sollte man möglicht früh spüren.« Immer nur sichere Ware anzubieten, die bisher gut gelaufen ist, das werde auf Dauer im durch Saisons geprägten Modegeschäft keinen Erfolg bringen. Und man müsse auch mal was riskieren. 30 Prozent Umsatzanteil der Online-händler im Fashion-Gesamtmarkt hält sie bis 2015 oder 2016 schon für möglich, Zalando werde sich einen bedeutenden Teil davon holen.

Das Typische am Arbeiten bei Zalando? »Hier werden Entscheidungen sehr viel schneller gefällt als anderswo. Eigene Ideen oder Änderungen kann man sofort umsetzen. Beschlüsse fallen sehr pragmatisch, also auf die Lösung eines Problems gerichtet aus. Es geht um die Sache. Dagegen gibt es sehr wenig Politik.« Was als Hinweis gemeint ist auf die Energie- und Ressourcenverschwendung in älteren und größeren Unternehmen für die Verteidigung von Zuständigkeiten und Pfründen. Aber droht sich bei Zalando nicht Ähnliches zu entwickeln, wenn das Unternehmen noch größer wird und deshalb noch mehr Strukturen einziehen muss? »Das wird eine der großen Herausforderungen für die Zukunft. Es wäre sehr wichtig, dass die Schnelligkeit, die eigenen Ideen, die Ausrichtung auf Lösungen bleiben.«

Der Schrei vor Glück

Auch die Entstehungsgeschichte des Zalando-Werbespots war viel stärker vom Zufall bestimmt, als viele ahnen dürften. Wer der größte Onlineschuh-händler werden wollte, brauchte einen professionellen Werbespot. Das war den beiden Gründern spätestens klar, nachdem sie es zunächst mit selbst gemachter Reklame versucht hatten: mit eigenem Skript, eigenem Dreh un-ter der Leitung eines wohl eher auf anderen Gebieten bewanderten Freun-des als Regisseur – auf Details wollen die beiden lieber nicht mehr eingehen. Schneider: »Zum Glück hat es dieser Versuch nie bis zu YouTube geschafft.«

Detailliert will sich heute kaum noch einer der Mitwirkenden – und an-geblich haben so ziemlich alle damaligen Zalando-Mitarbeiter daran mitge-wirkt – an den Spot erinnern. Was nicht gerade für dessen Qualität sprechen

dürfte. Irgendwas mit tanzenden Leuten mit Zalando-Paketen unter dem Arm und einem Schuh als Telefonersatz soll es gewesen sein. Man ordnet es heute wohl eher in die Kategorie »Jugendsünden« ein.

Der geheimnisvolle Spot lief seltsamerweise nicht bei Pro Sieben oder einem anderen Sender mit einem modeaffinen, jungen Publikum – sondern auf dem Wirtschaftskanal ntv, meist zu den billigeren Tagesrand-Zeiten. Das Ganze war eigentlich langfristig gedacht: Der Schuhverkauf über das Internet im Allgemeinen und die Marke Zalando im Speziellen mussten in Deutschland erst einmal bekannt gemacht werden, dachten sie beim Unternehmen. Doch mit ihrer Langfriststrategie hatten sich die Macher gründlich verrechnet. Technik-Chef Christoph Lange, der damals schon dabei war, erinnert sich an die Ausstrahlung des ersten Spots: »Es dauerte nach der ersten Ausstrahlung genau 30 Sekunden, bis die Server begannen, in die Knie zu gehen.« So viele Kunden wollten sofort bei diesem neuen Online-Schuhhändler bestellen. Dann ging erst einmal gar nichts mehr auf der Seite. Eine frühere Mitarbeiterin: »Nach diesen Erlebnissen wurden wir immer vorgewarnt: ›In fünf Minuten kommt wieder unser Spot. Bitte alle Leitungen frei halten.‹«

Für die nächste Werbe-Runde – nun aber mit professionellen Spots – hatten die Chefs dann mehrere Werbeagenturen angesprochen. Jung von Matt schien ihnen am hoffnungsvollsten. Zur Präsentation der ersten Ideen mit Agenturchef Jean Remy von Matt allerdings gab es mal wieder Terminprobleme bei den Jungunternehmern. Eigentlich waren alle Geschäftsführer zu diesem Zeitpunkt ausgebucht und unabkömmlich. So machte sich dann Robert Gentz – nach eigener Aussage nicht gerade ein Werbefachmann – alleine auf zur Präsentation der vier Konzepte durch die Werbeagentur. Die Ideen mit dem jungen Mann im Kleiderschrank, der vor der Bestellung bei Zalando warnt (»Bitte, lasst niemals eure Frau oder Freundin bei diesem Onlineshop bestellen. Überall nur Schuhe, Schuhe, Schuhe …«), gefiel ihm am besten – wohl nicht zuletzt deshalb, weil er so anders war als die Durchschnittsreklame. »Als ich den anderen davon erzählte, habe ich wohl nicht die ganz richtigen Worte gefunden«, gibt Gentz zu. Schneider erinnert sich noch amüsiert an Begriffe wie »verängstigter Typ im dunklen Schrank«, »Paranoia« oder »Blairwitch Project« (US-Horrorfilm-Klassiker) – und an Reaktionen von Kollegen, in denen Formulierungen wie

»nicht ganz bei Trost« und Heftigeres vorkamen. Aber Gentz beharrte auf seiner Ansicht, dass das genau der richtige Spot für Zalando sei. Der Ansicht waren die anderen schließlich auch, allerdings erst nach einer weiteren Präsentation durch Jung v. Matt.

Der Postbote, der das Paket zur Kundin und diese zum »Schrei vor Glück« bringt – heute das Kernelement fast jedes Zalando-Fernsehspots –, war als zentrale Figur gar nicht geplant. Beim Dreh wurde als eine Version von vielen auch eine mit dem Postboten ausprobiert. Und beim Zusammenschnitt des Materials gefiel diese Version den Verantwortlichen am besten. »Es war ja ein völlig chaotischer Werbespot. Aber so haben sich der Postbote und sein Schrei, die eigentlich ein Zufallsprodukt waren, als wesentliches Element in unsere Markenkommunikation eingeschlichen«, fasst Gentz zusammen. *(http://www.youtube.com/watch?v=NJuFN_TUedw)*

Dieser Schrei und dieser verdutzte Postbote, das ist seither das, was vielen Menschen als Erstes einfällt, wenn sie den Firmennamen Zalando hören. Den Logistikunternehmen bringt der Zalando- und der gesamte Onlinehandels-Boom nicht nur neue Aufträge und gesicherte Wachstumsraten für die nächsten Jahre. Er hat auch den Alltag manches DHL-, Hermes- oder DPD-Fahrers verändert, den Job vielleicht sogar aufgewertet. Es haben sich schon Paketboten bei Zalando dafür bedankt, dass die Mädels plötzlich mit ihnen zu flirten beginnen. Andere dagegen sind eher genervt, weil Mädchen und junge Frauen sich einen Spaß daraus machen, zu schreien, wenn der DHL-Mann eines dieser Pakete bringt. Nach der dritten Schreiattacke am Morgen findet das allerdings nicht mehr jeder Paketbote lustig. Doch zeigen diese Phänomene eindrucksvoll, wie die schräge Werbekampagne bei der Zielgruppe eingeschlagen hat, zumal »Schrei vor Glück« in die Alltagssprache einzuziehen beginnt.

Dass Zalando als junges, längst nicht profitables Unternehmen neben der Werbung im Web auch so häufig im teuren Fernsehen vertreten ist, schürt bei den Kritikern den Verdacht: Das Unternehmen soll schnell seinen Umsatz aufblasen, damit die Investoren ihre Anteile bald zu einem hohen Preis verkaufen können. Viele Millionen für die Werbung auszugeben gilt bei der Verfolgung dieses Ziels als gute Investition. Werbeexperten haben ausgerechnet, dass Zalando zeitweise rund 90 Millionen Euro pro Jahr in die Fernsehwerbung gesteckt hätte. Das Unternehmen äußert sich dazu nicht.

Die Zahlen dürften zu hoch gegriffen sein. Denn mutmaßlich sind die Rabatte nicht vollständig eingerechnet worden, die Zalando ausgehandelt hatte. Im Jahr 2009 – die Weltfinanzkrise tobte gerade – waren die Sender zu Zugeständnissen bei den Werbekonditionen bereit. Das junge Start-up aus Berlin schmiedete eine ungewöhnliche Allianz mit der ProSiebenSat1-Gruppe, deren Sendungen besonders gern von typischen Zalando-Kundinnen geschaut werden: Dabei bekommt der Onlinehändler günstige Sonderkonditionen für seine Reklame und räumt im Gegenzug der Sendergruppe eine Umsatzbeteiligung ein. Die genauen Bedingungen dieses Deals sind nicht bekannt. Zalando jedenfalls profitiert bis heute davon, auch wenn die Fernsehpräsenz inzwischen zurückgefahren wurde.

Mit Energie ins Umspannwerk – und in die Schweiz

Zalandos Anfangserfolge und der enorme Umsatzschub verschafften dem jungen Unternehmen Mitte 2010 – kaum ein halbes Jahr nach dem Einstieg von Tengelmann Ventures – den nächsten Geldgeber: Die Samwers hatten die schwedische Investmentbank Kinnevik für Zalando interessiert, und die sollte in den nächsten Jahre in mehreren Schritten zum größten Investor des Unternehmens werden. »Die Leute bei Kinnevik haben sehr schnell begriffen, dass in Zalando sehr großes Potenzial steckt«, sagt Ritter, »und auch die Zusammenarbeit mit ihnen ist sehr angenehm. Das entspricht überhaupt nicht dem Bild, das es bei vielen von Großinvestoren gibt.«

Am Ende dieses stürmischen Jahres 2010 saß Zalando bereits in der dritten Konzernzentrale seiner jungen Geschichte. Weil auch die Gebäude in der Zinnowitzer Straße zu eng geworden waren, siedelte das Unternehmen mit seinen 500 Mitarbeitern nach Prenzlauer Berg um, in einen dunkelroten Backstein-Komplex, der einmal ein Umspannwerk für Elektrizität gewesen war. Das war nun die perfekte Location für ein Start-up-Unternehmen im virtuellen Handel. Die Kombination aus sauberen, hellen Großraumbüros mit schicken Apple-Computern und Schalen voller Obst für alle Mitarbeiter und der über 100 Jahre alten, bewusst rustikal belassenen Industriearchitektur in Fluren oder Treppenhäusern entsprach genau dem Wohlfühl-Klischee der

jungen Web 2.0-Arbeiter. Junge Frauen und Männer aus aller Herren Länder arbeiten hier, einer sogar aus dem Vatikanstaat, jeder mit einem Fähnchen seines Heimatlandes auf dem Schreibtisch. Neben Deutsch spricht man hier vor allem Englisch – und zwar Englisch mit allen möglichen europäischen und außereuropäischen Akzenten.

Der Umzug an den neuen Standort lief wie so oft trotz aller Vorplanung letztlich doch stark improvisiert ab. Der Platzmangel an der Zinnowitzer Straße war evident, also wurde jeder Raum, den die Handwerker an der Sonnenburger Straße fertig bekamen, sofort am nächsten Tag von den Mitarbeitern bezogen. Spätestens. Nebenan gingen die Arbeiten mit Lärm, Erschütterungen und Gerüchen selbstverständlich weiter. Selten dokumentierte sich auch nach außen so deutlich wie jetzt, dass das Unternehmen Zalando eine ewige Baustelle war.

»Als wir zum ehemaligen Umspannwerk in der Sonnenburger Straße kamen, dachten wir noch: Das ist ja viel zu groß für uns«, erinnert sich Geschäftsführer Schneider – und mietete erst einmal nur einen Teil des Gebäudes. »Wir waren ganz stolz auf unseren Mietvertrag, in den wir Erweiterungsoptionen eingebaut hatten, schrittweise über die nächsten zwei bis drei Jahre. Wir dachten, das hätten wir clever und vorausschauend gemacht. Aber nach sechs Monaten hatte wir alle Optionen gezogen und belegten sämtliche Flächen.« Einschließlich des sozialistischen Plattenbaus auf dem Gelände.

Was in anderen Konzernzentralen eine dieser immer gleich aussehenden Kantinen ist, wurde in der Sonnenburger Straße eine große, hohe Industriehalle. Der Lastkran hängt noch unter der Decke, Hinweise auf die maximale Belastbarkeit des längst nicht mehr belasteten Gerätes befinden sich an den Wänden. Dazu diese gelb-schwarzen Warnbalken, die verhindern sollen, dass man gegen Ecken und Kanten läuft. Stellte man große Maschinen hinein, würde die Zalando-Mittagslounge sofort wieder nach Produktionsbetrieb aussehen. Wenn es heller wäre, jedenfalls.

Jetzt aber liegt alter Teppichboden drin. Darauf stehen Biertisch-Garnituren auf der einen Seite und auf der anderen die Reste von Omas – oder vielleicht sogar Uromas – Wohnzimmer: alte Ohrensessel, die den Sitzenden gefühlt einen Meter tief einsinken lassen, weil die Federn vermutlich schon seit Jahrzehnten keinerlei Widerstand mehr leisten. Daneben stehen

die passenden Nachkriegs-Stehlampen und Beistelltischchen vom Floh-markt. Ein Barista bietet in seiner fahrbaren Kaffeeküche alles, was es bei Starbucks auch gibt. Eine Berlinerin jenseits des klassischen Zalando-Kun-den-Klischees verkauft Selbstgekochtes zum Mittag: etwa Spaghetti mit Wurstsoße für 4,50 Euro. Dazu wummern im Hintergrund coole Lounge-Klänge aus einer Musikanlage, die klingt, als habe sie viel Geld gekostet. Wie im Club vor oder nach dem großen Gäste-Ansturm. Es ist alles ganz anders als in den Verköstigungs-Ressorts der Zentralen von Otto, C&A, Gerry Weber oder Hugo Boss. Die meisten Mitarbeiter gehen mittags in die zahlreichen Restaurants, Bistros und Cafes hier unweit der U-Bahn-Station Schönhauser Allee. Aber wer wenig Zeit hat, bleibt halt hier und isst in der Zalando-Oma-Club-Lounge.

Ein paar Kilometer entfernt im brandenburgischen Großbeeren war im Herbst 2010 der erste große Logistikstandort des Couch Commerce-Über-fliegers in Betrieb gegangen. Der niederländische Dienstleister Docdata – spezialisiert auf Logistik für Online-Händler – baute eine Belegschaft von 1 000 Mitarbeitern auf, die in drei Schichten Pakete packen und in die DHL-Lastwagen schieben. Begonnen hatte es mit 10 000 Quadratmetern Fläche, als Zalando noch einer der kleinsten Kunden von Docdata war. Bald wurde der Standort auf 25 000 Quadratmeter erweitert – und Zalando gehörte zu den größten Kunden von Docdata.

2011 beschleunigte sich das dramatische Wachstum weiter: Eine halbe Milliarde Euro Umsatz standen schließlich in der Bilanz des Schuh- und Mo-dehändlers. Die Bestellungen kamen jetzt aus Deutschland, Österreich, Hol-land, Frankreich, Italien und der Schweiz. Zalando war also inzwischen ein europäisches Unternehmen, auch wenn die Auslandsgesellschaften weitge-hend von Berlin aus gesteuert wurden und werden.

Die härteste Nuss, die das Management dabei knacken musste, war die Schweiz. Die Dreisprachigkeit bildete noch das geringste Problem: Werbung macht Zalando inzwischen sowohl auf Deutsch, Französisch als auch Schwei-zerdeutsch. Die Homepage gibt es in einer deutsch- und in einer französisch-sprachigen Version.

Als größte Hürden erwiesen sich die Besonderheiten, die daraus resultie-ren, dass die Schweiz nicht Mitglied der Europäischen Union ist. Man zahlt dort bekanntlich mit Franken, und wer etwas einführen will, bekommt die

eidgenössischen Zollschranken zu spüren. Jeder Empfänger muss für sein Paket etwa aus Deutschland den Zoll zahlen, entweder direkt beim Paketboten oder auf dem Zollamt. Zudem kostet der Behördendurchlauf viel Zeit auf dem Weg zum Kunden – das sind genau die Bedingungen, die einen grenzüberschreitenden Onlinehandel töten. Und tatsächlich vermochten es die eidgenössischen Zollbarrieren jahrelang zu verhindern, dass Ausländer nennenswerte Stücke vom großen Schweizer E-Commerce-Kuchen bekamen. Nicht einmal Amazon spielte in der Schweiz eine bedeutende Rolle. Die Franken blieben somit im Land, das Geschäft machten die Onlinehändler mit dem »ch« am Ende ihrer Adresse.

Es waren sehr viele Franken – nach Schätzungen bis zu zehn Milliarden im Jahr –, die die Schweizer im Internet ausgaben. Die Online-Kauf-Quote ist hier höher als die in den meisten anderen europäischen Ländern. Sehr viele Schweizer sind zudem mit dem Smartphone unterwegs, einem Gerät, dem beim E-Commerce in Zukunft eine immer größere Rolle zukommen dürfte. Zudem gelten die Schweizer in ihrer Mehrheit auch noch als recht wohlhabend. Unter all diesen Aspekten passt das kleine Land nun wieder prima ins Beuteschema eines jeden expandierenden europäischen Onlinehändlers. Wenn nur diese hohen Zollschutzwälle nicht wären.

Bei Zalando beschlossen sie im Juni 2011 mit jugendlichem Optimismus, diese Mauern irgendwie zu überwinden, die sie von einem hoch lukrativen Markt noch trennten. Patrick Rief, ein junger Absolvent der Hochschule St. Gallen mit Schweizer Pass, sollte den weiß-orangen Paketen einen schnellen Zugang in sein Heimatland verschaffen. »Eine Lieferung innerhalb von drei Wochen war damals kein Problem. Aber das war natürlich überhaupt nicht akzeptabel. Die Zustellung innerhalb von drei bis fünf Tagen aus Deutschland heraus war praktisch unmöglich«, sagt Rief. Während die Zalando-Logistiker üblicherweise einfach so viele Pakete – sorgfältig gescannt – in den Lastwagen schieben, bis er voll ist, war das bei Schweiz-Lieferungen sehr viel komplizierter: »Jedes Paket erhielt eine Zollnummer, nachdem es gewogen worden war. Es musste dokumentiert werden, in welchem Lkw es transportiert wird und wann dieser über die Grenze fährt.« Schlechtere Voraussetzungen für eine schnelle und kostengünstige Lieferung konnte es kaum geben.

Allerdings begannen die Schwierigkeiten schon im Zollamt in Berlin-Marzahn: Ein Handelsunternehmen, das in riesigen Mengen Schuhe und

Mode an Einzelkunden in die Schweiz schicken will – das hatten sie in Marzahn noch nicht. Ausgerechnet ein Traditionsunternehmen wie die Schweizerische Post jedoch erwies sich als Verbündeter der jungen Internetkrieger von Zalando gegen das jahrhundertealte Grenzregime. »Die Schweizer Post hat sehr schnell erkannt, dass der grenzüberschreitende Onlinehandel für sie riesige Wachstumschancen bietet«, sagt Rief. Sogar die Zollbehörden gaben sich schließlich aufgeschlossen. Nach monatelangen Verhandlungen mit Behörden und Logistikpartnern entwickelte Zalando ein System, das für den Kunden bequem und günstig ist: Der Lkw fährt als eine Art Black Box abends im Auslieferungslager in der Nähe von Berlin los, bei der Zollverwaltung an der Grenze erledigt Zalando die Formalitäten für die gesamte Ladung. Fertig verzollt erfolgt dann die Auslieferung an die Schweizer Kunden »30 bis 36 Stunden, nachdem die Ware das Logistikzentrum in Brieselang verlassen hat. Es ist für uns die aufwändigere, aber für den Kunden die bequemere Art«, sagt Riet. Ein ähnliches System installierte Zalando 2012 dann auch in Norwegen, das ebenfalls nicht zur EU gehört und für internationale Onlinehändler ein schwieriges Pflaster ist.

Dem Einzelhandel der neuesten Generation kommt in der Schweiz ausgerechnet eine jahrhundertealte Besonderheit entgegen: der Milchkasten. Er befindet sich unterhalb des normalen Briefkastens und bot einst, oftmals abschließbar, Platz für die Milchflaschen. Jetzt kann ihn der Postbote prima zum Hinterlassen des Schuhkartons nutzen, wenn der Adressat nicht zu Hause ist. Bei Retouren geht es umgekehrt: Der Kunde hinterlässt das Paket im Milchkasten, der Postmann nimmt es wieder mit. »Das ist die zur Zeit bestmögliche Lösung für uns«, freut sich Rief. Dummerweise hat längst nicht jeder Schweizer einen Milchkasten.

Die Schweizerische Post arbeitet sogar an neuen Angeboten: Der Kunde kann eine SMS bekommen, in der ihm das Zeitfenster genannt wird, in dem sein Paket eintreffen wird. Sogar die Paketzustellung am Samstag wird erwogen, was es bisher in der Schweiz nicht gab.

Der Lohn der Arbeit jenseits der schnellen Standard-Lösung war – neben den zusätzlichen Umsätzen – gerade eineinhalb Jahre nach dem Start im Mai 2013 der Sieg beim »Swiss E-Commerce Award«, wo zalando.ch gegen 124 Konkurrenten die Kategorie »Fashion & Accessoires« gewann: »Zalando

überzeugt in der gesamten Breite des E-Commerce und eben nicht nur im Marketing, wie oft neidvoll ausgeführt wird. Auch die Nutzerführung, die beeindruckenden Filter- und Suchmöglichkeiten, die rechtlichen Bestimmungen, die allgegenwärtigen und sehr geschickt eingesetzten Vertrauenselemente wie auch der Best-Practice Checkout dürfen gerne als Referenzwerte im Schweizer E-Commerce angesehen werden,«, heißt es in der Laudatio der Jury.

(http://www.computerworld.ch/news/it-branche/artikel/swiss-e-commerce-award-zalando-gewinnt-63350/25052013).

Allerdings gab es auch Kritik von Medien und Verbraucherschützern: Der Versender würde für seine Schweizer Kunden mehr als nötig auf die deutschen Endverbraucherpreise aufschlagen, hieß es. Zalando entgegnete, der Aufschlag läge im unteren Korridor dessen, was in der Branche üblich sei.

Expansionsprojekte wie das in der Schweiz sind am Anfang besonders aufwändig. Dass das frühe Abstecken der Claims im Online-Fashionhandel viel Geld verschlingt, konnte man überdeutlich am Ergebnis erkennen. 2011 lag die von Zalando angegebene Rendite auf Basis des Vorsteuerergebnisses Ebit bei minus zwölf Prozent. Das war zwar schon deutlich besser als das Vorjahres-Minus von 15 Prozent, aber immer noch sehr weit weg von der Gewinnzone. Betrachtet man die Entwicklung in Euro, ist die Tendenz umgekehrt: der Jahresverlust stieg von gut 20 Millionen auf 61 Millionen Euro – allerdings auch bei überproportional gestiegenem Umsatz. Aber, so sagt Geschäftsführer Ritter, die Politik der schnellen Expansion mit hohen Investitionen sei ohne Alternative gewesen: »Uns war klar: Wenn wir das Wachstum in diesem Tempo fortsetzen wollten, mussten wir stark in unsere Struktur investieren. Vor allem auch in eigene Logistik. Denn die wollten wir weitgehend anpassen und selbst stemmen. Wir verstehen sie als ein Kernelement des Onlinehandels«, sagt Rubin Ritter. Und so begann ein sehr kleines Kernteam von Zalando-Leuten, sich mit dem für sie neuen Thema Logistik zu beschäftigen, sich Standorte anzuschauen und schließlich Konzepte für Logistikzentren zu entwickeln, wie es sie in Europa zuvor kaum gegeben hatte. Die Investoren, die Zalando bisher als ein sogenanntes asset light-Unternehmen – also eines, das in erster Linie aus seinem operativen Geschäft besteht, sich aber nur wenige Kapital bindende Infra-

strukturstandorte oder Immobilien ans Bein bindet – betrachtet hatten, hätten sich sehr leicht überzeugen lassen, dass selber betriebene Logistik-Standorte sinnvoll sind – auch wenn sie Geld kosteten, sagt der Geschäftsführer. »Unsere Investoren wussten sehr genau, dass sich diese Investitionen erst in ein paar Jahren auszahlen werden«, so Ritter.

Unter anderem das riesige ehemalige Lager des untergegangenen Versenders Quelle in Leipzig, einst mit viel Pomp als eines der wirtschaftlichen Symbole der deutschen Einheit von Kanzler Helmut Kohl eingeweiht, hatten die Zalando-Leute daraufhin begutachtet und für unbrauchbar befunden: zu unflexibel für die moderne Art des Versandhandels, meinten sie. Genau zu diesem Entschluss waren zuvor auch schon andere Onlinehändler gekommen.

In Brieselang bei Berlin indes fand sich ein Lager, das besser geeignet schien: Nicht einmal ein halbes Jahr nach dem Beschluss, selber in die Logistik einzusteigen, ging der neue Standort Brieselang ans Netz – ein früheres Lager von Karstadt. Es war das zweite Lager von Zalando und das erste, das das Unternehmen selber betrieb. Der Mietvertrag beinhaltete, ähnlich wie es später auch bei den Bürostandorten praktiziert wurde, Erweiterungsoptionen. So musste das junge Unternehmen nicht gleich die gesamte Fläche mieten, das Risiko wurde damit vermindert. Auch hier arbeiteten 1000 Mitarbeiter auf 25 000 Quadratmetern. Um die vielfach kritisierten Arbeitsbedingungen hier und in der später errichteten Paketfabrik in Erfurt soll es an anderer Stelle noch gehen.

Jobs bei Zalando: Guiseppe Tamola
Der Mann, der aus Italienern E-Commerce-Follower machen will
27, Landeschef Italien

Nach klassischen Maßstäben gemessen war der Zeitpunkt vollkommen falsch gewählt. Im Jahre 2011, als sich Zalando auf den Start in den italienischen Markt vorbereitete, war im Land alles andere als ein Konsum-Boom zu erwarten. E-Commerce spielte noch kaum eine Rolle. Daran hatte sich bis Mitte 2012, als zalando.it nach Monaten der Vorbereitung tatsächlich live geschaltet wurde, noch nicht viel geändert. Auch das Wissen darüber, wie man Online Schuhe oder Mode bestellt, hielt sich bei der potenziellen Kundschaft noch sehr in Grenzen. Dafür waren jetzt noch die Auswirkun-

gen der Euro-Krise hinzugekommen, die die Konsumenten in Italien wie so vieler anderer südeuropäischer Länder besonders hart treffen und die sie jeden Euro zweimal umdrehen lassen.

Guiseppe Tamola, den inzwischen 27 Jahre alten Chef von Zalando Italia, konnte und kann das alles nicht schocken. »Wir rechnen in jedem der kommenden fünf Jahre mit einem Umsatzplus von 20 bis 25 Prozent im italienischen E-Commerce. Das ist derzeit der einzige Bereich der Wirtschaft in Italien, der von der Krise nicht betroffen ist. Wir wachsen, ganz entgegen dem dortigen Trend.« Er ist schon seit 2010 bei Zalando und hatte zuvor für stationäre Händler gearbeitet.

Was den italienischen Markt besonders attraktiv für das Unternehmen macht: Es ist der größte Schuhmarkt Europas. Und die Konsumenten dort geben im Schnitt 30 Prozent mehr für Fashion aus als in Deutschland – sogar die Männer. Überhaupt ist die Männerquote unter den Kunden höher als in der übrigen Zalando-Welt – und in der liegt sie bei rund 25 Prozent.

Alle diese Aspekte lockten Zalando ins Land. Auf keinen Fall sollte zudem ein Konkurrent vor den Berlinern sein Fähnchen in den italienischen Boden rammen können. Der first mover advantage – der Vorteil desjenigen, der als erster in einen Markt geht – kann schließlich Millionen wert sein. Irgendwann. Der Preis dieses Frühstarts ist für Tamola und sein Team allerdings, dass sie echte Pionierarbeit nicht nur für ihr Unternehmen, sondern für den E-Commerce überhaupt leisten mussten und müssen. Noch heute ist Italien Europameister, wenn es darum geht, das Call Center möglichst häufig anzurufen: »Die Italiener waren einfach nicht an Online-Handel gewohnt, und wir müssen immer noch häufig Schritt für Schritt erklären, wie man Online einkauft.« Es gibt laut Tamola praktisch keine Frage, die den Mitarbeitern am Telefon nicht gestellt wird. »Am Anfang wollten viele Anrufer schlicht wissen, ob es uns wirklich gibt oder ob wir nur so eine Schein-Firma mit betrügerischen Absichten sind. Andere riefen an, um sich zu bedanken, dass ihr Paket wirklich angekommen ist. Und ein Kunde wollte tatsächlich wissen, ob er uns seine Kreditkarte per Post schicken soll.«

Doch wenn die italienischen Modeliebhaber einmal überzeugt werden konnten, dass das System Onlineeinkauf funktioniert, »dann sind sie sehr loyale Kunden«. Und sie schicken weniger zurück als die Deutschen. »Die Rückversandquote ist in Italien deutlich niedriger als im europaweiten

Durchschnitt.« Zahlen verrät Tamola hingegen nicht. Offensichtlich überlegen die Italiener – ähnlich wie die Franzosen – sehr genau, bevor sie ein Teil bestellen.

Um die Marke in Italien bekannt zu machen, wichen die Zalando-Leute von ihrer üblichen Werbemasche ab, unbekannte Schauspieler im Spot den Schrei vor Glück mimen zu lassen. In Italien sei es wichtig, dass Prominente in der Werbung aufträten. Also wurde TV-Star Rossella Brescia engagiert, um in einem überdimensional großen Kleiderschrank stehend für Zalando Reklame zu machen. Und dem Briefträger vors Schienbein zu treten, damit auch der schreie. »Es wurde die Marketing-Kampagne des Jahres in Italien.« Nach seinen Worten wird Zalando in seinem Heimatland nicht als deutsches Unternehmen wahrgenommen, sondern als eines mit »sehr italienischem Touch«. 150 italienische Marken hat das Unternehmen extra ins Programm aufgenommen. Die sind jetzt auch in den 13 anderen Zalando-Ländern zu haben – was wiederum deren Hersteller ob der deutlich gestiegenen Absatzmöglichkeiten freuen dürfte.

»Jeder kennt uns in Italien. Wir werden als frische Marke wahrgenommen. Als eine, die anders ist.« Und als eine, die praktisch keine Konkurrenz auf Augenhöhe hat. »Wir sind die Nummer eins in Italien.« Andere Versandhändler seien nur mit einem kleinen Textil-Angebot vertreten.

In einem Land wie Italien, in dem der E-Commerce noch in den Kinderschuhen steckt, kann es nicht einfach sein, gute Mitarbeiter zu finden, die sich mit Online-Handel gut auskennen. »Das ist manchmal tatsächlich nicht ganz leicht, aber es geht.« Ein ganz besonderes Lockmittel hat Tamola, damit Talente zum Marktführer kommen: »Wer sich bei uns anstrengt, etwa bei der Suchmaschinenoptimierung, kann auf diesem Weg sehr schnellzum erfolgreichsten Suchmaschinenoptimierer in Italien werden. Und ähnlich ist es in vielen anderen Bereichen. Dass ist eine attraktive Perspektive für junge Mitarbeiter.« Es scheint etwas dran zu sein: Mit vier Leuten hatte er angefangen, jetzt umfasst das Italien-Team 120 Mitarbeiter.

Auf zur zweiten Milliarde

Mehr verkaufte Schuhe sollten für höhere Umsätze bei Zalando sorgen, dazu die Textilien – und vor allem weitere Märkte im Ausland. Inzwischen hatte sich das Management ein Gefühl dafür erarbeitet, worauf es bei der Internationalisierung des Geschäftes ankommt. Also etwa wie viel Regionalität durch nationale Marken oder Zahlungsgewohnheiten notwendig und wie viel europäische Standardware möglich ist. Und wie üblich warteten die drei Geschäftsführer nicht lange ab, ob in den neuen Märkten wirklich alles glattlief. »Wenn wir den Eindruck haben, jetzt haben wir einen Markt wirklich verstanden oder eine Aufgabe oder ein Problem wirklich gelöst, dann machen wir gleich den nächsten Schritt«, sagt Ritter – und erklärt damit grundsätzlich einen guten Teil des extrem hohen Expansionstempos der Firma. Langwierige Praxistests oder aufwändige und teure Gutachten von Unternehmensberatern zu strategischen Kernfragen des Geschäftes sucht man in der Zalando-Historie vergebens.

Ihren bisherigen Tempovorgaben allerdings setzten die drei jungen Herren 2012 die Krone auf: Sie starteten gleich in sieben weiteren Ländern. Der Schrei vor Glück erschüttert seither auch die besonders internetaffinen Märkte Finnland, Schweden, Dänemark und Norwegen, sowie jene in Belgien, Spanien und Polen. Auf die neuen, abermals stark vergrößerten Mengen von Bestellungen mussten wieder einmal alle Bereiche des Unternehmens ausgerichtet werden, vom Einkauf über das Marketing und die IT bis zur Logistik wurden weitere Kapazitäten notwendig.

Das Ergebnis am Jahresende war wie erwartet rot: Zalando veröffentlichte ein Minus von sieben Prozent beim Ebit-Ergebnis. Das war trotz der Investitionen zwar der niedrigste Wert bisher überhaupt, bedeutete aber auch einen Rekordverlust von 90 Millionen Euro. Nach außen wichtiger war für die Manager allerdings die Entwicklung eines anderen Wertes: Der Umsatz hatte sich noch einmal verdoppelt und die Milliardengrenze überschritten. 1,15 Milliarden Euro nach Abzug der Retouren standen unter dem Strich. Die Hälfte des Umsatzes kam aus den deutschsprachigen Märkten. Bei den Produkten machten Schuhe und Textilien jeweils knapp die Hälfte aus, der Rest bestand aus Sportartikeln und Wohn-Accessoires.

Vermutlich, um Spekulationen über eine wackelige Finanzierung gleich den Boden zu entziehen, veröffentlichte das Unternehmen auch seine Eigen-

kapitalquote. Die war mit über 50 Prozent sehr ordentlich. Trotz der vielen Verlustjahre konnte Zalando damit das Geld so bald nicht ausgehen. Kein Wunder, es waren wenige Monate zuvor wieder neue Investoren hinzugekommen und Kinnevik hatte seine Anteile weiter aufgestockt.

Beim Blick auf die Zahlen fällt besonders deutlich auf, dass Zalando inzwischen ein Unternehmen mit zwei Entwicklungsstadien war: Die 2011 und 2012 gestarteten Länder – außer der Schweiz – waren in erster Linie darauf aus, schnell zu expandieren und ihre Märkte zu besetzen, bevor es jemand anderes tut. In dieser Phase des klassischen Claim-Absteckens verbrannte Zalando Geld. In Deutschland, Österreich und der Schweiz – mit den Abkürzungen vom Auto-Schildchen DACH abgekürzt – dagegen schrieb das Unternehmen nach eigenen Angaben bereits erstmals eine schwarze Null und verbrannte demnach keinen einzigen Euro mehr. Hier, in den »älteren« Zalando-Märkten, wenn man die Schweiz mal mit dazurechnet, ging es schon nicht mehr nur um das Besetzen des Marktes, hier wurden die Systeme bereits stärker auf Dauerhaftigkeit und Effizienz getrimmt.

»Jetzt geht es darum, unsere Systeme zu optimieren und den Service in den Ländern sinnvoll zu verbessern. Es geht nicht mehr in erster Linie darum, in noch mehr Ländern mit einem Shop vertreten zu sein«, beschreibt Ritter das Erwachsenwerden seines Unternehmens. Statt der Brutal-Expansion in die Breite soll in der nächsten Phase der Unternehmensentwicklung an der Qualität gearbeitet werden – der des Angebotes ebenso wie der der Bilanzzahlen. Die Kundenwünsche sollen, so Ritter, noch besser erfüllt werden, mit besserer Navigation auf der Seite, besserer Warenpräsentation und noch individuelleren Angeboten für jeden einzelnen Kunden. Und das am besten noch kostengünstiger für das Unternehmen, etwa durch die Senkung von Kostenfaktoren wie der Retourenquote.

Der Verkauf der Produktionsfirma zProductions an einen früheren Mitarbeiter im Juni 2013 – das Unternehmen erstellt die Produktseiten für Onlinehändler – war ein Schritt auf diesem Weg. Zalando wird weiterhin bei zProductions Aufträge platzieren, will aber im Rahmen des Erwachsenwerdens nicht mehr alle Dienstleistungen selber machen, die auch von außen zuzukaufen sind. Die Ex-Tochter soll jetzt stärker auch für andere Firmen arbeiten, was sich möglicherweise günstig auf die Preise auswirkt.

Auch wollen die Chefs an der Marke arbeiten: Nachdem 95 Prozent der Deutschen den Onlineshop Zalando kennen, »soll der Name künftig noch viel stärker für Modekompetenz stehen«, wünscht sich Ritter, und nicht mehr nur für Online-Klamottenhandel. Kollege Schneider drückt es noch deutlicher aus: »Wir wollen die Seite werden, die dem Kunden als erste einfällt, wenn er an Fashion und Lifestyle denkt.« Deshalb auch fährt man die Eigenmarkenstrategie, bei der Zalando nicht nur die Mode anderer verkauft, sondern selber Kollektionen in die Welt setzt. Schon jetzt ist Zalando nach Ritters Worten »die am häufigsten besuchte Fashion-Seite der Welt.« Der im Mai 2013 bezogene Standort an der Neuen Bahnhofstrasse in Berlin-Friedrichshain für die Eigenmarken und das Edellabel Emeza sieht mit seinen coolen schwarzen Wänden, den überdimensionalen schwarzweißen Modefotos, dem vielen Glas und seiner Weitläufigkeit auch schon deutlich mehr nach Fashionstandort aus als die Zentrale in Prenzlauer Berg.

Als Bestandteil der Entwicklung eines Nischen-Start-ups zum erwachsenen Unternehmen kann man auch den Beginn einer systematischen Öffentlichkeitsarbeit zählen. Sie hatte es bis weit ins Jahr 2011 bei Zalando nicht gegeben. Erst 2012 war die »Kein-Kommentar-Phase« wirklich beendet. »Wir merkten irgendwann, dass wir einfach zu groß geworden waren, um weiterhin unter dem Radar der Konkurrenz bleiben zu können.« sagt Ritter, »dabei war uns das bis dahin ganz angenehm gewesen. So wussten unsere Mitbewerber nicht immer genau, was wir gerade machten. Außerdem sind wir drei ohnehin nicht die Typen, die in die Öffentlichkeit drängen.«

Aber sie hatten gespürt, was passiert, wenn ein Unternehmen, das fast jeder kennt, nichts sagt: In einem solche Fall stehen dennoch Geschichten in der Zeitung oder in den Onlinediensten. Allerdings nicht immer nur solche, die komplett der Realität entsprechen. »Wir merkten, dass uns unsere Zurückhaltung und Bescheidenheit plötzlich als Arroganz ausgelegt wurde und Leute glaubten: Wenn die nichts sagen, müssen sie etwas zu verbergen haben.«

Andere hatten das schon erlebt. Lidl zum Beispiel, noch stärker der Textildiscounter KiK. Nicht auszuschließen, dass Karl-Erivan Haub, der an KiK und Zalando beteiligt ist, empfahl, sich zu öffnen, um nicht in dieselbe Imageschublade gesteckt zu werden. Auch Amazon tat sich keinen Gefallen, als die Deutschland-Zentrale Anfang 2013 so defensiv mit der heftigen Kritik an der Behandlung von Aushilfsmitarbeitern in der Logistik im vorangegange-

nen Weihnachtsgeschäft umgegangen war. Im Netz brach eine Protestwelle los. Langjährige Kunden wollten bei einem Unternehmen, das Mitarbeiter so schlecht behandelt, nicht mehr bestellen. Für Zalando jedoch war das Benchmark-Unternehmen Amazon in diesem Fall mal kein Vorbild. Die Entscheidung fiel stattdessen für mehr Offenheit.

Beim Aufbau der Pressestelle blieb Zalando seinem Selbermacher-Stil treu: Statt auf Nummer sicher zu gehen und einen Kommunikationsexperten zu suchen, der diese Öffnung bei einem anderen Unternehmen schon einmal erfolgreich erledigt hatte, funktionierte man den Logistikexperten Boris Radke zum Öffentlichkeitsmann um. Er war zuvor wesentlich an der Suche nach den geeigneten Lagerstandorten beteiligt und hatte jetzt Lust dazu, das Unternehmen aus der Sprachlosigkeit zu führen. Inzwischen arbeiten im Großraum seiner Abteilung zahlreiche Sprecherinnen und Sprecher mit den unterschiedlichsten Spezialisierungen, von Mode über Corporate bis zur politischen Kommunikation.

Die Präsentation der Geschäftszahlen im Februar 2013 war bisher die wohl aufmerksamkeitsträchtigste Aktion der Kommunikatoren: Erstmals stellten sich die Geschäftsführer Zalandos den Fragen von – wenigen ausgewählten – Journalisten. Um die Zahlen zu erklären und »einzuordnen«, wie das so schon in der Sprache der Kommunikatoren heißt. Wie beispielsweise Tengelmann verrieten sie nicht alle Zahlen, vor allem schwiegen die sich über Details des Ergebnisses und den Zeitpunkt aus, an dem das Unternehmen Geld verdienen will. Dass die Medien trotz des starken Wachstums, der schwarzen Null in der DACH-Region und der hohen Eigenkapitalquote vor allem auf die Verluste und die hohe Retourenquote abhoben, ärgerte viele Führungskräfte, auch wenn sie das nicht laut sagen. Anfang 2014 wollen Radke und seine Geschäftsführer-Kollegen in ähnlicher Form die Zahlen des Jahres 2013 vorstellen.

Der deutsche Online-Schuhhändler aus der Startphase im Oktober 2008 jedenfalls ist Zalando fünf Jahre später nicht mehr. »Heute verstehen wir uns als europäisches E-Commerce-Unternehmen für Fashion und Lifestyle«, sagt David Schneider. Und die ursprüngliche Zielgruppe hat sich von der Frau zwischen 25 und 45 Jahren ebenfalls erweitert, vom Teenie bis zur Rentnerin. Jeder vierte Besteller ist inzwischen ein Mann.

2

Fremde Welten

Oder: Zalando trifft Tengelmann

Dass sich diese beiden so unterschiedlichen Charaktere und Historien jemals treffen und gemeinsam Geschäfte machen würden, konnte nun wirklich kein Mensch ahnen: Auf der seinen Seite die jugendlich wirkenden Welteneroberer Marc, Oliver und Alexander Samwer, die aus Ideen anderer mit sehr viel Entschlossenheit, fast schon Brutalität, mit Wachstumswillen und schier grenzenloser Selbstüberzeugung und Akribie, aber mit wenig Respekt vor Traditionen und sogenannten »no gos« als Neulinge in der Branche den Einzelhandel aufrollen wollen. Lieber heute als morgen. Und nicht nur in Deutschland und nicht nur in Europa, sondern gleich in der ganzen Welt – oder jedenfalls in den Teilen, in denen es bereits starke Kaufkraft gibt oder doch mutmaßlich in den kommenden Jahren geben wird. Und auf der anderen Seite Karl-Erivan W. Haub, Spross einer der reichsten Familien Deutschlands, Chef des 1867 gegründeten Handels-Imperiums in fünfter Generation, zu dem neben der Supermarktkette Kaiser's/Tengelmann Beteiligungen an der Baumarktkette Obi und den Discountern KiK sowie TeDi gehören, lange Zeit auch noch die Drogeriemarktkette kd und der Discounter Plus. Klassischer Einzelhandel also und deshalb nicht so wahnsinnig aufregend. Haub ist konservativ und vorsichtig, schließlich hatte er das Unternehmen im Jahr 2000 in einer Situation von seinem Vater übernommen, als es kurz vor dem Ende stand. So etwas prägt. Zu wenig hatten die Verantwortungsträger des Familienkonzerns bis dahin auf Veränderungen im Markt reagiert, zu sehr auf die Ewigkeitswerte bisheriger Erfolgsfaktoren und die eigenen Fähigkeiten vertraut. So ähnlich wie die Manager vieler anderer langjähriger Erfolgsunternehmen damals, etwa die von KarstadtQuelle oder C&A. Dabei waren es einst die Tengelmänner, die in den Fünfzigerjahre – durchaus innovativ – als erste das amerikanische Prinzip des Selbstbedienungsladens in Deutschland etablierten, in München. Doch das war lange her.

Haub Junior hatte um die Jahrtausendwende große Teile seines Unternehmens verkaufen müssen, um den Rest überlebensfähig zu halten. Deshalb auch investierten die Haubs in der Dotcom-Blase rund um das Jahr 2000 kein Geld in wagemutige Zukunftsideen im Internet, weil sie dafür damals gar keines mehr dafür übrig hatten. Im Nachhinein war das ein Glück, denn anders als viele andere verloren sie damit in den frühen Netz-Abenteuern des deutschen Einzelhandels kein Geld. Beide Erfahrungen jedoch – die eigene Firmenkrise auf der einen und das laute und teure Platzen der Dotcom-Blase auf der anderen Seite – erhöhten nicht gerade die Risikolust des neuen Firmenchefs in Mülheim an der Ruhr. Zunächst sehr vorsichtig baute er zusammen mit Mitinhaber Stefan Heinig später in Eigenregie die Discounterketten KiK und TeDi auf, um neuen Umsatz für das zwangsgeschrumpfte Unternehmen zu generieren. Teure und risikoreiche Übernahmen probierte er nie.

Dass ausgerechnet dieser Karl-Erivan Haub knapp ein Jahrzehnt später zu einem der frühen Zalando-Investoren wurde, hatte irgendwie auch mit dem Erfolg der Discounter Aldi und Lidl zu tun. Um mehrere Ecken jedenfalls. Denn den Haubs gehörte die ewige Nummer drei am Markt der Billiganbieter, die Kette Plus. Irgendwann im Jahr 2008 war der Familie klar, dass sie mit dem Expansionstempo und der Finanzkraft von Aldi und Lidl nicht würden mithalten können. Also beschlossen sie, Plus zu verkaufen. Auf ähnliche Weise hatten sie sich zuvor schon von kd getrennt: Die Drogeriemarktkette spielte in Deutschland nur eine untergeordnete Rolle gegenüber den damaligen Platzhirschen Schlecker, dm und Rossmann. Haub verkaufte kd an den Branchendritten Rossmann. Für den Plus-Deal nun gab es zwei natürliche Interessenten: die Kölner Rewe, deren Discounter Penny als Nummer vier im Markt ebenfalls zu klein für eine erfolgreiche Zukunft war, und die Edeka aus Hamburg. Deutschlands größter Lebensmittelhändler besaß mit Netto Markendiscount einen der Zwerge der Branche, der noch hinter Penny rangierte. Welcher der beiden Handelskonzerne allerdings Plus dazubekäme, würde plötzlich bundesweit eine bedeutende Rolle im Discountmarkt spielen. Diese Situation wusste Haub zu nutzen: Geschickt trieb er die beiden Kontrahenten gegen einander, die sich nun ein spektakuläres Bietergefecht um Plus lieferten. Legendär ist die Szene, in der ein wegen des stetig steigenden Preises ärgerlicher Rewe-Chef Alain Caparros Plus-Verkäufer Haub sein Sakko vor die Nase hielt und bitter sagte: »Hier, nehmen Sie das auch noch!« Tat er aber

nicht. Stattdessen verkaufte Haub Plus an Edeka, für den Traumpreis von weit mehr als einer Milliarde Euro.

Bis hierher hat die Geschichte noch wenig mit dem Onlinehandel oder gar Zalando zu tun. Abgesehen davon, dass Haub »plus.de« bei seinem höchst lukrativen Edeka-Deal nicht mit verkaufte, sondern behielt und selber betreiben wollte. »Ich wollte verstehen, wie dieser Onlinemarkt funktioniert«, sagte er. Denn er hatte bei seinen Kindern und deren Freunden gesehen, dass sie immer öfter im Internet Waren bestellten, statt in Läden zu gehen. Das schien mehr als eine kurzlebige Mode zu sein. Das roch nach einem Zukunftsmarkt. Und für so etwas hatten die Haubs schon immer eine Nase.

Unabhängig davon hatte Haub an der Otto-Beisheim-Hochschule WHU in Vallendar, dieser Elite-Uni für künftige Wirtschafts-Überflieger, einen Vortrag gehalten. Viele Jung-Manager, die später rund um den Berliner Firmenentwickler Rocket Internet und Zalando Furore machen sollten, haben hier studiert. Auch die Samwer-Brüder. Zalandos Ur-Geldgeber Oliver Samwer saß nach eigenen Worten im Publikum und hörte dem Gastdozenten Haub zu, der 140 Jahre Handelserfahrung seiner Familie verkörperte. Und, was auf keinen Fall weniger wichtig war, ein riesiges Vermögen.

Diese Kombination war für einen Firmenentwickler und Geldeintreiber wie Oliver Samwer gar zu verlockend. Er handelte: »Im Oktober 2009 habe ich beschlossen: Den Herrn Haub rufe ich an und frage ihn mal, ob er nicht ein Unternehmen für seine Kinder aufbauen möchte. Ich habe ihm gesagt: Ich denke, dass E-Commerce auf jeden Fall passieren wird. Und ich glaube nicht, dass Sie es mit ihrem Unternehmen alleine schaffen werden. Wollen Sie nicht auf ein zweites Pferd setzen?« (Oliver Samwer, Tengelmann e-day, 8. März 2013, Mülheim/Ruhr)

Samwer wollte Haub als Investor für Zalando, neben seinem eigenen Unternehmen Rocket Internet und Holtzbrinck Ventures. Und tatsächlich: Oliver und Marc Samwer überzeugten Haub, einen kleinen Teil seiner Plus-Milliarde in dieses Jungunternehmen zu stecken, deren Gründer tatsächlich glaubten, den Markt aufmischen zu können. Mit der seltsamen Idee, Schuhe über das Internet zu verkaufen.

Was trieb Haub dazu? »Da passiert etwas, da sollten wir dabei sein«, sagt er. »Und das, was die Samwers präsentierten, war vielversprechend, das konnte ich nachvollziehen.« (Haub, 27.05.13 Gespräch). Ob er bei seinen Über-

legungen auch die früheren Fehler im Hause Tengelmann im Hinterkopf hatte, als man zu träge auf neue Trends in der Branche reagiert hatte? »Ich will mir nicht von der nächsten Generation irgendwann die Frage stellen lassen: Habt ihr nicht gemerkt, was da passiert?«, sagte er später.

Dass die jungen Herren den erfahrenen Familienunternehmer als bisher einzigen echten Einzelhandelsmann auf ihre Seite bekommen haben, dürfte nicht zuletzt an der starken USA-Orientierung der Familie gelegen haben. Die Haubs haben in Amerika lange die – zuletzt erfolglose – Lebensmittelkette A&P betrieben und besitzen dort eine Ranch. Karl-Erivan Haub ist in den USA geboren und trägt gern eine US-Flagge als Anstecker am Revers. Sein Bruder investiert für die Familie in den Vereinigten Staaten in junge Unternehmen. Folglich ist Haub häufig in den USA unterwegs – dem Land, das Europa in Entwicklungen wie dem Internet immer ein paar Jahre voraus ist.

»In den USA konnte man 2009 schon überall Zappos sehen, den Online-Schuhhändler. Bei den Sicherheitskontrollen am Flughafen etwa, wo alle Fluggäste ihre Schuhe ausziehen mussten, waren da immer diese Zappos-Logos in den Plastikwannen«, erinnert sich Haub. »Es schien also eine ganze Menge Leute zu geben, die bereit waren, ihre Schuhe im Internet zu kaufen. Ohne diese eigene Anschauung hätten wir die Bedeutung und die Chancen, die dieser Markt bietet, vielleicht auch nicht so wahrgenommen.« Dass er dies wahrgenommen hat, darüber ist er längst heilfroh: »Am Anfang war es für uns nur so eine Idee: Warum sollten wir es nicht mal probieren, mit überschaubarem Risiko, als Beimischung? Inzwischen sind wir der festen Überzeugung, dass man als Retailer unbedingt dabei sein muss beim Onlinehandel«, sagt Haub im Rückblick.

Auch andere klassische Händler hatte Samwer als mögliche Investoren angesprochen – ohne Erfolg. »Sie setzen nur auf ein Pferd, auf ihr eigenes Pferd. Sie denken: Ich bin Händler, ich kenne das Geschäft seit 30 Jahren, vielleicht schon in der dritten Generation. Das mit dem E-Commerce ist doch nichts anderes als ein Laden oder ein Versandhausgeschäft«, ereifert sich Samwer noch im Frühjahr 2013 mit einer Mischung aus Ärger und Unverständnis bei Tengelmanns e-day.

Der Ort für derlei Reflexionen über Vergangenheit und Zukunft des Handels war exzellent gewählt: das »Technikum« in der Tengelmann-Zentrale in

Mülheim. Haub hatte eine frühere Lagerhalle von Plus komplett renovieren lassen: Die eine Hälfte dient jetzt als Veranstaltungszentrum – hier hielt Samwer seinen Vortrag –, in der anderen parkt Haubs Oldtimersammlung. Mehr als zwei Dutzend restaurierte Dienst- und Privatwagen, die alle irgendwie mit der Geschichte des Hauses Tengelmann zu tun haben, dazu auf der Empore Maschinen aus der längst vergangenen Ära als Schokoladenproduzent unter dem Logo der Marke »Wissoll«. Hingucker aus der Firmenvergangenheit also und auf der anderen Seite das Diskussionsforum für die Frage, was wohl jetzt kommen mag für ein Handelsunternehmen in Familienhand.

Oliver Samwer – stets ein Freund des »Groß Denkens« – referierte nebenan gleich über die Zukunft des gesamten Konsumgeschehens weltweit. Dass er es tat, war eine Ausnahme. Teils aus Dankbarkeit, teils auch zwecks Akquisition weiterer Investoren-Millionen redete Samwer, der sonst selten öffentlich auftritt, beim e-day. Auf diesem Workshop zum Onlinehandel zog er gegen jene vom Leder, die die Zeichen der Zeit nicht erkannt hätten, und erklärte eine Stunde lang herrlich undiplomatisch, unmissverständlich und politisch unkorrekt seine Sicht der Dinge. Und nach der sind 80 Prozent der Einzelhändler von heute nicht mehr zukunftsfähig angesichts des Online-Booms.

Binnen kurzem war anschließend in der Community seine drastische Aufteilung der künftigen Handelswelt in glänzende Gewinner und jämmerliche Verlierer in der Branche legendär – obwohl sie nicht einmal 250 Zuhörer live erlebt hatten und es davon im Netz bisher keinen Mitschnitt gibt. Wenige Berichte in Zeitungen oder auf Start-up-Websites hatten gereicht. Ich gehörte zu den Zuhörern dieses spektakulären Blicks in die Glaskugel des Einkaufens. Und weil Samwer bei aller Polarisierung und Übertreibung im Kern viel Treffendes oder zumindest Bedenkenswertes gesagt hat, folgt im Anschluss an dieses Kapitel eine ausführliche Darstellung der Samwer-Show.

Karl-Erivan Haub und der alte Handel

Die jungen Frauen und Männer drängen sich um die Stehtische in Tengelmanns Technikum, probieren die neuesten Produkte der Kette Coffee Circle, an der das Unternehmen beteiligt ist, und plaudern. Die meisten kennen sich,

die Start-up-Community ist weitgehend unter sich. Ergänzt allerdings durch einige Vertreter der alten Wirtschaftswelt, etwa durch Douglas-Chef Henning Kreke. Auch er gibt sich heute locker, hat auf die Krawatte verzichtet, nicht aber auf das Sakko. Viele Besucher jedoch tragen keines, sondern Pullover. So sieht man sie auch zumeist in der Zalando-Zentrale in Berlin. Es ist so eine Art Rocket Internet-Uniform, eigentlich sogar für weite Teil dieser Szene. Der inzwischen verstorbene Apple-Boss Steve Jobs trat bei seinen legendären Produkt-Präsentationen schließlich auch immer im schwarzen Pulli auf. Besaß der Guru der iPhone- und iPad-Generation überhaupt ein Sakko?

Ganz so wild will es Karl-Erivan Haub denn doch nicht treiben. Zur Begrüßung der Teilnehmer trägt er Anzug, hat aber immerhin die Krawatte weggelassen. Oliver Samwer, der nach ihm auf der Bühne stehen wird, hat selbstverständlich die Pullover-Uniform gewählt. Als wolle er schon durch die modischen Unterschiede deutlich machen, dass hier zwei Welten aufeinandertreffen, die doch gemeinsam auf E-Commerce-Mission sind.

Von einem clash of cultures will Haub wegen der Unterschiede zwar nicht sprechen. Aber die ersten Kontakte mit den Zalando-Leuten waren schon ungewöhnlich genug, um bei Haub in Erinnerung zu bleiben. So ähnlich wie später bei Mönchengladbachs Oberbürgermeister, als die »Boyband« den Logistik-Bauplatz besichtigte.

»Die erfolgreichen Leute bei den Onlinehändlern sind halt irgendwie anders als wir. Spontaner, vielleicht offener. Und sie haben auch eine ganz andere Sprache«, sagt Haub (Interview WELT 2011). Als kurz nach seinem Einstieg bei Zalando eine Delegation von Onlinehändlern in Tengelmanns Zentrale in Mülheim, der hundert Jahre alten, ehemaligen Wissoll-Schokoladenfabrik, zu Besuch war, drückte einer der Pullover-Manager seine Bewunderung für diese Architektur aus einer früheren Version der analogen Wirtschaftswelt so aus: »Geiler Campus hier!« Karl-Erivan W. Haub staunte: »Das hatte vorher noch nie jemand gesagt.«

Zalando-Geschäftsführer Robert Gentz erinnert sich an den ersten Kontakt mit Haub: »Das erste Treffen war für uns sehr faszinierend. Und für ihn wahrscheinlich auch. Herr Haub als klassischer Händler hatte eine ganz andere Herangehensweise, andere Vorstellungen vom Tempo, von Abläufen – und er benutzte ganz andere Begriffe als wir.« Der abwägende Risikokalkulator, der lieber mit einer Investition noch wartet, wenn sie noch nicht perfekt

vorbereitet ist, trifft die atemlosen Eroberer, die unbedingt die neuen Märkte besetzen wollen, bevor es jemand anderes tut. Zwei Welten treffen aufeinander.

Immerhin waren die hungrigen Internet-Krieger klug genug zu erkennen, dass jemand aus der alten Welt wie Haub ihnen nicht nur finanziell nutzen könnte. Denn der Tengelmann-Chef verkörpere »unglaublich viel Handelserfahrung. Da ergänzte sich was«, erinnert sich Zalando-Gründer Schneider, »das war schon spannend.«

Und hilfreich. »Selbstverständlich haben wir von Tengelmanns Erfahrungen profitiert, da konnten wir viel lernen«, ergänzt Geschäftsführer Rubin Ritter. »Und natürlich haben wir die Tengelmann-Leute gefragt, als wir unseren neuen Logistikstandort geplant haben. Die haben schließlich schon reichlich Läger gebaut.« Ins operative Kerngeschäft allerdings, also den Handel im Netz, hätten sich die Investoren nie einzumischen versucht. Auch Haub nicht.

Was macht denn diese Zalando-Leute aus, Herr Haub? »Der unbedingte Wille, erfolgreich zu sein und zu gewinnen. In ihrem Feld die Konkurrenz zu beherrschen oder am besten erst gar keine Konkurrenz aufkommen zu lassen.« Das gefällt ihm, das sei Unternehmertum. »Sie arbeiten gegen den Mainstream, das spürt man. Dass sie nicht von allen ernst genommen, sondern von einigen Etablierten noch belächelt werden, stachelt sie noch mehr auf. Sie sagen sich: Wir zeigen es denen, wir werden es ihnen beweisen! Auch das zieht junge Talente an.« Das Acht-Stunden-Denken gebe es dort nicht. »Die sind auf einer Mission und arbeiten Tag und Nacht«, sagt er und ergänzt lächelnd: »Die sind ja auch noch jung.«

Deshalb lässt er sie machen, die Jungen, die in dieser Disziplin einfach besser sind. Die anderen Investoren machen es ähnlich, wie Zalando-Geschäftsführer Rubin Ritter bestätigt: »Wir haben nicht regelmäßig alle zwei oder vier Wochen Meetings mit unseren Gesellschaftern. Stattdessen treffen wir Entscheidungen gemeinsam, wenn sie getroffen werden müssen. Geschäftsführer und Gesellschafter sind da genau so dynamisch wie das Geschäft.« (Interview WELT)

Haub betrachtet den Onlinehandel als nichts weniger als einen Evolutionssprung für seine Branche. Um die Dramatik der Veränderungen zu verdeutlichen, nutzt er gern den Begriff »Handel 4.0«: Handel 1.0 war nach der

Haubschen Evolutionstheorie der jahrtausendelang betriebene Handel auf Märkten unter freien Himmel, bei dem die Verkäufer ihre Stände morgens auf- und abends wieder abbauten. Dann verlagerte sich der Handel in geschlossene Räume, wobei der Händler weiterhin jeden Kunden beriet und ihm die Ware in die Hand drückte und kassierte – Handel 2.0. Der Sprung zu 3.0 erfolgte, zumindest in Deutschland, erst in den fünfziger Jahren des 20. Jahrhunderts, als die Selbstbedienungsläden ihren Siegeszug antraten. Und jetzt bildet der Onlinehandel die Stufe 4.0. »Das Bemerkenswerte ist, dass jetzt zum ersten Mal die Ware zum Kunden kommt, während jahrtausendelang der Kunde zur Ware kommen musste«, so Haub.

Und das hält er für eine so bedeutende und nachhaltige Strukturveränderung seiner Branche, dass er unbedingt dabei sein möchte. Was da passiert, darf seiner Meinung nach kein Händler mehr ignorieren: »Wir sind an der Schwelle zu einer gewaltigen Veränderung in unserem Einkaufsverhalten. Eigentlich sind wir schon drüber.«

Waren und Produkte, auch Dienstleistungen seien jetzt Dank des Internets zu jeder Tages- und Nachtzeit von jedem Ort der Welt aus verfügbar. Der Trend sei eindeutig, auch wenn die Umsatzprognosen für die kommenden Jahre je nach Quelle noch eine recht große Bandbreite aufwiesen. »Aber es ist da und es wird nicht wieder weggehen. Hier tut sich etwas ganz Gewaltiges, dessen Ende überhaupt nicht absehbar ist.« Die Onlineangebote würden die längst überfällige Konsolidierung des Einzelhandels, der sich in Deutschland etwa 25 Prozent zu viel Ladenfläche leiste, beschleunigen (WamS 2011). Es werde im E-Commerce-Zeitalter einen komplett neuen Service- und Firmen-Mix geben. »Das wird nicht jeder überleben«, prophezeite Haub.

Die Immobiliensparte seines eigenen Unternehmens wird wegen des zu erwartenden Nachfrageschwunds ihre Investitionen in Ladengebäude zurückfahren und das Geld anderswo investieren – etwa in Wohnungen. Selbst die Immobilienbranche verändert der Onlinehandel also bereits.

Einer seiner Zuhörer in der ersten Zuhörer-Reihe des Technikums wusste genau, was Haub meinte, als er über die fehlende Überlebensfähigkeit einiger Formate sprach. Henning Kreke, Chef der Douglas Holding, ist eines der prominentesten Opfer der Veränderungen im deutschsprachigen Raum: Seine Buchkaufhauskette Thalia hatte zu spät darauf reagiert, dass die Kunden Bücher inzwischen millionenfach bei Amazon und anderen Onlineanbie-

tern bestellen und nicht mehr in den dreistöckigen Riesenläden in den Fußgängerzonen. Thalia stürzte komplett ab. Da half auch die Douglas-Beteiligung am Onliner buch.de wenig. Jetzt wird die Kette mit Millionenaufwand geschrumpft. Ob sie überhaupt am Markt bleibt, ist ungewiss.

Die Folgen dieser Strukturveränderung in der Buchbranche sind wirtschaftlich für die Douglas-Gruppe so dramatisch, dass sich die bisher maßgebliche Unternehmerfamilie Kreke den Finanzinvestor Advent International ins Haus geholt hat. Um die Rettung finanziell überhaupt stemmen zu können, haben die Krekes Advent sogar die klare Mehrheit an ihrem Konzern eingeräumt. Gegen die Finanzinvestoren läuft jetzt gar nichts mehr in der Hagener Zentrale.

Thalia ist im deutschsprachigen Raum bisher wohl das spektakulärste Beispiel dessen, was passiert, wenn ein Unternehmen die Auswirkungen der Online-Revolution unterschätzt. Gerade dann, wenn man mit einem Produkt handelt, das man – anders als Mode – nicht anprobieren muss, dessen Farbe oder Größe für den Kunden nicht falsch sein kann. Insbesondere Bücher ebenso wie CDs, DVDs oder digitale Spiele schreien deshalb geradezu nach dem Onlinevertrieb. Sie sind damit so eine Art Pionierpflanze einer neuen Handelslandschaft.

»Der Trend zum Online-Einkauf und zum digitalen Buch hält an«, weiß Kreke inzwischen. Und er weiß auch, dass zahlreiche Händler auf die Digitalisierung viel zu langsam reagiert haben: »Ich schließe uns da nicht aus. Der gesamte Handel in Deutschland befindet sich in einem tiefgreifenden Umbruch«, sagte Kreke bei der Bilanz-Pressekonferenz der Douglas Holding am 22. Januar 2013 in Düsseldorf. Den Ausgestaltungen dieses Umbruchs ist das Kapitel 3 dieses Buches gewidmet.

Karl-Erivan Haub kann Kollegen wie Kreke auf Kongressen inzwischen gelassen Tipps zum Thema »Handel 4.0« geben. Schließlich umfasst sein Tochterunternehmen Tengelmann E-Commerce inzwischen mehr als zwei Dutzend Beteiligungen an jungen Online-Unternehmen, neben Zalando etwa babymarkt, den Edelfleischanbieter Otto Gourmet, sowie den Kaffeehändler Coffee Circle. Seit dem Einstieg bei Rocket Internet finden sich auf der Tengelmann-Liste auch deren Unternehmen, wie fabfurnish.com, Zalandos russische Schwester lamoda.ru, mebelrama.ru, das australische Zalando zanui.com.au und vor allem in zalora.com: »Asia's biggest Online fashion

store« ist in Malaysia, Singapur, Indonesien, Thailand, Philippinen, Vietnam, Taiwan und Hongkong aktiv, in einer höchst attraktiven Wachstumsregion. Nach Medienberichten soll es 2012 allerdings 70 Millionen Euro Verluste eingefahren haben. Dennoch steckte Haub im Mai 2013 zusammen mit Zalandos Haupteigentümer Kinnevik und dem Investoren Summit Partners weitere 100 Millionen Dollar (rund 77,5 Millionen Euro) in das 2002 gegründete Unternehmen von Samwers Rocket Internet. Keine schlechte Beteiligungspalette für einen Unternehmer, der vier Jahre zuvor von Online noch nichts wissen wollte.

Haub gibt den abgeklärten Langstreckenläufer unter den Investoren: »Wir haben keinen Zeithorizont und wir haben keine Eile. Wir müssen keine Fondsinvestoren zu bestimmten Zeitpunkten mit Renditen bedienen. Ob es vorstellbar ist, dass wir in 20 Jahren immer noch bei Zalando engagiert sind? Warum denn nicht!« Den Kritikern, die Zalando die Fähigkeit absprechen, jemals attraktive Gewinne erzielen zu können, rät er zu Gelassenheit: »Fünf bis sechs Jahre muss man einem Unternehmen wie Zalando schon geben, um in die Gewinnzone zu kommen. Amazon hat zehn Jahre gebraucht und bis dahin 3,5 Milliarden Dollar verbrannt.«

Dass man als Investor mit jungen Online-Unternehmen viel Geld verdienen kann, hat er schon erlebt. Vielleicht rührt auch daher seine Gelassenheit. Denn das Projekt »Neue Handelswelt« hatte für die Familie gleich unverhofft mit einem Hauptgewinn begonnen: Kaum war Tengelmann bei Zalando eingestiegen, engagierte sich der Risikokapital-Arm der Gruppe auch beim Berliner Shoppingclub brands4friends. Über dieses Unternehmen sprach damals die Community, auch die Zeitungen berichteten reichlich über brands4friends als das ganz große nächste Ding am Konsumhimmel. Zalando dagegen war lediglich ein Randthema. Nur wenige Monate nach Tengelmanns Einstieg allerdings wollte die Deutschland-Filiale des ebay-Konzerns brands4friends 2009 das Unternehmen unbedingt haben – und machte den Eigentümern ein Angebot, das sie nicht ablehnen konnten. Jedenfalls haben sie es nicht abgelehnt. Und das hat sich für Haub und die anderen Investoren gelohnt, auch wenn keine Zahlen zum Verkaufspreis veröffentlicht wurden. Heute ist Zalando überall ein Thema – und die ebay-Abteilung brands4friends ist in den Medien derzeit nur noch eine Randerscheinung. So schnell dreht sich das im Web 2.0.

Dass inzwischen auch eine der Tengelmann-Beteiligungen ihren Betrieb einstellen musste, kann Haubs Spaß an jungen Firmen in Europa und den USA nicht trüben: »Wir lernen wahnsinnig viel aus diesen Beteiligungen. Wenn wir die nicht hätten, wäre uns die wahre Dynamik, mit der das Online-Geschäft den Einzelhandel gegenwärtig verändert, wahrscheinlich bis heute nicht ganz klar«, sagte er schon 2011 im Interview mit der »Welt am Sonntag«. Und bei seiner Beschreibung der Akteure auf diesem neuen Markt, schimmert irgendwie das Bild Oliver Samwers durch, obwohl der Name überhaupt nicht fällt: »Viele dieser jungen Firmengründer versuchen, mit sehr viel Power und Kreativität herkömmliche Anbieter vom Markt zu fegen. Darauf legen sie es regelrecht an, das macht ihnen Spaß. Und das ist ja im Schumpeterschen Sinne auch völlig in Ordnung.«

Der Druck, das Tempo und das Selbstbewusstsein, das die Zalando-Initiatoren an den Tag legen, gefällt Haub, Vorwürfe von Größenwahnsinn berühren ihn wenig: »Wir wissen ja, dass ein Rollout sehr schnell gehen muss, damit man da ist, bevor die Konkurrenz sich in einem Markt breitmachen kann. Wir haben innerhalb von zehn Jahren 1000 KiK-Geschäfte eröffnet und innerhalb von acht Jahren 1000 Tedi-Filialen. Immer, um selber den Markt zu besetzen«, so Haub. »Man muss blitzschnell sein. Egal, was es kostet.«

Auf dem Deutschen Handelskongress in Berlin im November 2012 vermittelte Haub seinen Kollegen jedenfalls nicht die Illusion, dass es einfach sei, schnell im Onlinegeschäft erfolgreich zu sein: »Für uns stationäre Händler ist das alles Neuland, das haben wir nicht gelernt«, sagte er vor Hunderten größtenteils stationären Händlern mit viel Berufserfahrung. Die Onliner, über die während der beiden Tagungstage so viel geredet wurde, suchte man hier vergebens. Sie hatten unmittelbar zuvor in der Hauptstadt ihren eigenen Kongress abgehalten und suchten anschließend nicht gerade die Nähe zum Branchentreffen der »Alten«.

Und wenn die »Jungen« schon die Kongresse der Alteingesessenen meiden, dann zieht es sie erst recht nicht in Massen an die Schreibtische der Tengelmänner, Peek&Cloppenburgs oder Kaufhöfe dieser Welt. »Digital Natives gehen nicht zu uns. Die wollen alle nach Berlin. Das ist in dieser Disziplin die Hauptstadt Europas«, sagte Haub. Zu Pure Playern wie Zalando gingen diese Digital Natives stattdessen. »Bei Zalando haben sie ein Durch-

schnittsalter von 28 Jahren. Sie machen sich ihre Regeln selber. ›So haben wir das immer gemacht‹ zählt bei denen nicht.«

Klassische Händler zu dynamischen Multichannel-Anbietern zu machen sei ziemlich schwierig. Er habe sich in das Thema Onlinehandel regelrecht »hinein quälen müssen. Das war am Anfang nicht leicht.« Schlimmer noch: Er habe im eigenen Unternehmen die »enormen Widerstände im Top- und Mittelmanagement« erlebt, als er die Tür zum E-Commerce geöffnet habe. »Das ist eine Mischung aus Ahnungslosigkeit und Angst. Jungspunde von 28 Jahren sagen einem plötzlich, wo es langgeht. Damit muss man erst mal umgehen«, sagte Haub über den Clash der Kulturen und erntete dafür das Gelächter des Publikums. Viele auf den Stühlen zweifelten wohl noch immer, ob der Mann da oben auf dem Podium nicht doch nur einer Mode hinterherläuft, von der in ein paar Jahren niemand mehr sprechen wird. Die Zahl derer, die dieser Meinung noch anhängen, sinkt allerdings in dem Maße, wie die Onliner den Traditionalisten Umsätze abjagen und sie vor Existenzprobleme stellen.

Selbst wenn es in manchen Sparten für Spätstarter noch immer nicht zu spät sein sollte: Dass man für den Sprung in die neue Handelswelt viel Geld und Geduld braucht, das schwant inzwischen auch den Skeptikern. Bei manchen dürfte genau das der Grund dafür sein, dass sie eben diesen Sprung nicht wagen. »Keiner dieser Webshops ist ein oder zwei Jahre nach seiner Gründung erfolgreich und verdient schon Geld. Wie im stationären Handel auch«, sagt Haub aus eigener Erfahrung, »aber wenn ein solches Unternehmen die Chance hat, in fünf Jahren Gewinn zu machen, dann gibt es auch Finanzierungsgeld dafür.«

Der Tengelmann-Chef rät den anderen stationären Händlern mit Blick auf plus.de die Ochsentour. Er empfiehlt ihnen, »sich einen Pure Player anzutun. Ich habe das getan und habe, wie Sie es werden, Lehrgeld zahlen müssen«. Sein Tipp: »Separieren Sie das Start-up von ihrer bestehenden Organisation. Denn die wird alles versuchen, um das Ding klein zu halten.« Was einen Eindruck vom Gezerre gibt, das die Herausforderung Online in alteingesessenen Unternehmen auslösen kann.

Genau diese strikte Trennung von Laden- und Onlinesparte hält auch Reiner Heckel, Gründer und viele Jahre Chef des inzwischen zu MediaSaturn gehörenden Onlinehändlers redcoon, für unumgänglich. (Gespräch 11.07.2012)

Die Kulturen beider Bereiche seien völlig unterschiedlich: »Wir arbeiten hier an gebrauchten Tischen aus Frankfurter Bankerbuden. Die sind schön, aber trotzdem günstig. Mit Statussymbolen, mit Chef-Parkplatz Nummer eins oder Vorstandskantine kommen Sie im E-Commerce nicht weit. Da müssen Sie unprätentiös, schnell, schlank aufgestellt sein und mit flachen Hierarchien arbeiten. Das erwarten auch die Mitarbeiter, die in ein Onlineunternehmen kommen. Ins Produkt, in die Dienstleistung muss investiert werden, nicht in Premium-Möbel oder so etwas.«

Und wie passt das unter das Dach eines etablierten Großkonzerns, der jetzt auch den Onlinemarkt erobern will? »Sie müssen ein Internetunternehmen völlig unabhängig von der stationären Sparte aufbauen. Was im stationären Geschäft passiert, darf den Online-Bruder auf keinen Fall beeinflussen. Vor allem müssen sie Online eine Kostenstruktur schaffen, die zu diesem Kanal passt. Und die liegt unter der eines Ladennetzes. Aber wenn ich beide Strukturen vermische, wenn ich dem Onlinehändler die Kostenstruktur eines herkömmlichen Molochs aufdrücke, kann es nicht funktionieren. Weil ich auf meiner Homepage dann Preise aufrufen muss, die gegenüber meinen Online-Konkurrenten nicht konkurrenzfähig sind. Und dann kauft niemand bei mir.«

Genau das bereitet vielen herkömmlichen Händlern offenbar Schwierigkeiten: Sie wollen zu früh Synergien aus dem Betrieb beider Kanäle ziehen. Und hindern die Internetsparte somit daran, sich der Online-Umwelt entsprechend zu entwickeln und auszurichten. Und dann haben sie gegen die Amazons oder Zalandos dieser Welt keine Chance.

Die Kunst ist es, die herkömmliche und die neue Handelswelt innerhalb eines Konzerns so zu kombinieren, dass man in beiden Vertriebskanälen exzellent ist und nur dort Synergien hebt, wo es der Kunde nicht bemerkt. Wenn überhaupt. »Unsere Synergien sind Know how-Synergien, aber keine finanziellen«, sagt Haub.

Gelohnt hat sich Haubs Zalando-Engagement dennoch schon jetzt, auch finanziell. Nach dem Einstieg 2009 kam er zeitweise auf einen Anteil von zehn Prozent. Als im Herbst 2012 die schwedische Investmentbank Kinnevik ihren Anteil um zehn Prozentpunkte aufgestockt hat, gab Haub ebenso wie Holtzbrinck Ventures und Rocket Internet einen Teil seines Zalando-Paketes ab. Kinnevik zahlte nach eigenen Angaben für ein Zehntel Zalando 287 Millio-

nen Euro. Rechnet man diesen Preis auf das Gesamt-Unternehmen hoch, wäre Zalando um Oktober 2012 rund 2,8 Milliarden Euro wert gewesen, ohne auch nur einen Euro Gewinn erzielt zu haben. Kinnevik-Chefin Mia Brunell Livfors war es das wert, für sie ist Zalando »Europas führender Online-Schuh- und Modehändler«. Und deshalb sicherte sich Kinnevik gleich noch eine Option auf weitere Zalando-Anteile im Wert von 100 Millionen Euro, was dreieinhalb zusätzlichen Prozentpunkten entspricht. Ende Juni 2013 zog Kinnevik diese Option zu denselben Konditionen wie sie schon im Oktober 2012 gegolten hatten. Auch diese Anteile kamen von den frühen Eigentümern Tengelmann, Holtzbrinck und Rocket. Da der »Festpreis« Teil des zweistufigen Zukauf-Deals der Schweden war, wurde Mitte 2013 der Wert von Zalando leider nicht aktuell neu hochgerechnet. Er lag damit immer noch bei 2,8 Milliarden Euro. Einige Bank-Analysten indes halten diese Summe für viel zu niedrig. Die US-Großbank Goldman Sachs etwa taxierte den Wert Zalandos in einer Analyse des Kinnevik-Portfolios gar auf gigantische neun Milliarden Euro. Was viele Experten nun wiederum für zu hoch halten.

Der Tengelmann-Chef hat nie öffentlich darüber gesprochen, welchen Preis er für sein Zalando-Paket bezahlt hat. Erstmals bestätigt sich bei den Recherchen für dieses Buch, dass sich das Engagement schon jetzt gelohnt hat, weil er so früh eingestiegen ist. Und das, obwohl Zalando weiterhin Geld verbrennt. Denn aus dem Unternehmen war hinter vorgehaltener Hand zu erfahren, dass Haub einen »niedrigen zweistelligen Millionenbetrag« investiert hat. »Das war mehr, als Zalando für dieses Jahr überhaupt an Umsatz erwartete«, ist zu hören. Tatsächlich erzielte der Versender in Haubs Einstiegsjahr 2009 rund sechs Millionen Euro Umsatz. Folglich hat Haub auf jeden Fall mehr als sechs, wahrscheinlich eher zehn, zwölf oder noch mehr Millionen Euro investiert. Angesichts dieser Zahlen war Haubs Einsatz tatsächlich sehr mutig, fast schon wagemutig. Entsprechend wenig begeistert sollen die Tengelmann-Gremien zunächst gewesen sein, als Haub mit diesem Investitionskonzept für einen Verlustbringer kam. Für Zalando allerdings bedeuteten die Tengelmann-Millionen einen Quantensprung – denn bisher hatte es gerade 300 000 Euro Investorengeld eingesammelt. Damit waren jetzt genügend Mittel für die ganz große Expansion vorhanden.

Auch wenn Tengelmann sich weiterhin nicht zu den Summen äußert, kann man einigermaßen seriös eine Rechnung aufmachen, die eine giganti-

sche Wertsteigerung von Haubs Einsatz bei Zalando zum Ergebnis hat: Tengelmann startete also Ende 2009 mit einem Zalando-Anteil von rund zehn Prozent. Rechnen wir mal vorsichtig, dass Haub dafür den niedrigsten denkbaren zweistelligen Millionenbetrag bezahlt hat, nämlich zehn Millionen Euro. Setzen wir nun dagegen, dass Kinnevik 2012 für die Aufstockung um zehn Prozent der Anteile 287 Millionen Euro bezahlte, dann hat sich der Wert von Haubs Zalando-Anteil innerhalb dieser drei Jahre um das 28fache erhöht. Wohlgemerkt bei konservativer Kalkulation! Wahrscheinlich liegt der Geldvermehrungsfaktor noch höher. Jedenfalls ist es eine Wertsteigerung, die kaum ein Private Equity-Investor – gemeinhin auch »Heuschrecke« genannt – erreicht.

Was mag das in Euro heißen? Zwischenzeitlich hatte Haub mehrmals kleinere Anteile seines Zalando-Besitzes abgegeben, Mitte 2013 lag sein Anteil dann noch bei rund sieben Prozent. Angenommen, Tengelmann hat im Herbst 2012 etwa zwei Prozent seiner Anteile an Kinnevik verkauft, dürfte der Investor über 50 Millionen Euro für ein Paket bekommen haben, für das er drei Jahre zuvor rund zwei Millionen Euro oder etwas mehr ausgegeben hatte. Und in dieser Rechnung ist der Erlös aus dem zweiten Teil der Kinnevik-Aufstockung von Mitte 2013 noch gar nicht enthalten. Angesichts einer solchen Wertsteigerung dürfte es den Investoren aus den ersten Finanzierungsrunden vollkommen egal sein, dass Zalando bisher keinen Cent Gewinn abgeworfen hat.

Das gilt ganz besonders auch für die Samwers, die von ihrem hohen Anteil zu steigenden Preisen inzwischen so viel verkauft haben, dass für sie das Projekt Zalando – wie immer es auch damit weitergehen mag – eigentlich gar kein finanzieller Misserfolg werden kann.

Wieviel Geld Tengelmann-Chef Haub anschließend im Mai 2013 bei Zalandos Asien-Schwester Zalora investiert hat, ist nicht klar. Im Umfeld des Unternehmens heißt es, dass die Tengelmänner die Zalando-Verkaufsgewinne weitgehend in dessen südostasiatische Schwester gesteckt hätten.

Dass Tengelmann, wie vielfach verbreitet, auch direkt an Samwers Rocket Internet beteiligt ist, bestreitet das Unternehmen. Vielleicht wünscht sich Haub, dass er auch dort eingestiegen wäre. So hat es Kinnevik gemacht. Die schwedische Investmentbank setzt noch sehr viel stärker als Haub auf den Internethandel und das Gespür der Samwer-Brüder für Geschäfte: Die 1936

gegründete Bank aus Stockholm fährt eine Mehrfachstrategie mit allen Chancen und Risiken. Sie ist inzwischen mit knapp 30 Prozent der Anteile größter Zalando-Eigentümer und gleichzeitig noch mit etwa neun Prozent an Rocket Internet beteiligt. (PM ohne Datum, mutmaßlich 18.10.12) Und an Zalora. Falls Rocket Internet irgendwann seinen Investoren eine Dividende zahlen sollte, geht der auf Kinnevik entfallende Anteil direkt in weitere Zalando-Anteile. Deutlicher als mit so viel Kapitaleinsatz kann Kinnevik-Chefin Mia Brunell Livfors nicht dokumentieren, dass sie sicher ist, dass die ganz großen Zeiten des E-Commerce erst noch kommen werden und dass sie die auf jeden Fall mitnehmen will. Auch als dauerhafter Zalando-Anteilseigner. In einer Pressemitteilung bezeichnet sich die schwedische Investmentbank als »starken Langzeit-Eigentümer« des Onlinehändlers aus Prenzlauer Berg.

Länger dabei ist jedoch der Risikokapital-Arm der Verlagsdynastie Holtzbrinck. Er war schon wenige Wochen nach dem Unternehmensstart bei Zalando eingestiegen, als Investor Nummer zwei – nach Rocket Internet. Holtzbrinck Ventures finanziert zahlreiche junge Onliner-Unternehmen. Später kam DST Global dazu, das Unternehmen der russischen Investorenlegende Juri Milner. DST war einer der großen Anteilseigner von Facebook. Er hat den spektakulären Börsengang des sozialen Netzwerkes 2012 maßgeblich gepusht, der den Investoren bisher allerdings nur spektakuläre Kursverluste gebracht hatte. Wie Kinnevik hat DST seine Zalando-Beteiligung zwischenzeitlich aufgestockt. Seit August 2012 sind auch Quadrant Capital Advisors dabei und die Asset Management-Sparte der amerikanischen Großbank J P. Morgan. Mitte 2013 stand im Raum, die Zalando-Anteile von Rocket Internet auf dessen Eigentümer aufzuteilen. Damit wäre Kinnevik deutlich der größte Anteilseigner an Zalando, die Samwers wären erstmals direkt beteiligt.

Nach Schätzungen aus der Start-up-Szene dürfte sich die Zahl der Finanzierungsrunden von Zalando der 20 genähert oder sie bereits überschritten haben. Immer wieder kam jemand dazu, der einen Anteil übernommen oder seine Quote aufgestockt hat. Manchmal steigen Geldgeber nicht in das Gesamtunternehmen ein, sondern nur in eine einzige Landesgesellschaft. Die zahlreichen Aktivitäten an der Eigentümerfront werten viele Zalando-Skeptiker als Schwachpunkt: Das Unternehmen verbrauche das eingesetzte Kapital in immer kürzerer Zeit, schon nach ein paar Monaten sei dann der nächste

Nachschlag fällig. Nach der gegenteiligen Sichtweise dagegen nutzt Zalando konsequent Wachstums-Möglichkeiten, um schnell eine Marktposition aufzubauen, die für Konkurrenten schwer anzugreifen ist. Und dafür braucht es Geld und Geduld, bis sich die Investitionen lohnen und das Geld mit einem dicken Aufschlag zurückkommt. Insbesondere die Tatsache, dass Investoren wie Kinnevik und DST während ihres Engagements nachgelegt haben und auch Tengelmann – diese Firmen sollten auch jene sensible Geschäftszahlen kennen, die der Öffentlichkeit nicht bekannt sind – Verkaufsgewinne in das Samwer-System reinvestiert, spricht für eine weniger kritische Beurteilung dieses großen Hungers nach Investoren-Millionen. Zum Gerücht, dass sich die Summe inzwischen auf rund 600 Millionen Euro addiert haben soll, sagt bisher keiner der Beteiligten etwas.

Mit dem Bau des Logistikzentrums in Erfurt kam auch die Commerzbank ins Finanzierungsspiel: Das Frankfurter Institut lieh zusammen mit der regionalen Sparkasse Mittelthüringen Zalando rund 40 Millionen Euro, um die riesigen Lagerhallen mit Regalen und Fördertechnik ausstatten zu können.

Haub will auch das als Indiz für die wirtschaftliche Solidität des Projektes Zalando gewertet wissen: »Banken waren noch nie so vorsichtig wie jetzt. Ich denke, das spricht für sich. Zalando ist eine grandiose Erfolgsstory und wir sind froh, von Anfang an dabei zu sein.« (WamS, Ende 2012). Allerdings will er auch nicht ausschließen, dass es dem jungen Unternehmen Zalando in der Kreditabteilung der Großbank Commerzbank geholfen haben mag, dass einer der Hauptinvestoren den seriösen Namen Tengelmann trägt.

Wobei die Beteiligung eines Institutes wie der Commerzbank selbstverständlich alles andere als eine Erfolgsgarantie für Zalando darstellt. Schließlich kann man nicht gerade behaupten, dass Großbanken grundsätzlich nur auf Unternehmen setzen, die sich am Ende als die Gewinner herausstellen. Zahlreiche Insolvenzfälle, bei denen die Banken zu den Hauptgläubigern gehörten, beweisen genau das Gegenteil. Und auch die Haubs haben bei ihren Investitionen schon öfter danebengegriffen. Zuletzt war es der Rückzug aus der Lebensmittelkette A&P in den USA, die die Milliardärs-Familie Millionen gekostet hatte.

Doch dieser Tiefschlag ist inzwischen ein paar Jahre her. Jetzt ist Haub begeistert vom Tempo und der Kraft, mit der das Internet die Einkaufsgewohnheiten der Menschen überall auf der Welt verändert: »Es ist absolut

faszinierend! Und ich bin überzeugt: Das nächste große Ding ist schon in Arbeit. Wir wissen es nur noch nicht.«

»Tendenz groß«: Die Samwer-Show

Der junge Mann auf der Bühne versucht gar nicht erst, diplomatisch zu sein. Schließlich eilt ihm der Titel des »kreativen Zerstörers« voraus. Und genau so wird er auch heute bei Tengelmanns e-day angekündigt. Dieses Label scheint Oliver Samwer gar nicht unrecht zu sein. Es scheint ihm vielmehr Spaß zu machen, die Weisheiten von Wissenschaftlern und Unternehmensberatern als abgehoben und wirklichkeitsfremd zu brandmarken. »Wir haben gerade 15 Minuten lang jede Menge Zahlen gehört«, sagt er – Moderator Kai Hudetz vom Forschungsinstitut IFH Köln hatte zur Einführung jede Menge Statistiken bemüht, die zeigten, wie rasant der Onlinehandel in Deutschland und international wächst und wie stark er noch wachsen wird. »Wir«, sagt Samwer und macht eine kurze Kunstpause, »wir sehen die Welt viel einfacher.« Und wie der charismatischste und umstrittenste der drei Samwer-Brüder diese Welt sieht, sagt er selten so klar und deutlich wie bei diesem einstündigen Vortrag, für den er kein Manuskript benutzt. Nicht den hochkomplizierten Geschäftsideen irgendwelcher Masterminds gehöre die Zukunft, sagt Samwer. »Wir haben einen fundamentalen Glauben: Brot- und Butter-Modelle werden weltweit am erfolgreichsten sein.« Die schlichten Geschäfte also, die man in einem Satz erklären kann, bringen Geld, Macht und Ruhm: Der Kunde bestellt ein Buch, ein paar Schuhe, einen Computer oder eine Vitrine und der Händler schickt ihm das Produkt zu. Basta.

Brot-und Butter-Geschäfte wie die von Amazon sind es, die ihm so gefallen und die er für die Zukunft hält. Deshalb auch werde in zehn Jahren nicht Google, Facebook oder Exxon das wertvollste Unternehmen der Welt sein, sondern Amazon. »Die 54 000 Leute und 44 Lager von Amazon verschwinden nicht von heute auf morgen. Das Geschäft wächst auch nur 40 Prozent über 15 Jahre, aber das wird dann noch da sein in vielen Jahren. Facebook kann am Anfang um 5 000 Prozent wachsen und dann noch 500 Prozent. Aber es ist rein digital, es ist nicht mit Ware unterlegt. Wird es dann noch da sein?« Wenn Samwer so auf die existenzsichernden Effekte eigener Logistiks-

tandorte vertraut – ist es da erstaunlich, dass Zalando in Deutschland gerade einen Versandstandort nach dem anderen plant, eröffnet und auch selber betreibt?

Der Mann macht es auch im Vortrag schlicht und dadurch effektvoll: »Was ist E-Commerce?«, fragt er. Und sichert sich mit seiner überraschenden Antwort die Aufmerksamkeit der Zuhörer: »Das ist die unsexiest industry of the internet. Das hat mit Paketen zu tun, mit Lagern, mit Logistik, mit Supply Chain. Old economy-Zeugs, ein bisschen DHL, ein bisschen Fabrik, ein bisschen Technologie.« Alles ganz einfach also?

Öffentlich tritt er, der Fließband-Firmengründer und Geschäftsideen-Nachmacher nicht auf. »Wir halten normalerweise nicht so gerne Vorträge und reden nicht so gerne über Firmen, die wir unterstützen. Aber ich bin heute hier, weil ich denke, ich schulde der Familie Haub einen Gefallen.« Damit meint er Karl-Erivan Haubs Entschluss aus dem Jahr 2009, bei Zalando zu investieren. »Wenn ich meine Zeit auf Veranstaltungen verbringen würde oder bei Banken, wäre es Ende im Gelände. Das einzige Risiko, das Investoren mit uns haben, wäre, dass ich nicht mehr eine kreative Ameise wäre. Doch das Risiko ist gleich null. Und deshalb fahre ich auch gleich wieder«, kündigt er an. Und tatsächlich wird er nach seinem Vortrag nur noch ein paar Fragen des Publikums zulassen und ein bisschen beantworten und dann sofort wieder verschwinden. Smalltalk beim Coffee Circel-Kaffee oder gar iPhone-Fotos mit Oliver Samwer zum Posten über Facebook wird es anschließend nicht geben. Denn wenn ein Samwer eines nicht mag, dann ist es, Zeit oder Geld zu verlieren, was in diesem Fall wohl dasselbe ist. Am Vorabend dieses e-day fehlte denn auch einer beim gemeinsamen Essen der Organisatoren und Referenten: Oliver Samwer. Der, heißt es, soll noch gearbeitet haben.

Dass er sich in jüngster Zeit öfter als früher auf Bühnen und an Podien stellt und bei der Präsentation der eigenen Visionen lauter wird, werten Beobachter als Indiz dafür, dass Rocket Internet immer mehr Geld für seine zahlreichen Unternehmen braucht, die sich immer noch fern der Gewinnzone befinden. Und Oliver Samwer ist nun einmal die Rakete unter den Geldeintreibern bei Rocket.

»Für Gründer von Online-Händlern ist es immer noch schwierig, an Geld zu kommen«, bestätigt später Kai Hudetz vom IFH Köln. »Es dauert halt sehr

lange, bis sich der Einsatz in dieser Sparte rentiert. Die Gewinnspannen sind ja nicht so groß. Da setzen Investoren ihr Geld lieber in Branchen ein, in denen sie schneller etwas davon haben.« Was bedeutet diese Finanzknappheit für Zalando? »Unter der Voraussetzung, dass die eigene Finanzierung sichergestellt ist, heißt für Zalando: Die Gefahr ist relativ gering, dass von irgendwo her ein vollkommen neuer Konkurrent kommen wird. Denn um den zu schaffen, bräuchte es sehr hohe Investitionen«, glaubt der Wissenschaftler, der beim e-day Samwers Vortrag moderiert hatte.

Tempo machen, Neues machen, Firmen groß machen – das ist der Anforderungskatalog der drei Samwer-Brüder an sich selber. »Es muss der Anspruch sein, dass man es dreifach schafft, wenn man zu dritt ist. Deshalb haben wir vor fünf Jahren aufgehört, die Meetings zusammen zu machen. Es gibt kaum Termine, an denen zwei oder drei von uns da sind. Uns geht es darum, viel zu schaffen.« Und dann wird Oliver, der Mittlere, der kühle Rationalist, für einen Augenblick ganz Familienmensch. Sein Ton verändert sich aber auch dabei kaum, er klingt nicht weicher. Eher ein bisschen wie Torwart-Titan Oliver Kahn: »Es macht unheimlich viel Spaß, das als Brüder und Freunde zu machen. Es gibt so ein Fundament und eine Vertrauensbasis, die nie kaputtgeht, auch wenn wir uns mal streiten.« Beschlüsse müssen im Brüder-Trio, genau wie bei den drei Zalando-Geschäftsführern auch, einstimmig gefasst werden.

Die drei Samwer-Jungs hatten die besten Voraussetzungen für ihre spektakuläre Karriere: Vater Sigmar-Jürgen Samwer war in Köln ein bekannter Rechtsanwalt mit dem Spezialgebiet Presse- und Wettbewerbsrecht. Er arbeitete unter anderem für Nobelpreisträger Heinrich Böll. Der Großvater war wesentlich an der Gründung der Gothaer Versicherung beteiligt. Dessen Enkel Marc (1970), Oliver (1973) und Alexander (1975) starteten 1999 zusammen mit Freunden mit der Gründung des Online-Auktionshauses Alando. Es war die Übertragung des Geschäftsmodells der amerikanischen ebay auf Europa.

Solche Klon-Gründungen erwiesen sich fortan als Spezialität der Samwers, was ihnen immer wieder Kritik aus der Gründer-Szene einbrachte: Die erfinden ja nichts, die machen ja nur nach, heißt es bis heute. Tatsächlich übernehmen sie gern die Geschäftsideen anderer Leute. Dann suchen sie Geldgeber, die sie bisher zumeist in beeindruckender Zahl finden, perfektionieren das Geschäftssystem und rollen es auf neue Märkte aus. Sie »skalieren«.

Auch Zalando war, ein Jahrzehnt nach Alando, nichts anderes als ein Klon des amerikanischen Online-Schuhhändlers Zappos, wobei die Idee nur zum Teil dem Konto der Samwers zuzuschreiben war, sondern, wie erläutert, in erste Linie Robert Gentz und David Schneider. Alando indes war nur ein kurzes Vergnügen für die Brüder: Gerade sechs Monate nach der Gründung kaufte das Original ebay seine deutsche Kopie für angeblich 43 Millionen Dollar. Oliver Samwer wurde noch für ein paar Monate Geschäftsführer von ebay Europe. Und soll es später einmal als Fehler bezeichnet haben, Alando so früh verkauft zu haben.

Mitte 2000 folgte – zusammen mit dem Telefondienstanbieter Debitel und der Metro-Tochter MediaSaturn – die Gründung des Klingeltonanbieters Jamba. Oliver und Marc Samwer machten Jamba, deren Werbespots in kaum zu ertragender Wiederholungsquote etwa beim Musik-TV-Sender MTV liefen, zur Nummer eins der Branche. Nicht nur wegen der nervigen Töne gab es immer wieder Ärger, sondern auch, weil Jamba seine Telefongeräusche im Abonnement auch an Minderjährige verkauft hatte. 2004 war Ruhe, VeriSign/Newscorp aus den USA kaufte ihnen und den Gründungs-Investoren Jamba für 273 Millionen Dollar ab. Seither hört man nicht mehr allzu viel von der Klingelton-Firma.

Seit 2006 waren die Samwer-Brüder über ihr Vehikel »European Founders Fund« an zahlreichen jungen Firmen beteiligt. Beim Verkauf flossen die Millionen, und eine Menge davon blieb bei den umtriebigen Brüdern hängen. Einige Beispiele: der YouTube-Klon myvideo (verkauft an ProSiebenSat1), das Spieleportal bigpoint.com (verkauft an NBC), der Modeanbieter limango (verkauft an Otto), das Studenten-Netzwerk StudiVZ, der Fotoanbieter my-fotobook.de (beide verkauft an Holtzbrinck Ventures), easytaxi, myhammer, trivago, daWanda, Groupon, home24, FAB furnish, eDarling, payleven, paymill und viele andere.

Ein paar Jahre hielten die Brüder auch Anteile an Facebook, beim Ausstieg sollen sie ihren Einsatz verdreifacht haben. Kuschelkurs ist im brüderlichen Firmen-Imperium nicht gerade angesagt: »Es gibt ganz klare Verantwortungen. Jeder hat seine Unternehmen, die er von null auf hundert so erfolgreich macht, wie es eben geht. Alle kann man nutzen und fragen. Jeder denkt auch für den anderen. Aber jeder ist hundert Prozent verantwortlich für die Unternehmen, deren Gründer er unterstützt«, sagt Oliver Samwer. Und da ist Po-

wer angesagt: Wer in einem der Unternehmen arbeitet, muss richtig ranklotzen und versuchen, dem Tempo und den Anforderungen der zumeist unsichtbaren Vordenker zu folgen. Und er darf nicht empfindlich sein: In manchen seiner Motivationsmails an die Führungskräfte vergaloppiert sich Oliver Samwer schon mal kräftig. In einer dieser Mails forderte er von seinen Leuten einen »Blitzkrieg« zur Eroberung von Märkten. Die Businesspläne müssten »mit Blut« unterschrieben werden, verlangte er – wofür er sich später entschuldigte.

Schon in seiner Hochschul-Abschlussarbeit forderte er Firmengründer auf, sich von Mitarbeitern zu trennen, die ihnen nicht weiterhelfen. Und zwar lieber heute als morgen. Unternehmen, die schlecht laufen oder »nicht skalieren«, werden schon mal schnell dichtgemacht, etwa in Japan oder der Türkei. Auch hier verlieren die Samwers ungern Zeit mit mühsamen Wiederbelebungsversuchen. Lieber überlassen sie dem Management das Unternehmen und gründen stattdessen etwas Neues.

Inzwischen zeichnet sich allerdings ab, dass die Brüder statt Breite mehr auf Spitze setzen wollen. Und nicht mehr ausschließlich auf Gründungs-Quickies, sondern eher auf langfristige Beziehungen, jedenfalls öfter als zuletzt. »Die Samwers sind oft sehr früh aus den Unternehmen wieder herausgegangen, etwa bei Jamba«, sagt EHI-Wissenschaftler Kai Hudetz, »bisher waren sie nur Copy Cats und haben noch nie ein Geschäftsmodell bis in einen ernst zu nehmenden Reifegrad begleitet.«

Ist Zalando das prominenteste Beispiel für den neuen Kurs der Brüder? In keinem Unternehmen jedenfalls waren sie länger engagiert als hier. Mit der Langfrist-Konzeption lässt sich jedenfalls prima begründen, warum Zalando noch immer keinen Gewinn erzielt. Dafür zitiert Samwer sogar den Gründer der Onlinehandels-Ikone Amazon: »Jeff Bezos schaut auch nicht auf den Gewinn von Amazon 2014. Sondern darauf, dass Amazon im Jahr 2025 das erfolgreichste Unternehmen der Welt ist.« Selbstverständlich könne man dafür sorgen, mit einem Onlinehändler schnell Geld zu verdienen, sagt der schmächtige Mann auf der Tengelmann-Bühne. »Dann würde ich aber wahnsinnig viel Marktbedeutung abgeben. Der Kunde soll nicht nur ein Jahr bei mir kaufen«, er solle stattdessen ein »Lifetime Consumer« werden, der ein Leben lang zum Shoppen auf die Zalando-Seite geht. Die Akquisitionskosten für einen neuen Kunden den Umsätzen und Erträgen gegenüberzustellen, die

ein solcher treuer Stammkunde dem Händler in vielen Jahrzehnten einbringt, »das ist eine Superrechnung«.

Mit anderen Worten: Zalando verzichtet jetzt auf Gewinne und investiert stattdessen weiter, um in Zukunft umso mehr zu verdienen. Die Argumentation entbehrt nicht einer gewissen Logik. Tatsächlich verfährt Amazon ja nicht anders: Das Urmeter der Onlinehändler begnügt sich weiterhin mit winzigen Gewinnmargen, steckt die hereinkommenden Kundenmilliarden stattdessen sofort wieder in die Expansion des Unternehmens.

Auch bei dieser Strategie also kopieren die Samwers ein Vorbild aus den USA, was ja nicht verboten ist. Zudem aber hat diese »Wir-investieren-jetzt-für-die-Zukunft«-Erklärung der Zalando-Verluste für ihren Verbreiter den Charme, dass Kritiker nicht jetzt, nicht nächstes und auch wohl noch nicht übernächstes Jahr beweisen können, dass es nicht funktioniert. Man kann diesen Punkt, an dem die Rechnung vielleicht doch noch aufgeht und die Gewinne endlich sprudeln, immer weiter nach hinten verschieben. Einen Zeitpunkt, ab wann Zalando »schwarz« sein wird, haben schließlich weder die Investoren noch die Geschäftsführer jemals genannt. Das Ganze ließe sich so lange spielen, bis dem Unternehmen das Geld ausgeht. Und was schert einen Himmelsstürmer jetzt, was in drei oder vier Jahren sein wird?

An Zalando könnten die Samwers also beweisen, dass sie entgegen ihrem schlechten Ruf durchaus für den langfristigen Erfolg ihrer Unternehmen sorgen können und dass ihre ganz wilde Sturm und Drang-Phase vorbei ist. Das Thema »Zalando-Exit« erklären sie bei Rocket Internet wie beim Onlinehändler selber denn auch stets zum Nicht-Thema – jedenfalls für absehbare Zeit. Diese Diskussion will dort niemand haben.

Ohne Zalando würde den Samwers allerdings tatsächlich etwas fehlen. Denn der Berliner Versender ist der Brüder Liebling. Zalando hat schon früh die besten Ressourcen bekommen, etwa beim Personal. Längst wird der Musterschüler zum Vorbild innerhalb des Firmen-Universums gemacht: Als Zalando im Februar 2013 zwar immer noch rote Zahlen, im Kernmarkt Deutschland/Österreich/Schweiz aber erstmals schwarze Zahlen vermelden konnte, forderte Oliver Samwer voller Euphorie die Führungskräfte der anderen Beteiligungen per E-Mail auf: »We all should become Zalandos!«

Oliver Samwer und die Langfristigkeit: »Der globale E-Commerce wächst noch mindestens 20 Jahre lang«, prophezeit er in Mülheim. Und sagt auch

gleich, wie die Brüder gedenken, davon zu profitieren: »Um ein ganz langfristiges Unternehmen im Internet aufzubauen, müssen wir uns öffnen. Und eine Struktur schaffen mit acht Brüdern oder zwölf oder 25 oder wie bei Ali Babas Räubertruppe.« Im Märchen waren es 40! Nur um keine Missverständnisse aufkommen zu lassen: Die Gleichsetzung von Rocket und Räubertruppe stammt nicht von irgendeinem Miesmacher, sondern von Oliver Samwer selber, der sich damit wohl als eine Art Räuberhauptmann des Web 2.0 sieht. Oli Samwa und die 40 Räuber, klingt gar nicht so schlecht!

Wie brüderlich es bei Ali Baba auch immer zugegangen sein mag, den drei Samwer-Brüder sagt man nach, dass sie vor allem erst einmal die drei Samwer-Brüdern sehen, wenn es etwas zu verteilen gibt. Kurz vor fälligen Ausschüttungen – diese Geschichten halten sich in der Community hartnäckig – hätten außenstehende Geschäftsführer plötzlich unter ungeklärten Umständen Samwer-Firmen verlassen. Ohne in den Genuss von Ausschüttungen gekommen zu sein.

Das Vermögen der Brüder soll nach zahllosen Firmengründungen und -verkäufen inzwischen die Summe einer halben Milliarde Euro überschritten haben, allerdings aller drei zusammen. Sie gehören damit zu den 200 reichsten Deutschen. Doch jetzt ist also Teilen angesagt, kündigt Oliver Samwer an. Um die Zukunft zu gewinnen, brauche er mehr Brüder – »wenn man die Welt so gleichmäßig sieht wie wir.«

Denn die Samwers haben sich längst vom kerneuropäischen Blickwinkel gelöst. Firmenideen aus den USA zunächst auf den deutschsprachigen Raum und dann noch auf ein paar Nachbarländer zu übertragen, das reicht nicht mehr. Längst schauen sie auf die ganze Welt, installieren ihre Klon-Companys in konkurrenzloser Geschwindigkeit vor allem in den riesigen Wachstumsmärkten in Asien und Südamerika, auch auf Afrika. Dort sehen sie die Zukunft. Die Nachfrage einer Zuhörerin nach den Gründen für die Krise des Gutscheinportals Groupon tut Oliver Samwer denn auch leicht genervt ab. Als sei es eine fast schon vergessene Fingerübung gewesen, die auch deshalb nicht so toll geklappt hat, weil die Firmenidee von Gründer Andrew Mason halt nicht so weit getragen habe.

Er versucht gar nicht erst, das Urheberrecht für die zahlreichen Geschäftsideen für sich zu reklamieren, mit denen er Millionen macht. Ideen gebe es ja viele auf der Welt, allerdings sei die Umsetzung der Idee das Entscheidende:

»Wir haben nur gemacht, was der Aldi schon gemacht hat, wir haben das Konzept in die ganze Welt gebracht. Das passt ja auch gut für Deutschland: Wir sind detailorientiert und mit Blick auf die Gewinnmargen.« Die Copycat-Kampagne können sie kaum noch hören bei Rocket und Zalando: Wenn VW ein neues Automodell herausbringt, sage ja auch keiner, das sei ein Klon des ersten Automobils, das Mercedes einst auf die Straße gebracht hatte.

Aber er macht den Zuhörern, vielleicht sind ja künftige Investoren darunter, klar, dass Expansionstempo in möglichst vielen neuen Märkten für ihn wichtig ist. Auch dann, wenn es nach herkömmlichen Maßstäben noch viel zu früh für den Schritt über weitere Grenzen ist. Diese ungewöhnlich hohe Geschwindigkeit beim Claimabstecken ist eines der wesentlichen Elemente Samwerscher Expansionsstrategien. Und die sonst so vorsichtige Familie Haub trage diesen Hochgeschwindigkeitsausbau der Geschäfte mit. Das hat sie durch ihre Investments in Zalando und Zalora tatsächlich bewiesen.

Warum Samwer den Fuß stets auf dem Gaspedal hat? »Der Vorteil des Ersten am Markt, die First Mover Advantage, ist im Onlinehandel extrem wichtig. In Ländern, in denen Zalando zuerst ist, kann es die Bedeutung Amazons einnehmen«, sagt er. Oft ist er dank seiner Gründungsroutine und seiner fliegenden Spezialteams als Erster in den jungen Märkten. Mehrfach schon hat er so das sehr viele größere Amazon düpiert, das selbst Oliver Samwer für die Benchmark des Onlinehandels hält. Und wer weiß: Vielleicht hätte es Zalando, zumindest als Nummer eins, nie gegeben, wenn Zappos früh nach Europa gegangen wäre und hier den Markt für den Online-Schuhhandel besetzt hätte.

Und dann berichtet er, wie es war, als er die Investoren früh auf die ganz große Expansionsvision für Zalando einschwor: »2009 hat Haub investiert, 2010 saßen wir wieder da. Damals war der Trustlevel der Familie Haub noch nicht so da.« Was wohl bedeuten soll: Die Haubs waren noch nicht restlos überzeugt. »Da haben wir gesagt: Zalando funktioniert – lass uns das doch noch in mehr Länder bringen. Wir haben eine schlichte Google-Research gemacht und gesehen: Der nächste Markt könnte Lateinamerika sein, die BRIC-Staaten.« Das offenbar überzeugte Haub, jetzt stand er hinter der aggressiven Internationalisierung des Konzeptes. BRIC, das sind die stark wachsenden Märkte Brasilien, Russland, Indien und China.

Auf einer Ausnahme bei dieser Länderauswahl bestand Samwer allerdings: »China machen wir nie«, sagt Samwer. Denn 95 Prozent des weltweiten Internetkapitals flössen in zwei Länder der Welt: nach China, wegen der Größe des Marktes, und in die USA, wegen des Silicon Valley. Da sei das Gedränge dann zu groß. Dabei war Rocket Internet schon mal in China, bis ihnen die Regierung die Seite dichtmachte. Die hatte Rocket nämlich laut Manager Magazin gestartet, bevor die erforderlichen Genehmigungen vorlagen. Welche Folgen so etwas in China hat, ist recht absehbar. Von diesem Reinfall allerdings sagte Samwer beim e-day nichts. Hier ließ er es stattdessen so aussehen, als sei der Verzicht auf China eine grundsätzliche strategische Entscheidung aus Gründen der Ressourcenschonung gewesen.

China und die USA sind als Märkte also uninteressant. »Aber was ist mit den ganzen anderen Märkten?«, fragt Samwer, »laufen eine Milliarde Inder nackt rum? Oder 240 Millionen Indonesier? Nein, die wollen was kaufen! Die Logik ist doch klar.« Klar, da muss man hin und die Lücke schließen und Onlinebuden eröffnen, bevor Amazon es tut. Und genau das macht Rocket Internet systematisch, mittels Brüdern und Schwestern von Zalando. Das ist das Geschäfts- und Skalierungsmodell von Rocket Internet. »Wir gehen dorthin, wo es nicht schon 100 Zalandos gibt.« Und zwar nicht nur mit Firmen, die Schuhe und Mode verkaufen, auch mit Möbelhändlern.

In Brasilien und in den Nachbarländern heißt die Zalando-Schwester Dafiti, die Amazon-Kopie in Rocket-Manier heißt dort Linio. Mobly soll den Online-Möbelmarkt des wirtschaftlich erstarkenden Subkontinents erobern. In Asien heißt das Samwer-Amazon Lazada, die Zalando-Schwester Jabong. Namishi soll die Wohlhabenden im Nahen Osten zum virtuellen Kleiderkauf animieren. In Nigeria sorgt Rockets Internetkaufhaus Numia für spitze Schreie des Glücks, Schwesterunternehmen nehmen sich Ägypten, Südafrika oder Kenia vor.

Alle diese Firmen mit 21 000 Mitarbeitern gehören zur großen Rocket-Familie und praktisch alle dieser Zalandos für ferne Kontinente schreiben – wie das in Europa – Verluste. Dabei ist gar nicht einmal auszuschließen, das Zalando irgendwann einmal gegen andere Rocket-Unternehmen außerhalb Europas antritt. Denn eine strenge Aufteilung der Handels-Welt unter den Brüdern und Schwestern, einen Konkurrenzausschluss also, soll es nicht geben im Samwer-Reich.

Das Manager Magazin, stets sehr Samwer-kritisch eingestellt, kontrastiert die Tatsache der fehlenden Gewinne genussvoll mit den Versprechungen, die Rocket Internet den Investoren mache: Innerhalb von drei bis fünf Jahren würden die meisten dieser Firmen Umsätze in Milliardenhöhe und zweistellige Umsatzrenditen erzielen, zitiert das Magazin Rocket-Unterlagen für potenzielle Geldgeber. Das kann nichts werden, so das Fazit des Magazins, das ist ein Kartenhaus, das früher oder später zusammenbrechen müsse. (MM 05/2013)

Ohne Zweifel ist in der Wirtschaftsgeschichte nur selten ein Investoren-Trio erfolgreich nahezu gleichzeitig in so viele unterschiedliche, noch in der Entwicklung befindliche neue Konsummärkte eingestiegen. Und auch die hohen Renditeversprechungen erinnern Kritiker eher an die Verkaufsargumentationen von Strukturvertrieben als an Unternehmen, denen sie ihre private Altersvorsorge anvertrauen würden. Zumal selbst das Branchenvorbild Amazon derzeit kaum mehr als einen Bruchteil dessen verdient, was die Samwers ihren Investoren versprechen. Doch nennt das Manager Magazin auf sechs Seiten – das ganzseitige Oliver-Samwer-Foto nicht mitgerechnet – keinen Grund, warum das Ganze auf keinen Fall funktionieren kann. Der Tenor der Geschichte »So viel auf einmal kann nicht klappen, das hat ja noch nie geklappt, also ist da etwas faul« ist nicht wirklich ein überzeugendes Gegenargument, auch wenn Zweifel tatsächlich berechtigt sind. So ist zum Beispiel überhaupt nicht abzusehen, was passiert, wenn einer der großen Zukunftshoffnungen der Samwers in Asien, Lateinamerika oder Afrika die Luft ausgehen sollte und Investoren dabei richtig viel Geld verlieren. Bleiben die Geldgeber der anderen Projekte dann bei der Stange oder suchen sie in Panik das Weite? Dann wäre die Samwersche Finanzaorta trockengelegt und der ganze Rocket-Organismus wäre am Ende, bevor er seine Überlebensfähigkeit überhaupt beweisen könnte.

Allerdings sollte man nicht vergessen: Der weltweite Aufstieg der Online-Ökonomie ist eine zeitlich begrenzte Sondersituation, ein Umbruch, eine Zäsur, die man durchaus mit den wirtschaftlichen Folgen großer politischer Neuordnungen vergleichen kann, etwa jenen nach dem Ende des Ost-West-Konfliktes. Und solche Phasen bringen in neuen Märkten oft Wachstumsstorys hervor, die in normalen Zeiten undenkbar sind. Warum nicht auch hier und jetzt? Derzeit scheint das berühmte window of opportunities, dieses

Fenster der Gelegenheiten, ganz weit geöffnet zu sein. Und die Samwers wollen möglichst viele der Gelegenheiten nutzen. Wer weiß, wann sich das Fenster wieder schließt?

Selbst wenn nur ein Viertel oder gar ein Zehntel der jungen Fließband-Firmen die Renditeversprechen auf Dauer einigermaßen erfüllen sollten, ist das für die Samwers und ihre Investoren immer noch ein Riesengeschäft. Und bisher haben die drei Jungs immer noch genügend Reiche gefunden, die ein paar oder ganz viele Millionen in die Aussicht investieren, an einem Unternehmen beteiligt zu sein, dass vielleicht einmal den Konsum eines ganzen Kontinents maßgeblich kontrollieren könnte. Oder sogar mehrerer Kontinente, falls sich die Zalandos dieser Welt vereinen sollten zu einer Internationale des internetgestützten Konsum-Kapitalismus. So unwahrscheinlich ist das nicht. Denn, so Chefideologe Oliver Samwer, »am Ende ist die Welt im E-Commerce überall dieselbe.«

»Samwer postiert seine Schiffe in all diesen künftigen Wachstums-Ländern, sehr konsequent und zumeist erfolgreich«, sagt einer aus seinem Imperium.

Dass Rocket seine Raketen an so vielen Stellen der Welt gleichzeitig startet, begründet Samwer auch mit der Fähigkeit seiner Eingreiftruppen, jedes Mal weniger Zeit zu benötigen, um in einem neuen Land einen neuen Onlinestore zu installieren und auf Touren zu bringen. Weil der ohnehin schon riesige Erfahrungsschatz seiner Leute immer größer wird: »Die ersten zwölf Monate des Wachstums von Zalando waren relativ lahm. Wir wussten noch nicht, ob sich Schuhe Online verkaufen lassen. Wir hatten wenig Geldmittel, wir hatten wenig Erfahrung, wenig Vertrauen von Investoren. Die nächste Generation von Gründungen in Brasilien oder Russland ging viel schneller, weil die Lernkurve hoch ging, wir mehr Kapital einsetzen konnten und wussten, wie das Modell funktioniert. Die nächste Generation in Indien ging noch schneller. Und wenn wir Afrika noch machen, geht es noch viel schneller.« Samwers Super-Speed-Skalierungen …

Um deutlich zu machen, warum die Zalando-Brüder und -Schwestern viele Tausend Kilometer von Deutschland entfernt noch viel erfolgreicher sein werden als das Original – oder besser: als der Ur-Klon –, erklärt der Macher dem Publikum kurz die gemeinhin übliche Evolution der Handelsformate in Ländern, die sich entwickeln: erst gibt es die Tante-Emma-Läden,

dann die Warenhäuser, dann die Fachhandelsmärkte und schließlich den E-Commerce. So war es zumindest in Europa oder den USA. Aber wegen des Internets werde es in den aufstrebenden Riesenmärkten dieses Mal ganz anders sein: »Gibt es in Indien, außer in Dehli und Mumbai, Warenhäuser?« Nein, gebe es nicht. »Da ist alles wie bei uns vielleicht 1940. Was heißt das für uns? Meine Konkurrenz sind die kleinen Läden und die indischen Motorcyleshops.« Es würden also dieses Mal in der Evolution zwei Handelsstufen übersprungen: vom wet market unter freiem Himmel direkt in den Web-Market am PC oder Smartphone. Und genau das will er nutzen, wenn er jetzt seine Onlinekaufhäuser installiert: »Da wird der Anteil des E-Commerce noch viel höher sein als bei uns. Und das Ganze geht noch viel schneller. Die Leute müssen auf Dauer im E-Commerce einkaufen.« Und zwar nicht, wie etwa in Europa oder den USA, weil es so bequem ist, sondern »weil es anders gar nicht geht. Schlicht wegen des Zugangs zur Ware.« Weil es in der Breite des Sortimentes gar nichts anders gebe in weiten Teilen Indien und vielen anderen Schwellenländern für Leute die Geld haben und es ausgeben möchten. Und dann komme noch der Rückenwind des makroökonomischen Aufschwungs in diesen Regionen den Zalando-Geschwistern zur Hilfe. »Allerschönster Rückenwind. Den gibt es gratis dazu.«

Es klingt so einfach, wenn man den Ober-Macher erzählen hört, was er für sein Erfolgsrezept hält. Aber manchmal wähnt man sich ein wenig in einer Rheumadeckenverkaufsveranstaltung. Wenn Samwer über die Perspektiven des Internethandels und seine Investments redet, werden sich viele Zuhörer nach einer Viertelstunde sagen: Da will ich dabei sein! Erfolg im Onlinehandel geht danach offenbar so: »Ich suche mir erst mal einen dicken Markt. Ich gehe nicht in die Schweiz«, sagt Samwer, obwohl Zalando inzwischen auch in der kleinen Schweiz aktiv ist. Aber anderswo in der Welt sind die Wachstumshebel noch sehr viel attraktiver: »559 Millionen Verbraucher in Südostasien – das scheint zu reichen. 1,2 Milliarden Inder, 142 Millionen reiche Russen, das reicht. Das bringt eine Superwachstumsrate. Alles andere ist Schnecken-E-Commerce.« Basta!

Manchmal schlägt Samwers einpeitschender Optimismus in Arroganz und Überheblichkeit um. Etwa wenn er Sätze wie diesen über C&A sagt, das schon seit vielen Jahren im Wachstumsmarkt Brasilien erfolgreich ist: »In Deutschland haben wir C&A platt gemacht. Das können wir doch in Brasi-

lien auch. Warum nicht auch dort?« Der Beweis, dass Zalando C&A in Deutschland platt gemacht hat, muss allerdings erst noch erbracht werden. C&A ist noch da in den meisten deutschen Städten und wächst sogar.

Auf Samwers Glaskugel liegt an diesem Vormittag kein Hauch eines Zweifels. Der Sieg scheint sicher: »Wenn man sieht, wie viele Trillionen Einkäufe Online passieren, dann muss einem schnell klar sein, wie groß so ein Amazon noch wird. Und wie groß so ein Zalando noch wird. Das wird noch ziemlich groß. Da muss man nur die Kurve weiter malen«, sagt er mit leicht gepresster Stimme. Man müsse einfach den Glauben daran haben. Hier klingt Olli Samwer wieder fast wie Olli Kahn: »Weitermachen, immer weitermachen ...« war einer der Standardsprüche des extrem ehrgeizigen früheren Fußball-Nationaltorhüters, der gegnerischen Stürmern auch schon mal ins Ohr biss, um sie zu beeindrucken. Der Satz könnte auch von Samwer stammen – wobei er ihn wahrscheinlich leicht variieren würde: Skalieren, immer weiter skalieren! Und die Sache mit dem Ohr? Nach der »Blitzkrieg«-Mail sollte man wohl besser für nichts garantieren.

Überhaupt Ehrgeiz: »Unser Vorbild ist nicht Zappos, sondern Zara und H&M, Amazon und Wal-Mart. Ikea – das sind die Vorbilder. Das Vorbild muss stimmen«, das sagt nun wieder Oli Samwer. Denn Zappos ist nur in Amerika wirklich groß, die wirklichen Vorbilder dagegen mindestens auf mehreren Kontinenten, wenn nicht gleich auf der ganzen Welt. »Ob das dann genau so groß wird wie Ikea, ist doch völlig egal.« Hauptsache »Tendenz: groß«. Klamottenhändler und Elektronikhändler und Möbelhändler und Büroausstattungshändler und vielleicht irgendwann auch noch Lebensmittelhändler in Europa, in Asien, in Südamerika und in Afrika, alle kontrolliert von Rocket Internet und größtenteils finanziert von externen Investoren – das wäre wahrlich groß. Sehr groß. Wahrscheinlich größer als jeder andere. Auch größer als Amazon oder die bisherige Nummer eins der Handels-Welt, Wal-Mart.

Bedenkenträger nerven einen, der in diesen Dimensionen denkt, auf dem Weg ganz nach oben nur. Und das sagt Oliver Samwer deutlich, ohne Respekt vor großen Namen: »Man muss nur die FAZ aufschlagen, um kein Unternehmer zu werden!« Wieder hat das Publikum, größtenteils Unternehmer, was zu lachen. Denn die Zeitung hatte geschrieben, in Mexiko verlangsame sich das Wachstum, »da läuft kein Internet. Das ist genau so ein Blödsinn wie die

Vermutung, in Saudi Arabien funktioniere keine Dating-Seite. Die funktioniert überall. Sex gibt's überall. Überall gibt es alles. Und E-Commerce funktioniert überall.«

Auch die meisten Wachstumsstatistiken könne man »in die Tonne werfen«, denn die würden etwa das Wachstum von Zalando und das von Görtz zu einem unbrauchbare Durchschnittswert verrechnen.« Tatsächlich fährt da aber einer mit 300 Prozent Wachstum vorbei«. Also: die Statistik sei völlig unbrauchbar. Gleiches gelte für die Berechnung des globalen Wirtschaftswachstums, das die Stärke etwa Chinas ungerechtfertigt glätte. »Man muss sich die richtige Benchmark suchen«, ärgert sich Zahlen-Fan Samwer. Und dann bekommen auch noch die Meckis ihr Fett weg. Die Berater von McKinsey hatten gewarnt, mit Zalando-Verwandten in die BRIC-Staaten zu gehen, weil es dort zumeist keine Logistik- und keine Bezahl-Infrastruktur gibt. »Kompletter Fehlglaube«, schimpft Samwer, »wenn es etwas nicht gebe, heißt das was für den Deutschen? Er baut es selbst! Bob the Builder. Warum muss ich warten?«

Deshalb sind sie also nach Russland gegangen, obwohl es dort große Defizite bei der Zustellbarkeit von Paketen gibt, was für einen Versandhändler nun gemeinhin tatsächlich ein grundlegendes Problem ist. Aber wichtiger als dieses Problem ist in der Rocket-Welt das Ziel, dass die Samwerschen Expeditionscorps schon da sind, wenn die Konkurrenz kommt – der Rest findet sich. Und wenn es keine vernünftige Infrastruktur gibt, dann bastelt man sie sich eben. Wie in Russland. »Dort machen wir 40 Prozent der Lieferungen mit unserer eigenen Trucks auf den letzten Meilen zum Kunden. In Nigeria haben wir eigene Motorcyles, in Ho Chi Minh City in Vietnam eigene Bicycles. Was ist denn daran so schwierig? Warum kann das nur DHL? Warum können wir das nicht selbst? Was ist so schwierig daran, mit einem Lastwagen in der Stadt herumzufahren?« Er sieht in dieser Grundlagenarbeit auf einem jungen Markt sogar strategische Vorteile für die Unternehmen, die sie auf sich nehmen: »Man muss mal überlegen, was für eine sichere Position das in einem Markt gibt, wenn man so eine Lastwagenflotte hat«.

Der LKW-Fahrer kassiert in Ländern wie Russland oder Nigeria bei der Auslieferung des Schuh- oder Klamottenpaketes gleich noch die Rechnung oder nimmt die Retouren wieder mit. »Cash is king.« In Afrika spendiert der Onlinehändler den Fahrern ein Frühstück, damit sie einigermaßen pünkt-

lich zur Arbeit kommen. Und wenn mal einer durchbrennt mit dem Geld, sei das auch zu verschmerzen. Immerhin nehmen die Chefs ihren Fahrern das Geld aus Sicherheitsgründen in Russland zweimal und in Nigeria sogar dreimal pro Tag ab. Geht also alles irgendwie, man muss es nur machen.

Grenzen scheint es für Samwer auf diesem Planeten nicht zu geben: »Und wenn in Nordkorea die Mauer fällt, machen wir da die Infrastruktur. Vielleicht auch noch Breitbandkabel. Dann kontrollieren wir auch noch den Traffic (im Internet). Dann kann keiner mehr woanders hingehen.« Diese Aussicht und Allmachtsfantasien von Anführern sind sie ja gewohnt in Nordkorea.

Auch daheim in Deutschland kann es laut Samwer gar nicht anders sein, als dass der Onlinehandel die Kultur der klassischen Läden ablösen wird. »Was ist das Schrecklichste im Offlinehandel?«, fragt er und gibt gleich die Antwort mit dem Vorschlaghammer: »Die Verkäufer! 90 Prozent aller Verkäufer sind doch total schlimm.« Das Publikum ist begeistert von solchen Sätzen. Und was sind weitere Gründe dafür, dass einem die Lust auf den Einkauf in klassischen Geschäften abhanden kommen könnte? »Die haben nicht das Produkt, nicht die Auswahl, nicht die Farbe und nicht die Größe, die ich will.« Wenn Samwer aber in einem seiner Onlineshops »hundert Mal so viele Produkte habe, ist die Wahrscheinlichkeit ungleich höher, dass Sie bei mir kaufen. Weil ich mutmaßlich das habe, was Sie wollen. Das ist eine ganz einfache mathematische Formel. In der Innenstadt kann ich solche Auswahl nicht bieten, weil ich die Mieten dafür nicht zahlen könnte.«

Auch den Laden-Vorteil des Sofort-mitnehmen-könnens der Ware will Samwer nur noch vorübergehend gelten lassen: »In zwei, drei oder vier Jahren ist überall same day delivery angesagt«, also die Lieferung eines Produktes noch am Tag der Bestellung. »In Sydney liefern wir heute schon in drei Stunden aus. Warum soll ich denn dann noch in die Stadt fahren? Das Reinfahren, das Parken, das dauert doch viel länger.« Amazon rücke bereits jetzt mit seinen Logistikzentren immer näher an die großen Ballungsräume heran – wegen des kommenden same day delivery. »Die Grenzen verschwinden. E-commerce wins. Crosschannel-Handel, oder wie heißt das? Das kann man vergessen«, behauptet Samwer – im Gegensatz zum Großteil der Branche, die im intelligent und für den Kunden bequem verlinkten Nebeneinander von Onlinestore und Ladengeschäft, also »Multichannel«, die Zukunft sieht. Aber

Samwers betreiben ja keine Ladengeschäfte, mit denen man ihre Onlinestores verlinken könnte.

Einige klassische Läden mit altmodischen Elementen wie Wänden, Türen, Regalen und Waren zum Anfassen immerhin lässt Samwer in seinem Zukunftsbild der Branche noch geöffnet: »Die absolut besten Offline-Handelsketten werden überleben, klar. Aber die ganzen anderen 80 Prozent ...« – den Satz spricht Samwer nicht zu Ende – doch faktisch spricht er mehr als drei von vier Läden die Überlebensfähigkeit ab. Im Handel wechsele halt mit jedem Evolutionsschub die Führung, und das sieht er als seine Chance: Wer den Markt in der ersten Entwicklungsstufe dominiert habe, hätte die Führung in der zweiten Stufe an jemand anderen abgeben müssen. Und die Marktführer dieser zweiten Stufe seien in der dritten allenfalls noch Mitläufer gewesen. Den Alleskönner über Evolutionsstufen hinweg habe es noch nie gegeben. »Genau so, wie der größte Radio-Unternehmer nicht auch der größte TV-Unternehmer geworden ist und (Zeitungszar) Rupert Murdoch nicht auch der größte Internet-Unternehmer geworden ist. Otto, der mit Mail Order (Katalogversand) so viel Geld verdient hat, war nicht zuvor schon der größte Supermarktbetreiber.« Also kann Otto nach der Samwer-Theorie wohl auch keine ernst zu nehmende Konkurrenz für Zalando sein.

Und dann muss sogar Gott in der Argumentationskette für die These herhalten, dass jetzt das Zeitalter der Rocket Internet-Firmen beginnt. »Wir glauben, Gott ist am Ende relativ fair: Er gibt nicht allen Leuten das Beste von allem. Claudia Schiffer ist nicht auch IT-Crack. Er gibt dem einen etwas mehr Schönheit, dem anderen etwas mehr Innovationsfähigkeit. Dem Zuckerberg gibt er Facebook, dem Bezos von Amazon Execution Power und uns hat er auch ein bisschen davon gegeben.«

Samwer hat sich so richtig in Schwung geredet. Jetzt macht er den Allmächtigen auch noch zu einer Art global tätiger Kartellbehörde: »Gott ist am Ende fair«, sagte Samwer beim e-day, »denn er stattet jeden nur mit einer großartigen Idee aus.« Als irdische Erklärung schiebt er nach, dass derjenige, der die Eiscreme auf den Markt brachte, »nicht auch noch Nutella erfunden hat.« Das gibt Samwer offenbar die Hoffnung, dass jetzt er mal dran ist mit seiner ganz großen Idee.

Und wenn denn nun das himmlische Zeitalter der Samwerschen Unternehmen bevorsteht, muss der Herr zwangsläufig auch reichlich Manna auf

die Auserwählen herniederregnen lassen: »Warum muss der reichste Europäer ein Spanier sein«, fragt Samwer mit Blick auf den Gründer der Modekette Zara, Amancio Ortega, »warum kann das nicht ein Deutscher sein?« Das Publikum lacht mit Verzögerung. Warum müsse der reichste Möbelverkäufer – Ikea-Gründer Ingvar Kamprad – Schwede und »warum muss der reichste Büroklammerunternehmer ein Amerikaner« sein? Warum kann das nicht ein Deutscher sein? Warum kann das nur der Albrecht oder der Haub sein? Warum kann das nicht der Robert Gentz, der Rubin Ritter von Zalando sein?« fragt er in ungewohnter Zurückhaltung.

Nach seinem Vortrag hätte man an dieser Stelle allerdings einen ganz anderen Namen erwartet. Nämlich: Oliver Samwer.

3

Online einkaufen – wer braucht denn so was?

Oder: Wie sich unsere Shoppingwelt verändert

Manchem stationären Händler mag dieses Onlineshopping wie ein schleichendes Gift vorkommen. Denn seine Wirkung tritt langsam ein, in den vergangenen Jahren allerdings immer schneller. Und die Auswirkungen sind weder zu übersehen noch zu stoppen. Sie reichen bei denen, die Online als Bedrohung sehen, von Ratlosigkeit über leichten Umsatzrückgang bis zu Existenzangst und Geschäftsaufgabe.

Schon 1995 war Amazon – heute der »Über-Konzern« des weltweiten E-Commerce – als kleiner Buchhändler in den USA Online gegangen. Wer, zumal in Deutschland, ahnte schon, was daraus einmal werden sollte? 1997 ging Gründer Jeff Bezos mit Amazon bereits an der Börse, nicht ganz erfolglos. Es gab also genügend Leute, die an dieses neue Geschäftsmodell glaubten und bereit waren, ihr Geld für Anteilsscheine zu geben. Dabei war Amazon nach klassischen Maßstäben gemessen immer noch eher ein Hoffnungswert denn ein Unternehmen, das nach klassischen Bilanzkriterien Erfolge vorweisen konnte.

Einkaufen über das Internet? Das war für die meisten Konsumenten damals noch sehr weit weg. Ganz besonders in Deutschland, wo es eine unglaublich hohe Ladendichte gab. Brauchte man hier einen Onlinebuchhändler? Jeff Bezos gab die Antwort und tauchte im Jahr nach dem Börsengang im Land der Dichter und Denker auf, als Amazon den »ABC Bücherdienst« übernommen hatte. 1998 betrug der Umsatz aller Onlinehändler zusammen in Deutschland laut Versandhandelsverband bvh gerade 100 Millionen D-Mark, 1999 waren es immerhin schon 328 Millionen D-Mark. Das war angesichts eines Einzelhandelsumsatzes von 750 Milliarden D-Mark im Jahr 1999 nicht nur eine Nische, es war sogar eine sehr kleine Nische. Und für viele Händler vielleicht ein Grund mehr, diese neue Bewegung nicht ernst zu nehmen.

Im Umsatzanstieg von 1998 auf 1999 manifestierte sich bereits der Internet- und Börsenhype der Zeit um die Jahrtausendwende. Er brachte zwar

auch in Deutschland Unmengen von Onlineunternehmen mit atemberaubenden Börsenwerten, aber ohne nachhaltige Umsätze oder gar Gewinne hervor. Doch als die Dotcom-Blase – dieses irrationale Anschwellen des Börsenwertes von Internetunternehmen, die aus nicht viel mehr bestanden als einer Idee – zu Beginn des neuen Jahrtausends platzte, war das gerade im vorsichtigen Deutschland ein herber Rückschlag für die Onlinehandels-Kultur. Händler, die versucht hatten, Lebensmittel oder Textilien im Netz abzusetzen, verloren Millionen und hatten daraufhin für die nächsten Jahre die Nase voll von der Idee, Handel ohne steinerne Geschäfte zu betreiben.

Online-Banking immerhin funktionierte ganz gut, das eine oder andere Nischenangebot ebenfalls. Amazon und ebay waren die Helden des jungen Marktes. Von den deutschen Firmen waren die klassischen Versandhändler ganz gut im Geschäft, die Ottos, Quelles und die Neckermänner, mit Abstrichen auch noch deren stationäre Schwester Karstadt. Diese Klassiker der Versorgungsbranche beherrschten immerhin die hoch komplizierte Warenwirtschaft und die Logistik: Wenn ein Kunde hier etwas bestellte, konnte er einigermaßen sicher sein, dass der Artikel auch am Lager war und dann an der Haustür des Bestellers auch ankam. Zahllose Gründer mit viel Dynamik, aber wenig Erfahrung waren genau daran gescheitert. Sie hatten ihre Kunden frustriert, was die Chance auf abermalige Bestellungen gegen null reduzierte.

Online würde in Zukunft wichtig werden, das ahnten die meisten in der Handelsbranche schon. Aber wie wichtig würde es werden? Sollte man trotz der ernüchternden ersten Erfahrungen schon wieder investieren? Und überhaupt: Wann würde diese Zukunft denn beginnen, wann wollte der Kunde sie haben? Die meisten deutschen Händler – Otto und wenige andere ausgenommen – waren der Ansicht, dass es mit der Zukunft wohl noch ein wenig dauern würde. Vielleicht müsste sich der Nachfolger mal ernsthaft mit dem Thema beschäftigen, jetzt wäre es noch zu früh dafür.

Die Metro, Deutschlands größter Handelskonzern, hatte sich 2002 sogar vom Online-Geschäft wieder getrennt, nachdem sie zwei Jahre zuvor noch einer der ganz großen europäischen Spieler in diesem Markt hatte werden wollen. Sie verkaufte ihre Beteiligung an Primus Online, die Musik, Bücher, Videos, Spiele und Drogerieartikel angeblich im Wert von 100 Millionen Euro im Jahr über das Netz vertrieben hatte. Nachdem zuvor schon viele Onlinehändler wieder geschlossen hatten, zog auch Metro-Chef Hans-Joa-

chim Körber den Stecker. Er hatte dem Onlinehandel ohnehin immer skeptisch gegenübergestanden. Sein Vorstandskollege Zygmunt Mierdorf umschrieb die neue Marschrichtung des größten deutschen Handelskonzerns mit einem abstrusen Satz: »Die heutige E-Commerce-Strategie der Metro beruht auf einer Stärkung der stationären Vertriebskanäle.« Mit anderen Worten: Unsere Onlinestrategie ist, dass wir Online nicht machen.

Diese Strategie rächte sich später fürchterlich: Der Konzern, zu dem neben Kaufhof, Real und dem Großhandel auch Media Markt und Saturn gehören, spielt im zukunftsträchtigen Internetgeschäft noch im Jahr 2013 keine bedeutende Rolle. Insbesondere Media Markt und Saturn haben den Anschluss an die schnellen Onlinekonkurrenten nach dem späten Re-Start im Herbst 2011 bis heute nicht gefunden. Elektronik, Computer, Fernseher oder andere technische Produkte bestellt der internetaffine Kunde etwa bei amazon.de, aber nicht bei mediamarkt.de. Die Metro-Tochter ist weiter auf der Suche nach ihrer Zukunftsperspektive.

Dass der Ausstieg aus dem Onlinehandel falsch war, mussten die Metro-Verantwortlichen schon bald erkennen. Schnell setzten andere Händler über den neuen Vertriebsweg nämlich Milliarden um. 2005, laut bvh zehn Jahre nach dem Beginn des Onlinehandels in Deutschland, kauften schon 25 Millionen Deutsche Online ein, der Umsatz lag bei 6,1 Milliarden Euro (Pressemitteilung bvh, »Zehn Jahre E-Commerce in Deutschland«, 21.11.2005). Angesichts von über 413 Milliarden Euro, die der deutsche Einzelhandel insgesamt in dem Jahr umsetzte, war das zwar immer noch eine winzige Nische, aber eine, die rasant größer wurde. Denn schon 2007 – im Jahr vor dem Marktstart von Zalando – hatte der Onlineumsatz in Deutschland laut bvh die Zehn-Milliarden-Schwelle überschritten. Spätestens jetzt konnte eigentlich kein Händler die Strukturverschiebungen in der Branche mehr ignorieren, zumal die Experten über Jahre hinaus von weiter deutlich zweistelligen Zuwachsraten ausgingen. Vielleicht nicht für alle Teilbranchen, aber für die meisten, auf jeden Fall für Schuhe und Textilien. An den Umsatz-Entwicklungen im Mutterland von Amazon und ebay, das Europa und vor allem Deutschland im E-Commerce weit voraus war, konnte längst jeder sehen, dass diese Prognosen nicht nur Spinnerei von irgendwelchen wachstumstrunkenen Internetfreaks waren, sondern Realität.

Zwar vollzog sich der Wandel in Deutschland und ganz Europa schleichend, doch zeichneten sich 2008 und 2009 zwei ganz besondere Wegmarken ab. Denn in diesem Zeitraum kann man die Wachablösung ganz konkret an den gegensätzlichen Entwicklungen zweier Firmen festmachen: Es war die Zeit von Arcandors Absturz und Zalandos Aufstieg.

Nach Jahren der Stagnation, Konzeptlosigkeit und schrumpfenden Umsätze drohte Europas größte Versand- und Warenhauskonzern Arcandor im September 2008 wieder einmal das Geld auszugehen. Nach der Pleite des US-Bankhauses Lehman Brothers war einer der drei Kreditgeber abgesprungen, die Royal Bank of Scotland. Konzernchef Thomas Middelhoff schusterte in größter Not mit dem Bankhaus Sal. Oppenheim in Köln eine Finanzierung zusammen, die nur bis zum Juni 2009 terminiert war. Der Handelskonzern, dessen größte Warengruppe traditionsgemäß Textilien und Schuhe darstellten und der im Geschäftsjahr 2007/2008 noch einen Umsatz von fast 20 Milliarden Euro auswies, war insolvent. Die Folge war die Zerschlagung, und viel blieb nicht übrig. Der Universalversender Quelle verschwand vollständig vom Markt, selbst die Wiederbelebung als Marktplatz quelle.de unter dem Dach des bisherigen Hauptkonkurrenten Otto scheiterte. Auch Neckermann stellte später – ebenfalls insolvent – das Geschäft ein. Die früheren Konzerntöchter Hertie und Wehmeyer machten ebenfalls zu, SinnLeffers konnte sich nach der Insolvenz immerhin in verkleinerter Form über Wasser halten. Zusammen hatten diese Händler Milliarden Umsätze mit Mode erzielt.

Und mitten in diese Marktbereinigung platzten nun die jungen Onliner. Die Branche verspürte nach dem Platzen der Dotcom-Blase ihren zweiten Wind. Die Zukunft hatte offenbar begonnen. Just als Karstadt im Oktober 2010 mit Müh und Not durch seinen Neueigentümer Nicolas Berggruen vor der Insolvenz gerettet worden war, verhandelte Zalando mit Tengelmann-Chef Haub über dessen Millionen-Investition. Die kam dann Ende 2010 genau zum richtigen Zeitpunkt, um auf dem Markt der verunsicherten und unter niedrigen Gewinnmargen ächzenden Schuh- und Modehändler mit voller Finanzpower und jugendlichem Schwung anzugreifen – und zum anderen die durch das Verschwinden der zahlreichen ehemaligen Arcandor-Marken frei gewordenen Fashion-Umsätze abzugreifen. In der Insolvenz hatte Karstadt bereits viele seiner Onlinespezialisten und deren Know-how verlo-

ren. Mehrere von ihnen wechselten die wenigen Kilometer von Essen nach Mülheim – zu Haubs Onlinehändler plus.de.

Arcandor/Karstadt steht hier durchaus stellvertretend für jene Teile des klassischen Einzelhandels, die den virtuellen Innovationen und Neuerungen skeptisch bis feindselig gegenüberstanden oder die zu wenig Geld dafür in die Hand nehmen wollten. Und Zalando meint dabei nicht nur Zalando, sondern auch alle anderen jungen Wilden, die den Dinosauriern der Branche die Beute abjagen wollten.

Seit diesem Zeitpunkt nämlich nimmt der neue Handel dem alten Handel konsequent so dramatisch Marktanteile ab, dass es den Konventionalisten angst und bange wird. Stationäre Händler stellen in ihren Läden schon iPads auf, über die die Kundschaft bestellen kann, was gerade nicht im Regal ist. Damit zumindest die junge Kundschaft überhaupt noch in die Städte kommt und nicht nur noch dem Sofa-Shopping oder dem Mobile Commerce per Smartphone frönt. So sehr hat der Onlinehandel, der ja nichts anderes ist als der alte Katalogversand mit Elektroantrieb, unsere Einkaufsgewohnheiten in nicht einmal zwei Jahrzehnten schon verändert.

Die Folgen sind längst in den Fußgängerzonen, vor allem in denen der kleineren und mittleren Städte, zu besichtigen. Immer mehr kleine Händler geben auf, Ladenlokale stehen leer, Bürgermeister machen sich Sorgen um die Zukunft ihrer Innenstädte. Nicht zu Unrecht, denn in vielen Fußgängerzonen und Rathäusern herrscht Ratlosigkeit, wie man diesem Phänomen begegnen kann. Oder ob es dafür nicht bereits zu spät ist.

Dabei steht die die Entwicklung des couch commerce immer noch am Anfang. Für die Recherchen zu diesem Buch habe ich zahlreiche Top-Manager des Einzelhandels und andere Branchenkenner gefragt, in welche Entwicklungsphase sie den Onlinehandel in Deutschland einordnen würden, wenn man ein Menschenleben zum Maßstab nähme. Zwar gab es die unterschiedlichsten Antworten. Aber allen war gemeinsam, dass der Onlinehandel noch längst nicht erwachsen, sondern noch in der Wachstumsphase oder allenfalls in der Pubertät sei. Das heißt, um im Bild zu bleiben: Der Onlinehandel ist noch gar nicht erwachsen, er hat seine besten Jahre erst noch vor sich.

Schockstarre und Ignoranz

Vor allem ältere Konsumenten – und immer auch noch einige Händler – fragen sich verständnislos, wofür die Menschheit diesen Onlinehandel eigentlich braucht? Wir haben doch genug Läden. Tatsächlich wäre die Warenversorgung in Deutschland, der Schweiz oder Österreich wohl kaum zusammengebrochen, wenn es den E-Commerce nie gegeben hätte. Und doch: Er ist so praktisch.

Eine nie dagewesene Verfügbarkeit von Waren zur Auswahl, eine bisher unbekannt einfache Vergleichsmöglichkeit von Preisen und Produktdetails fast von jedem Ort der Welt aus zu jeder Tages- und Nachtzeit, eine immer schnellere Lieferung nach Hause oder ins Büro und unkomplizierte Rücksendung bei Nichtgefallen: Alles das spricht für den Einkauf, bei dem der Kunde keinen Laden mehr betreten muss. Dazu kommt die immer besser werdende Anschaulichkeit der Produkte auf den elektronischen, oft bereits mobilen Endgeräten. Vielfach gibt es inzwischen sogar Körperscanner, die sicherstellen sollen, dass Bestelltes und Besteller auch größenmäßig kompatibel sind. Dass man die Hose oder die Schuhe vor dem Kauf – anders als in jahrtausendelang eingeübter Beschaffungskultur üblich – nicht sehen, anfassen, riechen oder anprobieren kann, stört immer weniger Kunden. Notfalls schickt man es halt zurück.

»Durch den Onlineboom ist der stationäre Einkauf nicht mehr das alltägliche Ritual«, sagt Rheingold-Geschäftsführer Grünewald, »sondern das besondere Event.« Und damit ein selteneres. Der Nachteil aus der Sicht des Konsumpsychologen: »Die Befriedigung, dieses Glücksgefühl nach erfolgreicher Schlacht am Wühltisch da draußen in der Shoppingwelt ist größer und hält länger als beim bequemen DHL-Beutezug vom heimischen PC oder vom Smartphone unterwegs.«

Das jedoch wird den Siegeszug des DHL-Beutezugs kaum aufhalten können. Schließlich gibt es auch bei Zalando den »Sale«, bei dem die Kunden um die wenigen, stark rabattierten Stück in genau ihrer Größe kämpfen – und vielleicht noch ein wenig lauter vor Glück schreien, wenn sie denn tatsächlich ein um 60 Prozent reduziertes Stücke ihrer Lieblingsmarke erbeutet haben.

Fast jeder fünfte Euro, den die Deutschen für Mode ausgeben, wird bereits im Internet umgesetzt. Tendenz weiterhin stark steigend. »Online und

Mobilfunk werden den Einzelhandel in den nächsten fünf Jahren stärker verändern als in den vergangenen 50«, ist sich Jochen Hiemeyer sicher, Chef der Konsumsparte beim Beratungsunternehmen Accenture. (Accenture: »The Seamless Consumer Speaks – Are Retailers Listening?«, Februar 2013)

»Die Schwelle Online einzukaufen, wird immer niedriger werden«, glaubt Unternehmer Ingo Heinrich sicher. Er betreibt mit »Stylefruits« eines jener social commerce-Unternehmen im Netz, bei dem sich die Nutzer gegenseitig beraten. Wer Lust dazu hat, kann Outfits mit Textilien verschiedenster Marken kombinieren. Andere Nutzer, meistens sind es Nutzerinnen, diskutieren dann Online darüber und können die Teile direkt bestellen. Etwa bei Zalando oder auf dem Webshop der Herstellermarke. Für Stylefruits und die anderen ähnlich ausgerichteten Seitenbetreiber fällt dann eine Provision ab.

Die Wissenschaft stimmt Heinrich in seinem Optimismus zu: »Die Entwicklung ist nicht umkehrbar. Das ist wie bei einem Eisberg: Wir sehen erst die Spitze und wissen nicht, was noch unter Wasser ist«, sagt EHI-Mann Hudetz. »Es wird auch weiterhin Läden geben. Der Großteil des Umsatzes in Deutschland wird sogar weiterhin in Läden gemacht werden.« Bis 2020 könnte nach seiner Schätzung in der Modebranche in Deutschland fast jeder zweite Euro um internet umgesetzt werden. Allerdings weiß er um die kurzen Haltbarkeiten solcher Umsatz-Vorhersagen: »Bisher waren fast alle Prognosen über den Onlineanteil am Gesamtumsatz zu konservativ, die Entwicklung hat sie immer schnell überholt.«

Gerhard Weber, Chef und Gründer des noch nicht sehr stark im Netz engagierten Modekonzerns »Gerry Weber« im westfälischen Halle, ist noch einer der Konservativeren, wenn es um die Schätzung des künftigen Online-Potenzials im Modehandel geht: »Die Entwicklung im E-Commerce verlief bisher immer rasanter, als Experten vorhergesagt haben. Ein Onlineanteil von 20 Prozent in der Textilbranche erscheint mir schon sehr hoch«.

»Eine Revolution oder gar einen Tsunami sehe ich im Onlinehandel noch nicht, aber ein sehr, sehr schnell wachsendes und dynamisches Geschäftsfeld«, sagt Adidas-Chef Herbert Hainer, »die Entwicklung im E-Commerce vollzieht sich so rasend schnell.«

Der zweitgrößte Sportartikelhersteller der Welt hat den E-Commerce inzwischen zur dritten Säule neben dem Großhandel – also der Belieferung von Händlern wie Karstadt, Kaufhof, Sport Scheck, Runners Point oder Foot Lo-

cker – und den eigenen Adidas Stores gemacht. Zwar lag der Online-Umsatz des Konzerns 2012 gerade bei 158 Millionen Euro, ziemlich wenig angesichts eines Gesamtumsatzes der Gruppe von 14,8 Milliarden Euro. Doch bis 2015 soll es eine Milliarde Euro werden. Dieses sportlich-ehrgeizige Wachstumsziel zeigt, welches Potenzial noch im Onlinekanal stecken dürfte.

Jürgen Michelberger von Esprit ist ebenfalls optimistisch: »Ich denke, der Umsatzanteil von Mode Online wird weiter deutlich wachsen. Die Wahrscheinlichkeit ist hoch, dass ein so großer Anbieter wie Zalando von diesem Trend besonders stark profitiert.«

Nach Ansicht von Stylefruits-Gründer Ingo Heinrich gibt es »nichts, was darauf hindeutet, dass sich das rasante Wachstum nicht fortsetzen sollte. Selbst wenn es etwas langsamer werden sollte: Ich glaube, dass wir bis 2020 in der Mode einen Onlineanteil von 50 Prozent haben werden. Es gibt überhaupt keinen Grund, dass das anders wird.«

»Ich gehe von 40 bis 50 Prozent 2020 aus«, sagt Dieter Holzer, Chef der Tom Tailor Group, »wegen technischer Entwicklungen wie dem Tablet PC sowie immer besserer Smartphones und weil die Anbieter immer professioneller werden.«

Nun ist diese Umfrage unter Führungskräften alles andere als repräsentativ. Doch sie zeigt sehr treffend die Situation, die man in der Modebranche immer wieder erkennen kann: Diejenigen, die Online zwar nicht ignorieren, aber die E-Commerce-Umsätze allenfalls als eine Art Beifang mitnehmen, sind sehr viel vorsichtiger bei der Einschätzung des Umsatzpotenzials des Onlinekanals als diejenigen, die sich fast ausschließlich mit dem Handel im Internet beschäftigen. Diese Diskrepanz mag zum Teil mit der verständlichen Haltung zu tun haben, dass jeder seine eigene Leib-und-Magen-Sparte als die zukunftsträchtigste darzustellen versucht. Mindestens ebenso wichtig dürfte jedoch der Grund sein, dass diejenigen, die sich täglich mit dem virtuellen Handel, seinen neusten Entwicklungen und Perspektiven beschäftigen, wahrscheinlich eher beurteilen können, was da noch alles möglich ist. Selbst dann, wenn man bei der Marktanteil-Hochrechnung der jungen Wilden ein paar Prozentpunkte als Euphorie-Malus abziehen mag. Wieviel Prozent der Herrenoberhemden in Deutschland, Österreich und der Schweiz im Jahr 2020 nun tatsächlich Online abgesetzt werden, ist dabei gar nicht so entscheidend. Viel wichtiger ist, dass auch die Online-Verweigerer verstehen, welche Um-

wälzung da in ihrer Branche gerade passiert und dass sie nicht wie das Kaninchen vor der Schlange stehen. Und doch tun genau das noch erstaunlich viele.

»Das ist nicht nur irgendeine Herausforderung, sondern das komplette Überdenken der Geschäftskonzeption«, glaubt Kay Hafner, einst Chef von Wal-Mart Deutschland, von Hertie und für einige Monate auch von Praktiker. »Eigentlich müssen sie ihr Unternehmen komplett neu aufbauen: neues Management, komplett neue Struktur.« Doch selbst das werde für manche nicht reichen. »Viele Firmen werden erkennen müssen, dass sie tatsächlich am Ende ihrer Lebensdauer angekommen sind und man nicht unendlich weiter optimieren kann«, sagt Hafner, der sich inzwischen mit einer Unternehmensberatung selbstständig gemacht hat.

Er habe an sich selber gesehen, dass man als Manager in der operativen Verantwortung vor allem von Quartal zu Quartal, von Kollektion zu Kollektion denke, aber zu selten die Perspektive von drei oder fünf Jahren im Kopf habe. Was ein Grund dafür sei, dass so viele Handelsunternehmen von der Online-Herausforderung überrascht und damit überfordert seien: »Ich vermisse, dass man den großen Bogen sieht. Es wird zu viel darüber geredet, was Zalando gerade alles tut und was andere alles nicht tun.« Der aktuelle Paradigmenwechsel werde damit kleingeredet und praktisch ausgeblendet. Notwendige Schlüsse würden nicht gezogen. Mit fatalen Folgen für diejenigen, die so handelten. Und die immer noch glaubten, dieses Einkaufen im Internet sei wie eine Mode oder eine Krankheit, die bald schon wieder verschwinden werde.

Das Problem sehen auch andere: »Viele alteingesessene Unternehmen, auch Versandhändler, reagieren viel zu träge mit Veränderungen ihrer Strukturen. Man kann sagen, dass sie wirklich Gefahr laufen, die Entwicklung zu verschlafen«, meint Adidas-Chef Hainer.

Stephan Grünewald erklärt das Phänomen psychologisch: »Etablierte Strukturen, die lange erfolgreich waren, haben immer ein Trägheits- und Beharrungsvermögen, das schon mal zur Realitätsverweigerung führen kann.«

Ein Top-Manager einer international tätigen Handelskette, er möchte hier nicht genannt werden, glaubt, dass sich mancher Unternehmer selber Sand in die Augen streut, wenn es um seine Online-Aktivitäten geht: »Die meisten klassischen Katalogversender sind nicht vorne mit dabei, obwohl sie hervorragende Voraussetzungen gehabt hätten. Sie sind ja schon sehr lange im Dis-

tanzhandel tätig. Aber sie bauen nicht wirklich ein neues Unternehmen, die shiften einfach nur zwei Drittel ihres Katalogumsatzes in ihre Onlinestores um. Das sieht nach außen besser aus, als es ist. Und viele denken immer noch in Katalogstrukturen: Da bestimmen die Logistiker, was geht und was nicht geht. Bei Amazon oder Zalando dagegen gehen die Überlegungen immer vom Kundenwunsch aus. Otto zeigt gute Ansätze, deren Tochter Sport Scheck etwa hat ein gutes Multichannel-Konzept. Da ergänzen sich beide Kanäle Online und Laden wirklich. Auch die Otto-Marke Bon Prix hat es geschafft, weg von einer Online-Resterampe zu einem sehr attraktiven Anbieter zu werden.«

Für einen Kenner der Szene hat die Fehl- oder Nicht-Wahrnehmung dieser grundsätzlichen Veränderungen in manchen Unternehmen auch mit dem Alter der Entscheidungsträger zu tun: »Viele in der Branche jenseits der 50 Jahre. Sie kaufen selber nicht Online ein. Und weil sie diesen neuen Wettbewerber damit nicht richtig beurteilen können, unterschätzen einige noch immer, wie grundlegend die Veränderungen sind. Ihnen ist noch immer nicht klar, wie dramatisch die Lage für herkömmliche Händler ist.«

Diese Mischung aus Schockstarre und Ignoranz kennt auch Ralf Rothberger, Director E-Commerce bei C&A, aus seiner Branche: »Für viele stationäre Händler ist das Thema Online immer noch so eine Art Blackbox. Ich war Anfang 2013 bei der Internet World in München. Viele Händler, die da hingingen, waren im Netz noch immer nicht vertreten. Sie saugten noch 2013 staunend die Informationen ein, ohne den Schalter im Kopf umzulegen und zu reagieren«, wunderte er sich. Er könne allerdings auch verstehen, »dass bei Eigentümern kleinerer Handelsunternehmen große Unsicherheit besteht. Die meisten wissen gar nicht, an wen sie sich wenden sollen. Und es kostet natürlich auch eine ganze Menge Geld.«

Das ändere aber nichts an der Grundsatzproblematik, meint Hainer: »Es spielt gar keine Rolle, ob wir den Onlinehandel nun eher als Bereicherung empfinden oder als weitere Steigerung der Komplexität unseres Geschäftes. Onlinehandel ist Realität. Er ist da und bietet für die, die ihn beherrschen, riesige Chancen. Aber es ist klar: Wer dabei sein will, muss sich diesem Geschäft mit voller Kraft widmen, auch mit finanzieller Kraft. Ein bisschen Onlinehandel zwischendurch – das wird nicht funktionieren.« Auch deshalb nicht, weil Amazon und Zalando oder die kleineren Spezialisten bereits so gut sind und einen großen Erfahrungsvorsprung besitzen.

Doch es gibt Möglichkeiten auch für die Kleinen, ohne große Investitionen wenn nicht gleich eine Flügeltür, so aber zumindest ein Fenster zur Welt des E-Commerce aufzustoßen. Die Katag AG in Bielefeld, nach eigenen Angaben Europas größter Dienstleister für den mittelständischen Bekleidungshandel, erledigt zum Beispiel den Einkauf, die Eigenmarkenentwicklung, die Abrechnung und manchmal auch die Werbung für ihre angeschlossenen mittelständischen Kundenunternehmen. Die Katag selber spielt dagegen im richtigen Onlinegeschäft mit: Die Eigenmarke Basefield ist auch bei Zalando vertreten.

Seit zwei Jahren verhilft die Katag den Unternehmern, die oft nur wenige Standorte betreiben, günstig zu einer professionellen Internetpräsenz, wenn auch nicht gleich zu einem echten Onlineshop. »Ein Onlineauftritt ist auch für mittelständische Modehändler inzwischen Pflicht, eine Verweigerung kann sich keiner erlauben. Ein eigener Onlineshop dagegen macht in den seltensten Fällen Sinn für Unternehmen mit ein paar Modehäusern. Denn wenn sie einen Onlineshop öffnen, sind sie gleich in der Konkurrenz zu Amazon und Zalando. Und um dort vernünftig mitspielen zu können, müssten sie unverantwortlich viel Geld in die Hand nehmen. Aber diese Investition wird sich kaum lohnen«, sagt Katag-Chef Daniel Terberger. »Aber als Marketingtool, als spannendes, animiertes Schaufenster, vielleicht mit ein paar Modenschau-Streams, einem Blog und den Informationen über die angebotenen Marken versehen, ist das schon sehr sinnvoll«, glaubt der Chef des Familienunternehmens. Für größere Mittelständler sei auch eine aufwändigere Version möglich, mit einem kleinen Grundsortiment oder Artikeln aus dem aktuellen Prospekt, die Online verfügbar sind. Ansonsten könne der Händler Serviceinformationen bieten. Zum Beispiel, in welcher Filiale das gewünschte Teil gerade zu bekommen ist.

Wer noch einen Schritt weitergehen will, kann seine Seite mit dem Onlineshop der Katag-Eigenmarken Basefield und Stakkato verlinken lassen. Das wirkt dann fast wie ein eigener Shop, gleichzeitig erfahren die Händler noch etwas über Kunden, die zwar nicht in ihr Haus kommen, aber für die Produkte durchaus empfänglich sind. Und mit individualisiertem Marketing – etwa einem Gutschein oder einem Rabattversprechen – könne der Händler dann versuchen, diese Konsumenten ins Geschäft zu locken. Inzwischen können Kunden Online gekaufte Artikel im Geschäft umtauschen – ein wesentlicher Aspekt des Multichannel-Ansatzes.

»Das wird kein wirklicher Beitrag zur Umsatzsteigerung sein, aber es zeigt die Modernität eines Modehauses in einer Mittel- oder Kleinstadt«, sagt Terberger. Über 100 Katag-Händler mit rund 200 Standorten bieten inzwischen diesen Minimal-E-Commerce an. »Der Handlungsdruck wegen der großen Onlinehändler ist enorm groß geworden, selbst für Mittelständler«, weiß Terberger.

Der Druck steigt nicht nur durch die Konkurrenten, sondern auch wegen der Kunden. Denn die fühlen sich im Internet-Zeitalter mehr denn je als Könige. »Die Ansprüche der Konsumenten wachsen wegen Online permanent. Sie werden immer ungeduldiger. Das überträgt sich auf alle Bereiche. Kaum hat man etwa bei ebay ein Stück verkauft, fragt der Käufer schon, wo das Paket denn bleibt. Das war früher nicht so«, hat Kai Hudetz festgestellt. »Auch stationäre Händler werden deshalb immer mehr Service bieten müssen, diese neue Anspruchshaltung wird auf sie übertragen.«

»Dieser Kunde neuen Typs erwartet, sofort bedient zu werden«, weiß Harm Ohlmeyer, Chief E-Commerce Officer bei Adidas, »denn er ist als Onlinekunde schon daran gewöhnt, dass er alles, was er will, sehr schnell haben kann.« Doch diese Anforderungen können viele Händler alter Prägung nicht erfüllen, schon allein deshalb nicht, weil sie niemals so viel teures Personal vorhalten können, um jedem Kundenansturm gerecht zu werden. Seiten wie Zalando kommen diesem Ziel mithilfe von, im übrigen deutlich billigerer, Rechnerleistung schon sehr viel näher.

Es soll schon bald noch schneller gehen: Die meisten Onliner – allen voran Amazon, aber auch Zalando – arbeiten derzeit mit Hochdruck daran, die Lieferzeiten weiter zu verkürzen: »Wer vier oder fünf Tage für die Zustellung braucht, hat bereits einen Wettbewerbsnachteil gegenüber Unternehmen wie zum Beispiel Amazon. Das kann inzwischen viele Artikel schon am Tag nach der Bestellung zustellen – und bald, zumindest in den Ballungszentren, wahrscheinlich schon wenige Stunden nach der Bestellung«, sagt Harm Ohlmeyer von Adidas. Das lege die Latte für die anderen Onlinehändler noch einmal höher.

C&A-Onlinechef Rothberger glaubt dagegen, die Bedeutung der schnellen Lieferung werde zumindest in Kontinentaleuropa überschätzt. »Die Kunden erwarten weniger hohes Tempo als Zuverlässigkeit und Transparenz. Wenn ich verspreche, ich liefere in drei bis fünf Tagen, dann geht ab dem

vierten Tag die Anzahl der Anrufe im Call Center in die Höhe. Und je näher wir dem Ende des versprochenen Lieferzeitraums kommen, desto heftiger werden die Reaktionen der Kunden. Das geht bis zu persönlichen Beschimpfungen und Beleidigungen der Mitarbeiter. Wenn wir aber ein Problem haben, sei es, dass die Waren in der gewünschten Größe oder Farbe nicht da ist oder eine PayPal-Überweisung fehlt, und am dritten oder vierten Tag dem Kunden sagen: ›Es dauert leider noch ein wenig‹ – dann ist das zumeist völlig in Ordnung. Dann steigt die Zahl der Anrufe im Costumer Service nicht. Es ist also für den Onlinehändler extrem wichtig, seine Versprechungen gegenüber dem Kunden wirklich einzuhalten. Sonst gehen wegen der Nachfragen zunächst die Kosten pro Bestellung in die Höhe. Oder der Kunde bestellt nie wieder bei Ihnen. Der nächste Onlineshop ist ja nur einen Mouseklick entfernt.«

Denn die Kundenloyalität ist im Internet zumeist sehr viel geringer als im stationären Handel – mit dem Finger auf der Maus ist man ja auch viel schneller im nächsten Laden als zu Fuß in der Stadt. »Früher ging der Kunde häufig immer erst zu Karstadt oder erst zu P&C, und wenn er dort das Teil nicht fand, besuchte er noch den nächsten Laden. Im Internethandel gibt es diese Markenbindung weit weniger. Wer sie herstellen kann, gehört zu den Gewinnern«, glaubt Stylefruits-Gründer Ingo Heinrich.

Das virtuelle Laden-Hopping der jungen Kunden von heute wird durch eine der bedeutendsten Innovationen der Online-Ära maßgeblich beschleunigt: durch die totale Preistransparenz, gefolgt von der Bewertungskultur – oder Unkultur, je nach Standpunkt. »Das ist eine zusätzliche, ganz neue Herausforderung«, meint Herbert Hainer. Denn das gab es noch nie: Innerhalb von Sekunden weiß der technisch gut ausgestattete Kunde – und das ist er inzwischen bereits mit einem modernen Smartphone –, ob ein Onlinehändlern in den USA oder in Island den favorisierten Laufschuh ein paar Prozent billiger anbietet als beispielsweise adidas.com, runnerspoint.de, zalando.de oder der Schuhladen um die Ecke. Dessen Betreiber ärgert sich zusätzlich besonders über Zalandos Preisvergleich-App: einfach den Code vom Karton scannen, Vorgang starten und schon ist klar, ob der Artikel im alteingesessenen Schuhhaus zwei Euro teurer ist als etwa bei Zalando. Die kostenlose Beratung des Schuhhaus-Mitarbeiters bei der Auswahl des Modells nimmt der Kunde dankend mit, die Bestellung und den Umsatz aber bekommt Zalando, ohne

lästige Aufwendungen für Beratung. Diese Preistransparenz knabbert an den Gewinnen aller Händler, der Einzige, der sich freut, ist der Kunde. Für dieses Phänomen gibt es inzwischen den Begriff des »Beratungsdiebstahls«.

Und wenn sich der Kunde freut, äußert er das auch für alle Welt sichtbar. Denn längst ist es auf jeder guten Seite üblich, dass Kunden das Produkt oder den Service des Händlers bewerten. Und die Beurteilungen von Produkten etwa auf Amazon haben enormen Einfluss auf die Kaufentscheidungen, weil andere Kunden diese Kundenbewertungen für unabhängig halten. Jedenfalls für deutlich unabhängiger oder objektiver als Empfehlungen von Firmenvertretern. Ohne Höchstpunktzahl haben es Privatleute auf ebay schwer, überhaupt etwas zu verkaufen. Die Bewertungskultur hat die Sphäre des Netzes längst verlassen und sich auf den stationären Handel übertragen: »Bei uns beschäftigen sich jeweils die Hälfte mit Erfahrungen im Onlineshop und solchen im Laden. Die Kunden mögen es einfach, wenn sie sehen, dass wir auf Kritik oder Anregungen reagieren«, heißt es bei Deichmann.

Allerdings sind der Manipulationen bei solchen Sternchen-Auszeichnungen Tür und Tor geöffnet – zu sehr, als dass man wegen dieser Errungenschaft wirklich von einer Demokratisierung des Handels sprechen könnte. Bestellte Belobigungen von Unbekannten lassen schnell die Punktzahl in die Höhe schnellen. Deshalb haben die Bewertungen über die sozialen Netzwerke eine solch große Bedeutung: Hier steht hinter den Meinungsäußerungen ein Nutzer, ein Name, an den man sich später wieder wenden oder über den man herziehen kann, wenn er Unsinn geschrieben hatte. Das ist sehr viel glaubwürdiger als eine Empfehlung oder eine Warnung von Leuten wie »Raecher7« oder »HeinzausHamburg« oder wie immer sie sich nennen mögen. Ähnlich, nämlich mit dem Vertrauensvorschuss gegenüber einem Menschen, der für seine Outfit-Beratung mit seinem richtigen Namen steht, arbeiten die social commerce-Unternehmen wie Stylefruits.

Ein wenig trägt das Netz aber doch zur »Demokratisierung des Handels« bei: Firmen nutzen das Internet und die Netzwerke inzwischen, um die Kunden zeitweise zu Sortimentsmanagern zu machen. Die Drogeriemarktkette dm fordert Kunden auf, Vorschläge für die Mischung neuer Shampoos zu machen. Bei McDonald's »voten« Gäste für Burger- oder Wrap-Kreationen, die sich andere Gäste ausgedacht haben. Und die Gewinner der Wahl gibt es dann im Restaurant zu kaufen. Ähnlich macht es Deichmann mit Schuhen,

deren Design jedenfalls zum Teil von Kunden – besser: Usern – stammt. Facebook spielt dabei eine elementare Rolle, ebenso wie bei der Wahl zum »Schuh des Monats«. Der kann auch schon mal aus dem etwas schriller ausfallenden Sondersortiment stammen, das es nicht im Laden, sondern nur im Webshop gibt. Wenn aber ein solches schrilles Teil »Schuh der Woche« wird, sortiert Deichmann das Sieger-Modell auch in die Regale seiner Läden ein. Und wegen des Boheis um die Wählerei wird der dann zumeist auch häufiger gekauft als ein Schuh ohne Facebook-Auszeichnung.

Das ist dann immer noch ein Schuh für die Massen. Das Internet ermöglicht aber auch die Individualisierung und Personalisierung von Produkten und setzt damit auf einen der ganzen großen Trends im Handel. Längst kann man sich auf den Seiten der großen Sportartikelhersteller etwa seine Laufschuhe individuell kombinieren, von der Grundfarbe über die Färbung von Streifen, Logos und Schnürbändern über die Sohle bis hin zur Beschriftung des Schuhs mit dem eigenen Namen oder irgendwelchen Sprüchen. Der deftige Aufpreis für diese Sonderanfertigung schreckt diejenigen Konsumenten nicht ab, die Spaß daran haben, mit einem Einzelstück herumzulaufen,und andere, gefragt oder ungefragt, auf diese Tatsache hinzuweisen. Diesen Service gibt es inzwischen unter anderem auch für Brautschuhe. Es soll schon zu Ehekrächen noch vor der Hochzeit gekommen sein, weil der Bräutigam ratlos beobachtete – und fahrlässigerweise kommentierte –, wie die Braut es nicht vermochte, in mehreren Computer-Sitzungen von den Hunderten oder Tausenden angebotenen Kombinationsmöglichkeiten diejenigen auszuwählen, die am Ende ein Paar weißer Schuhe nach ihrem Geschmack ergaben.

Aber auch die Herren profitieren, weil das Internet neue Produkte schneller auf den Weg zum Kunden bringt, zumindest auf den Weg von der Bedarfsweckung bis zur Bestellung. Beispiel Adidas: »Wir können zum Beispiel eine Minute nach dem Abpfiff des Champions League-Finales am Samstagabend das offizielle Siegerteam-Trikot über unseren Webshop anbieten. Das können erst einmal nur wir, in den stationären Läden gibt es die Shirts dann frühestens am nächsten Tag. So muss man sich immer wieder Produkte oder Dienstleistungen einfallen lassen, mit denen das eigene Onlinegeschäft zumindest für eine begrenzte Zeit konkurrenzlos ist«, sagt Hainer.

Im Dschungel der Zahlen

So eindeutig der Trend für den Onlinehandel, so wackelig ist die Zahlenlage für das tatsächliche Ausmaß der Veränderungen in Euro und Cent. Nur wenige Firmen weisen überhaupt reine Online-Umsätze aus. Und wenn sie Zahlen herausgeben, verwirren manche damit eher, als sie informieren – wegen der Konkurrenz. Die soll so weit wie möglich im Unklaren gelassen werden. Deshalb hat das Rätselraten und Spekulieren stets Hochkonjunktur. »Selbst die großen Marktforschungsunternehmen konnten bisher noch keine Transparenz herstellen«, sagt der Online-Chef eines großen deutschen Händlers. »Und in den Fällen, in denen wir die Zahlen beurteilen können, liegen die Marktforscher schon mal um den Faktor zwei oder drei daneben.« Im Goldgräberland Onlinehandel regiert die große Geheimniskrämerei.

Nicht einmal die Zahl der Online tätigen Onlinehändler steht fest. 25 000 sind nach Worten des Präsidenten des Deutschen Versandhandels-Verbandes (bvh) Thomas Lipke, im Hauptberuf Geschäftsführender Gesellschafter des Outdoor-Spezialisten Globetrotter, in Handelsregistern nachgewiesen. Niemand weiß jedoch, wie viele es wirklich sind (bvh-Zahlen von der bvh-Jahrespressekonferenz 2013, 12.02.2013, Hamburg). Die offiziell registrierten interaktiven Händler beschäftigen gut 80 000 Mitarbeiter (bvh/boniversum-Pk zum Interaktiven Handel, 04.06.2013, Berlin).

Kaum eine Erhebung über Umsätze ist mit der anderen zu vergleichen, überall sind die Abgrenzungen unterschiedlich: Werden Dienstleistungen mit einberechnet oder geht es nur um Produkte? Sind Downloads dabei? Tickets für Urlaubsreisen? Autos, die über das Internet gekauft werden? Ist die Umsatzsteuer mit drin oder herausgerechnet?

Halten wir uns an die Zahlen der Dachorganisation der Branche, des Einzelhandelsverbandes Deutschland (HDE), dann liegt das Volumen des E-Commerce mit Waren 2012 bei knapp 30 Milliarden Euro. Andere Schätzungen liegen ein paar Milliarden Euro darunter.

In der Schweiz sieht die Situation nicht besser aus: Dort weist die Erhebung ebenfalls eine riesige Streubreite aus. Zwischen sieben und zehn Milliarden Franken sollen es 2012 gewesen sein.

Fest steht immerhin, dass der gesamte Einzelhandel – ohne Autos, Benzin oder Arzneimittel – in Deutschland 2012 etwa 428 Milliarden Euro um-

setzte – stationär und Online zusammengerechnet. Das ist sozusagen die über allem schwebende Gesamtzahl, von der man sich in die einzelnen Sparten herunterarbeiten kann.

Die Deutschen und der Onlinehandel:

Der Versandhandelsverband bvh taxiert die Summe des gesamten Versandhandels in Deutschland für 2012 auf 39,3 Milliarden Euro, was 9,2 Prozent des gesamten Einzelhandels-Umsatzes in Deutschland entspreche. 27,6 Milliarden Euro entfallen dabei auf die Onlineschiene, 11,7 Milliarden Euro auf die klassischen Bestellwege wie den Katalog, wobei diese traditionelle Bestellweise seit Jahren abnimmt. Rechnet man elektronisch gekaufte Dienstleitungen – etwa Tickets, Apps oder Mobilfunkverträge – dazu, kommt der bvh auf 33,5 Milliarden Onlineumsatz. Für 2013 erwartet der Verband einen Versandumsatz von gut 43 Milliarden Euro, davon 33,5 Milliarden über das Internet generiert, das würde für die Onlinesparte abermals ein Plus von 21 Prozent bedeuten.

Das Handelsforschungsinstitut IFH Köln errechnete höhere Zahlen, weil in seiner Statistik auch Online-Umsätze von Händlern inbegriffen sind, die in erster Linie im stationären Laden ihre Geschäfte machen, außer ihrer Onlinesparte aber nichts mit dem Versand zu tun haben. Das IFH weist für das Jahr 2012 in Deutschland einen Onlineumsatz mit Waren aller Art in Höhe von 33 Milliarden Euro nach. Einschließlich elektronisch verkaufter Dienstleitungen waren es danach 38,5 Milliarden Euro. 2013 sollen es laut IFH fast 48 Milliarden Euro werden.

Nach Angaben des Kölner Instituts erzielten der Internet- und Versandhandel 2012 einen Anteil von neun Prozent am gesamten deutschen Einzelhandelsumsatz. Es gibt allerdings auch Studien, die zu etwas niedrigeren Werten kommen.

Die Deutschen und die Mode:

Im deutschen Modemarkt tobt seit Jahren ein erbitterter Verdrängungskampf. Den klassischen Händlern nehmen nicht nur die jungen Onliner immer mehr Umsatz weg, sondern auch finanzstarke Marken wie Zara oder andere Ketten des spanischen Mutterkonzerns Inditex, H&M oder die irische Billigkette Primark. Und das vor dem Hintergrund der Entwicklung, dass die Deutschen

immer weniger Geld ihres verfügbaren Einkommens für Mode ausgeben: Laut Statistischem Bundesamt sank der Anteil in den vergangenen zehn Jahren von sechs auf 4,2 Prozent. Nur weil das gesamte verfügbare Einkommen gestiegen ist, schlägt dieses Minus nicht komplett auf die Branchenumsätze durch. Nach einer Mitteilung des Statistischen Bundesamtes vom 15. März 2013 (Textilwirtschaft 12/2013, 21. März 2013, Seite 12) sanken die Ausgaben für Kleidung und Schuhe zwischen dem Jahr 2000 und 2012 um 3,9 Prozent – während die gesamten Konsumausgaben der Deutschen in diesem Zeitraum um 7,2 Prozent in die Höhe gingen. Insgesamt steckten die Deutschen Online und offline aber immerhin noch 70 Milliarden Euro in den Inhalt von Schuh- und Kleiderschränken. Das Forschungsinstitut EHI Köln allerdings errechnete für 2012 in Deutschland nur einen Gesamtumsatz im Fashionmarkt von 52,6 Milliarden Euro. Da ist sie wieder, die Zahlenverwirrung.

Für sogenannte Pflicht-Investitionen wie Nahrung, Getränke und Tabakwaren gaben die Deutschen laut Bundesstatistikern dreimal so viel aus wie für Fashion. Für das Auto und für Kommunikation waren es mehr als dreimal und fürs Wohnen fünfmal so viel. Allein mit diesen drei Positionen ist bereits rund die Hälfte der monatlichen Investitionen ausgegeben – und genau diese Ausgaben steigen tendenziell, so dass für individuell zu beeinflussende Shoppingaktionen noch weniger Geld zur Verfügung steht. Doch auch Möbel und Haushaltsgeräte (89 Milliarden Euro), Freizeit, Unterhaltung/Kultur (128 Milliarden Euro) sowie der Aufenthalt in Hotels oder Restaurants (86 Milliarden Euro) sind den Deutschen mehr wert als die Kleidung.

Die Deutschen und die Online-Mode:
Nach den Online-Ausgaben und den Mode-Ausgaben der Deutschen zu den Online-Mode-Ausgaben: Laut bvh war die Mode 2012 mit 10,8 Milliarden (plus elf Prozent) die größte Warengruppe im Versand, die Elektronik folgte mit vier Milliarden Euro. Rechnet man die klassischen Katalogverkäufe heraus und beschränkt sich nur auf die Online verkauften Waren, ist das Wachstum noch viel größer: Um 38 Prozent auf 5,9 Milliarden Euro legte der Bekleidungs-Verkauf in der »Zalando-Kategorie« zu. Die Schuhe bleiben mit einem Zuwachs von 14 Prozent auf 1,2 Milliarden deutlich dahinter.

8,8 Milliarden Euro Online-Umsätze mit Mode errechnete das EHI Köln für 2012 – ein Wachstum von 17 Prozent oder 1,3 Milliarden Euro. Die sta-

tionären Umsätze seien dagegen um zwei Prozent gesunken. Allerdings betreiben viele dieser größtenteils stationären Händler auch Onlineshops, so dass sie dort am Wachstum teilhatten. Für 2013 erwarten die Kölner Handelsforscher ein leicht abgeschwächtes Onlinewachstum von 16 Prozent. Die Abschwächung erfolge jedoch nicht, weil Online an Attraktivität verliere, sondern wegen des Basiseffektes: Je höher das Vorjahresniveau war, desto schwieriger ist es, ein gleich hohes Wachstum zu erzielen. Jedenfalls würden, wenn sich diese Prognose bewahrheitete, in Deutschland erstmals für mehr als zehn Milliarden Euro Fashionprodukte über das Internet verkauft. Schaut man sich die Entwicklung seit 2007 an, so hat sich der Onlineumsatz in der Kategorie »Fashion & Accessoires« fast vervierfacht. Mit fast 17 Prozent ist der Onlineanteil am Umsatz hier laut IFH so hoch wie in keiner anderen Teilsparte. Die Frauen sind unter den Bestellern deutlich in der Mehrheit.

Die Deutschen und ihre beliebtesten Online-Fashion-Händler:
Die Strategieberatung OC&C schätzt (Pressemitteilung 12. März 2013) den Umsatz von Zalando im »Bekleidungssegment« in Deutschland auf rund 600 Millionen Euro. Das dürfte eher ein wenig zu optimistisch geschätzt sein: Zalando selber berichtet, etwa die Hälfte des Umsatzes von 1,15 Milliarden Euro 2012 in Deutschland erzielt zu haben. Und davon muss man für die Berechnung des »Bekleidungssegments« die – in ihrer Höhe nicht publizierten – Bestellungen für Wohnaccessoires abziehen. Der Umsatz mit Mode und Schuhen in Deutschland dürfte somit eher zwischen 500 und 550 Millionen Euro gelegen haben.

Wie viele Millionen es nun auch genau gewesen sein mögen: Die OC&C-Schätzungen zeigen, wie dominant Zalando als europäischer Pure Player im deutschen Online-Handel inzwischen schon ist. Denn die besten Verfolger taxiert OC&C auf gerade einmal die Hälfte: H&M kommt danach auf einen geschätzten E-Commerce-Umsatz von rund 265 Millionen Euro, knapp gefolgt von C&A mit 260 Millionen Euro. Karstadt liegt danach bei weniger als 50 Millionen Euro. Auf diesem Niveau liegt nach früheren OC&C-Schätzungen auch Kaufhof und S. Oliver. Danach setzte Schuhhändler Görtz rund 30 Millionen Euro im Netz um, der Mehrmarken-Händler Breuninger etwa 25 Millionen Euro, Discounter Ernsting's Family circa 20 Millionen und der

König der stationären Schuhhändler Deichmann gerade zehn Millionen Euro (OC&C: »Wenn zwei sich streiten … entscheidet der Kunde«). Die Otto-Gruppe, die mit Marken wie Bonprix, Baur, Schwab, Witt oder mirapodo im Netz mit zahlreichen Produktgruppen Milliarden-Umsätze erzielt, kam in der Untersuchung nicht vor.

An eine Schätzung, wie viel Geld Amazon in Deutschland mit Kleidung und Schuhen umsetzt, wagen sich die Berater leider auch nicht. Sicher ist jedoch, dass Bücher und Elektronik- bzw. Computerartikel den größten Anteil an Amazons 2012er-Umsatz von 8,7 Milliarden US-Dollar Umsatz in Deutschland gehabt hat. Und bisher fährt Amazon in der Bekleidungssparte in Deutschland längst noch nicht mit Vollgas. Doch selbst wenn die Amerikaner mit Büchern und Elektronik 60 oder gar 70 Prozent des gesamten Geschäftes gemacht haben sollten, bleibt immer noch so viel Umsatz übrig, dass Zalando der Titel »Deutschlands größter Onlinehändler für Mode und Schuhe« durchaus nicht sicher ist. Vielleicht regiert ja auch in dieser Sparte bereits Amazon.

Online geht fast alles

Vor zehn Jahren konnte sich wohl kaum jemand vorstellen, dass die Kunden für Milliardensummen Bekleidung und Schuhe im Internet kaufen würden. Heute ist das Realität. Sogar nur ein Ausschnitt derselben: Denn inzwischen geht fast alles Online: auch Schmuck, Möbel, Hundefutter, selbst Neuwagen. Nur mit den Lebensmitteln klappt es noch nicht so richtig im Netz. Besonders weit fortgeschritten ist die Handelsrevolution bei Produkten, die man nicht physisch in der Hand halten muss, sondern die man auch virtuell verbreiten kann, etwa Buchinhalte, Musik oder Filme. Ein kurzer Rundblick durch die Branche jenseits von Mode und Schuhen. (Datenbasis IFH Retail »Branchenreport »Online-Handel« Jahrgang 2013)

Bücher: Mit Amazon und dem Buchverkauf hatte das Massengeschäft über das Internet begonnen. Inzwischen liegt der Jahresumsatz der Sparte bei gut 1,5 Milliarden Euro, das sind laut IFH Köln rund fünf Prozent des gesamten Onlineumsatzes in Deutschland. Vor allem werden hierzulande noch immer klassisch gedruckte Bücher Online bestellt. In den USA verschickt Ama-

zon schon fast die Hälfte der Bücher elektronisch, also papierlos. In Deutschland dagegen führen die E-Books, trotz immer besserer E-Reader, noch immer ein Schattendasein, sollen aber aufholen. Neben den kleinen Buchhandlungen leiden vor allem die beiden Marktführer Weltbild und Thalia unter der Online-Konkurrenz. Die fällige Restrukturierung der Douglas-Tochter Thalia wurde bereits angesprochen.

Elektronik/Musik: Die zweite klassische Amazon-Sparte neben den Büchern – die Elektronik – verzeichnete 2012 Deutschland einen Onlineumsatz von 8,5 Milliarden Euro – 2007 waren es gerade 3,3 Milliarden gewesen. Damit wurden 17 Prozent des Handels mit Computern, Unterhaltungselektronik, Musik, Filmen oder Fotoprodukten Online erzielt. Wegen der kurzen Produktzyklen und der exzellenten Vergleichbarkeit der Ware eignet sich diese Sparte besonders gut für den Onlinehandel. Erst sehr spät ist Europas Marktführer MediaSaturn in dieses Onlinegeschäft eingestiegen. Klassische Katalogversender haben hier bei großen Elektrogeräten einen bedeutenden Marktanteil. Die Kölner Rewe-Gruppe muss der Konzentration am Markt Tribut zollen: Sie sucht einen Käufer für ihre Kette Pro Markt.

Fast jeder fünfte Umsatz-Euro dieser Sparte stammt aus dem Verkauf von »Ton- und Bildträgern«. Dabei besitzt Apple mit dem iPod nicht nur den bekanntesten Markennamen bei MP3-Playern, sondern mit dem iTunes-Store auch bei den virtuellen Plattenläden. Klassische CD-Läden gibt es wegen der Massen-Downloads inzwischen immer weniger. Doch auch die Download-Anbieter haben Konkurrenz bekommen: Immer öfter laden sich die Kunden das Musikstück nicht mehr auf ihre Festplatte, sondern sie kaufen lediglich das Recht, die Musik für eine vorher festgelegte Zeit nutzen, also hören zu können. Bei diesem »Streaming« kann man ein riesiges Titelangebot wann immer man will und so oft man möchte hören, kann es aber nicht speichern. Der Kunde bezahlt also nicht mehr für das Besitzen, sondern nur noch für das zeitlich begrenzte Nutzen der Musik.

Einrichten/Möbel: Einer der stärksten aktuellen Trends im Onlinehandel sind Möbel. 2,8 Milliarden Euro gaben die Deutschen 2012 fürs Einrichten Online aus, fast dreimal so viel wie noch 2007. Rund sieben Prozent des Branchenumsatzes findet im Netz statt, Tendenz stark steigend. In den vergangenen Jahren sind viele neue Firmen in den Online-Möbel-Handel gestartet. Europas Marktführer Ikea indes arbeitet noch immer an einer überzeu-

genden Online-Strategie. Wenn sie irgendwann live gehen sollte, gut ist und vor allem ohne die bisher hohe Zustellgebühr auskommt, erwarten Experten einen noch rasanteren Anstieg der Online-Umsätze. Die klassischen Versender haben bisher recht erfolgreich einen großen Teil ihrer Katalog-Umsätze ins Internet verlagern können. Butlers, bisher eher für Wohnaccessoires bekannt, verkauft jetzt verstärkt auch Groß-Möbel und will sich neben Marktführer home24 profilieren. Neben dem Internetangebot gibt es einen Katalog und vor allem die Filialen als Showrooms für ausgewählte Stücke.

Heimwerker/Garten: Rund 1,3 Milliarden Euro setzten die Verbraucher 2012 fürs Heimwerkern und Gärtnern im Netz um – das sind lediglich drei Prozent des Spartenvolumens. Werkzeuge oder Gartengeräte lassen sich gut im Netz verkaufen, typische Heimwerker-Materialien wie Haustüren, Geländer oder andere Teile, die individuell passen müssen, jedoch weniger. Beliebt ist inzwischen die Online-Vorbestellung von Waren, die der Kunde dann im Baumarkt seiner Wahl abholt.

Spielwaren: Mehr als 1,5 Milliarden Euro Umsatz erzielen Spielwaren Online. Dass es mehr ist als mit Heimwerker- und Gartenmarken ist gar nicht verwunderlich: Schließlich sind die meisten Eltern in einem Alter, mit dem sie noch als Digital Natives eingestuft werden können. Für diese Generation ist es bereits ganz selbstverständlich, Online einzukaufen. Zudem hört man von Spielwarenverkäufern in stationären Geschäften, dass die Kunden gerne auf den Online-Kanal ausweichen – um sich das Dauer-Quengeln der Kinder im Spielwarenladen zu ersparen.

Medikamente: Medikamente zur Selbstbehandlung kommen ebenfalls bereits auf einen Online-Umsatz von rund 1,5 Milliarden Euro. Hier greifen vor allem die reinen Internet-Apotheken Umsatz ab. Die Sparte dürfte künftig zu den Wachstumsfeldern des Onlinehandels gehören: Die Deutschen werden schließlich immer älter und dürften sich deshalb Produkte, von denen sie sich Hilfe erwarten, zunehmend über den Weg bestellen, der ihnen schnelle Lieferung bis an die Haustür verspricht: nämlich über das Internet. Nahrungsergänzungsmittel, Linsen und Hörgeräte gehen Online ebenfalls recht gut.

Tierzubehör: Hundefutter aus dem Internet? Immer mehr Deutsche sagen: her damit! Vor allem Besserverdiener ordern für ihr Tier Premiumfutter, von dem sie hoffen, dass es bessere Qualität aufweist als die Massenware.

Terra Canis in München etwa bietet sein Futter »in Metzgerqualität« auch im Internet an. Pure Player wie wunschfutter.de geben der Kundschaft die Möglichkeit, das Trockenfutter individuell für den eigenen Hund zu mischen und im Abo nach Hause liefern zu lassen. Pure Player wie zooplus.de verkaufen schon seit Jahren nahezu jedes Produkt rund ums Haustier über das Netz. Stationär-Marktführer Fressnapf hat erst spät die Online-Witterung aufgenommen, holt jetzt aber auf. Rund 600 Millionen Euro ist der Markt inzwischen groß.

Autos: Selbst vor des Deutschen liebstem Kind, dem Auto, macht das Internet nicht halt. Gebrauchtwagen wechseln schon lange über Netz den Besitzer, die geschrumpften Anzeigenteile der Zeitungen zeugen davon. Inzwischen vermitteln Unternehmen jedoch auch Tausende Neuwagen Online. Die Kunden kaufen ohne Probefahrt und ohne je in dem Auto gesessen zu habe. Firmen wie autohaus.24 treten dabei als Makler auf: Sie bringen die Angebote von Händlern mit Neuwagenrabatten von 20 bis 30 Prozent und die Kaufinteressierten im Netz zusammen. Der Kunde kauft das Fahrzeug beim Händler und holt es dort auch ab, der Vermittler bekommt eine Provision. Zahlen über diese Nische gibt es noch nicht.

Lebensmittel: Die größte Sparte des deutschen Einzelhandels schafft im Internet bisher nicht einmal die Milliarden-Grenze: Gerade 800 Millionen Euro – ein Zehntel des Fashion-Umsatzes – wurden im Netz für Lebensmittel ausgegeben. Die Logistik insbesondere von frischen Waren und die Übergabe an den Kunden ist komplizierter als in allen anderen Handelssparten und damit teuer. Weil so viel verderben kann. Der Kunde muss zu Hause sein oder zumindest in der Nähe eines von ihm nutzbaren Kühlschranks, um Milch, Joghurt oder Gemüse in Empfang nehmen zu können. Und das ist eines der Hauptprobleme. Ein anderes: Der Großteil der Deutschen kauft gerne billige Lebensmittel und scheut Lieferkostenpauschalen. Obwohl es inzwischen immer mehr Angebote in Ballungsräumen gibt, obwohl auch Amazon Lebensmittelzustellungen anbietet und obwohl sich Pure Player wie supermarkt.de in den Markt gewagt haben, erwarten die Experten, dass der Onlineanteil hier noch über Jahre niedrig bleiben wird. »Wer glaubt, mit Online-Food-Vertrieb schon bald das große Geschäft und die großen Gewinne machen zu können, der sei gewarnt«, sagt Tengelmann-Chef Haub, der an lieferheld.de beteiligt ist. In diesem Punkt ist Deutschland keine Ausnahme. In den meis-

ten großen Märkten der Welt ist der Lebensmittelhandel nahezu die einzige Sparte der Branche, die von der digitalen Revolution noch nicht erfasst ist, nicht einmal in den USA. In der Schweiz und in Großbritannien allerdings laufen Lebensmittel Online schon ganz gut. »Im Laden den Geruch eines Produktes wahrzunehmen, ist auch Teil der Vertrauensbildung. Und das kann im Netz noch nicht abgebildet werden«, sieht Psychologe Grünewald den tieferen Grund dafür, das Online-Food noch längst kein Massenprodukt ist. Mit der Alterung der Bevölkerung dürfte diese Web-gestützte und extrem individualisierte Version von »Essen auf Rädern« jedoch noch ihren Aufschwung nehmen. Hochwertige Fleischprodukte, Weine oder Whiskeys – wenn man die denn zu den Lebensmitteln zählen möchte – haben Online bereits einen Markt.

Heute Online, morgen im Laden: Multichannel

Es gibt Händler, die nur klassische Läden betreiben, dazu gehören zahllose kleinere und mittelgroße Modeanbieter. Und es gibt Händler, die nur Online unterwegs sind, sogenannte Internet Pure Player. Wie Zalando oder Amazon. Und dann sind da die Multichannel-Anbieter. Sie sind beides. Sie verkaufen ihre Ware sowohl im Store auf der Einkaufsstraße als auch im eigenen Onlineshop oder dem von dritten. Und sie bilden die große Mehrheit der Fashionhändler. Zu ihnen gehören etwa Boss, Esprit, Zara, S. Oliver, Marc O'Polo und andere mehr. Vieles spricht dafür, dass diesen Sowohl-als-auch-Händlern die Zukunft gehören wird. Jedenfalls ein großer Teil der Zukunft, weil sie von den Kunden besonders bequem zu erreichen sind. Dafür sollte der Multichannel-Anbieter allerdings beide Disziplinen so gut beherrschen wie jeder Spezialist, der sich nur auf eine dieser beiden Handelsarten konzentriert. Schon das deutet an: Richtig guter Multichannel-Handel ist richtig schwierig.

So schwierig, dass der »kreative Zerstörer« Oliver Samwer so tut, als kenne er nicht einmal den richtigen Namen dieser Gattung: »Crosschannel-Handel oder wie heißt das? Das kann man vergessen«, sagte er und erklärte Multichannel zu einer Idee der Verzweifelten, denen nichts mehr einfalle und nichts mehr helfen werde. Rocket oder Zalando betreiben kein Multichannel. So kann es nicht verwundern, dass Zalandos Geschäftsführer Ritter derselben

Meinung ist wie sein Investor: »Multichannel ist nicht der Inbegriff für Zukunft, das glaube ich einfach nicht. Es ist sehr, sehr schwierig, beide Kanäle wirklich exzellent zu managen. Stationärer Handel und E-Commerce sind sehr unterschiedlich. Es ist ein sehr radikaler Kulturwandel in einem klassischen stationären Unternehmen notwendig, um daraus ein gut funktionierendes Multichannel-Unternehmen zu machen. Mir fällt im Moment niemand ein, der das wirklich schon gut gemacht hat.«

Mit ihrer ablehnenden Haltung allerdings steht die Zalando-Clique ziemlich allein da in der Handelslandschaft. »Es ist mir völlig unklar, warum Zalando bisher bestreitet, jemals Flagship-Stores in großen Städten aufmachen zu wollen. Dort würde die Marke auf eine ganz neue Art erlebbar werden, Zalando könnte zusätzliche Umsätze mitnehmen«, meint EHI-Mann Hudetz, räumt allerdings ein: »Wenn sie das täten, wären sie ein Laden wie jeder andere auch.« Gründer Robert Schneider stellt klar: »Wir haben keine Konzeption für Zalando-Läden in der Schublade. So etwas ist nicht geplant, wir sind und bleiben Onlinehändler. Dass wir in Berlin ein Outlet eröffnet haben, bedeutet nicht, dass Zalando eine Multichannel-Strategie ausprobiert,« (Gespräch 15.01.13, WamS)

Es wäre auch schwierig, die zahllosen Marken in einem Laden zu präsentieren. Das Dementi bedeutet aber nicht, dass es nicht bald Läden von Zalando-Eigenmarken wie Kiomi geben könnte, in denen die Produkte emotionsgeladen präsentiert würden. Die Marke hat bereits eine eigene Webseite unabhängig von der Hauptmarke Zalando. Das wäre dann zumindest eine Multichannel-Strategie für Zalandos Eigenmarken.

Grundsätzlich allerdings stellt sich die Frage schon, ob und wann es die großen Pure Player ernsthaft mit dem Laden- oder Showroombau versuchen. Immer mal wieder gibt es Nachrichten über Tests von Branchengrößen wie Amazon oder ebay, aber der ernsthafte Versuch, die führenden Positionen auch auf die stationäre Handelswelt zu übertragen, steht noch aus.

Die Vorteile des gut gemachten Multichannel-Handels sind etwa größere Wahlmöglichkeiten und mehr Flexibilität für die Kunden. Sie können sich im Internet vor dem Ladenbesuch über das gesuchte Produkt informieren oder eine Vorauswahl treffen. Oder die Reise des Kunden beginnt im Laden, wo er einen interessanten Artikel sieht, sich aber erst auf dem Rückweg oder zu Hause zum Kauf entschließen kann. Dann ordert er Online. Auch dann,

wenn die passende Farbe oder Größe im Laden nicht vorrätig war oder er den Anzug nicht mitschleppen möchte. Immer mehr Händler haben in ihren Läden deshalb inzwischen iPads, mit denen der Kunde selber oder die Bedienung gleich in der Filiale die Produkte Online bestellt. Heute im Laden, morgen Online, übermorgen umgekehrt oder Kombinationen beider Einkaufsarten, alles geht beim Multichannel-Shopping.

»Kanal-Hopping« nennen Fachleute dieses Phänomen. Thomas Lipke, Präsident des Versandhandelsverbandes bvh, beschreibt das so: »Ein Konsument fotografiert den Code eines Produktes mittels Smartphone-App und wird auf die Mobile Website des Konkurrenten verwiesen. Spannende Wechselwirkungen zwischen Katalog, Web und Stationärgeschäft kommen dadurch zum Tragen, dass Kunden in einem Medium ihre Bedürfnisse entdecken, im anderen ihr Wunschprodukt recherchieren und in einem weiteren kaufen.« Für den Kunden ist diese Wahlmöglichkeit toll. Aber für die Händler »alles andere als trivial«, sagt Lipke, nämlich aufwändig, kompliziert und teuer. (bvh-Jahrespressekonferenz 2013, 12.02.2013, Hamburg)

Zu den Trends der Multichannel-Zukunft dürfte das Showrooming werden: Dabei sind die »Läden«, die man eigentlich gar nicht mehr so nennen kann, gar nicht dazu eingerichtet, dass Kunden von dort Waren massenweise mit nach Hause nehmen. Die wichtigsten Artikel und die Marke werden hier lediglich aufwändig inszeniert und präsentiert, der Kauf des Produktes in der Größe oder Farbe oder Ausstattung, die sich der Kunde gerade wünscht, erfolgt Online.

Sehr beliebt ist inzwischen bereits die Online-Vorbestellung zur Selbstabholung in einer bestimmten Filiale der ausgewählten Kette. Der Kunde kann das Produkt in der Mittagspause oder nach Feierabend oder wann immer abholen. Durch die Online-Vorbestellung kann er sicher sein, dass er sein Wunschprodukt auch bekommt. Die Ware ist für ihn reserviert, niemand kann sie ihm wegschnappen. Die Elektronikhandelsketten Media Markt und Saturn haben damit gute Erfahrungen gemacht Und bei C&A wurden schon acht Wochen nach Einführung dieses Angebotes namens Click&Collect zehn Prozent der Onlinebestellungen im Laden abgeholt. Ein weiterer wesentlicher Vorteil von Multichannel: Sollte sich der Online-Kauf als Fehl-Kauf herausstellen, kann der Kunde das Teil einfach in einem der Läden seines Händlers abgeben oder umtauschen, wenn er das Retourenpaket nicht verpacken und

zur Post bringen möchte. Praktisch für den Kunden, reizvoll für den Händler der dem Kunden bei der Gelegenheit gleich noch etwas anderes verkaufen kann, wenn er denn schon mal im Laden ist. Allerdings muss der Händler dafür sorgen, dass es genügend Platz und Mitarbeiter für die Retourenannahme im Geschäft gibt.

»Die Wechselwirkungen zwischen den beiden Vertriebsarten Online und stationär sind deutlich größer, als viele glauben. Tests haben ergeben, dass Händler ihren Gesamtumsatz deutlich steigern können, wenn sie Online- und Offline wirklich gut ergänzen«, sagt Esprit-Mann Michelberger, dessen Unternehmen in dieser Disziplin zu den besten deutschen Modeanbietern gehört.

C&A-Manager Rothberger hat da interessante Beobachtungen gemacht: »Zum Wochenende hin, also am Freitag, gehen die Onlinebestellungen zurück. Offenbar wissen die Kunden dann schon, dass sie am Samstag in die Innenstadt gehen wollen.« Und auch umgekehrt gibt es interessante Wechselbeziehungen: »Seltsamerweise sind die Sonntage nach umsatzstarken Samstagen in den Geschäften Online besonders gut. Dann gehen die Bestellungen um zehn bis 20 Prozent in die Höhe.« Möglicherweise, weil die Kunden Kleidungsstücke gesehen haben, die ihnen gefielen, die aber in der passenden Größe oder Farbe nicht am Ständer hingen, weil sie sich zum Kauf erst am Abend durchringen konnten oder weil sie einfach keine Lust hatten, die Einkaufstüte mitzuschleppen. Vielleicht ging der Stadtbummel ja noch weiter oder es stand anschließend der Besuch im Fußballstadion oder im Theater auf dem Programm.

»Die Kunden kaufen doch situativ«, weiß Rothberger, »wenn ich in der Stadt ein tolles Sakko sehe, dann will ich es sofort dort kaufen. Aber wenn ich als Händler gar nicht in der Stadt bin, werde ich solchen spontanen Kunden nichts verkaufen können. Genau das sind Chancen von Multichannel.« Für den C&A-Onliner steht fest: »Multichannel ist die Zukunft. Denn egal, ob Online 20, 30 oder irgendwann einmal 40 Prozent des Einzelhandelsumsatzes bekommen wird, es wird immer noch Läden geben. Und wer seinen Onlinestore und die Läden kundenfreundlich verbindet, wird große Chancen haben.« 80 000 oder noch mehr Artikel wird C&A nicht ständig in jedem Haus vorrätig haben können, im Onlineshop als Sicherheitsnetz allerdings schon. Denn das braucht keine teure Fläche in der Innenstadt.

»Wer diesen Trend verpasst hat, wird schon bald ein großes Problem haben«, glaubt Deichmann-Manager Hackel. Auch sein Unternehmen kommt, wie Esprit und C&A, aus der Tradition des Stationären und hat sich Stück für Stück die Welt des Virtuellen erschlossen. Einfach sei das nicht gewesen. »Das Onlineshoppen verändert praktisch alles, was wir Händler bisher gemacht haben, von der Produktpräsentation über Werbung, Marketing und den eigentlichen Verkaufsvorgang bis hin zur Abrechnung. Wir haben mit der Hinwendung zum E-Commerce viele Prozesse auf den Prüfstand gestellt.«

Noch deutlicher sagt es Torsten Toeller, Gründer und Chef der Tierbedarfskette Fressnapf: »Eine solche Neuausrichtung lässt im Unternehmen keinen Stein auf dem anderen. Die Veränderungen betreffen das Arbeitsfeld jedes Mitarbeiters. Das ist nicht immer einfach. Aber da muss man durch, wenn man sein Unternehmen zukunftsfest machen will.« Toeller arbeitet daran, seinen zwei Jahrzehnte lang nur in Läden aktiven Konzern zum Crosschannel-Unternehmen zu machen, nachdem der Konkurrent zooplus.de schon seit Jahren das Onlinefeld beackert. Am Ende wird ihn die Schaffung der entsprechenden Infrastruktur nach eigenen Angaben mindestens 35 Millionen Euro und eineinhalb Jahre Arbeit gekostet haben. Dass er just nach dem erfolgreichsten Jahr der Firmengeschichte begonnen hatte, Fressnapf umzubauen, hat im Haus für manche Verwunderung gesorgt. Es lief doch alles toll, auch ohne hohe Onlineumsätze. »Aber um das Unternehmen auch in Zukunft erfolgreich zu machen, ist es extrem wichtig, auf die grundlegenden Umwälzungen am Markt konsequent zu reagieren, selbst wenn man etwas spät dran ist. Wer jetzt immer noch nicht begriffen hat, wie wichtig der Onlinehandel und eine exzellente Verbindung von Online- und Offline-Geschäft ist, wird in Zukunft nicht erfolgreich sein.«

Ohne Frage sei es »verdammt schwierig und aufwändig, eine solche Crossschannel-Strategie zu installieren. Wenn man sie aber hinbekommt und die Filialen wie den Onlinehandel in all ihren Facetten beherrscht, hat man für die nächsten Jahre einen enormen Wettbewerbsvorteil, weil man die Kunden an seine Marke bindet. Denn die denken nicht in Kanälen, sondern suchen und erwarten Lösungen. Wenn sie diese nicht bekommen, kaufen sie woanders ein«, ist sich Toeller sicher.

Und nicht nur er: »Ein bisschen Online geht genauso wenig wie ein bisschen schwanger«, sagt Doktor Hudetz. Das jedoch ist für kleinere Unter-

nehmen, die knapp bei Kasse sind, genau das Problem, das sie ins Dilemma stürzt: Die Investitionen in eine Onlinestrategie werden sich nicht innerhalb der nächsten zwei bis drei Jahre rechnen. Das Geld könnte kurzfristig effektiver eingesetzt werden. Doch wenn die Eigentümer das Geld nicht in eine Online-Präsenz investieren, ist der Onlineaffine Konkurrent schon hoffnungslos enteilt. Und sein Wettbewerbsvorteil an dieser Stelle hat sich abermals vergrößert.

»Es ist für mich erstaunlich und völlig unverständlich, dass stationäre Händler angesichts der schon vorhandenen Überkapazitäten an Ladenfläche von 30 Prozent weiterhin intensiv in immer mehr größere Filialen investieren«, sagt Kay Hafner, »vor allem mittelständische Hersteller investieren noch kräftig in die Ausweitung ihrer Handelsflächen, um schnelles Umsatzwachstum zu schaffen.« Immer noch schnappen sich Händler Standorte, die nicht wirklich perfekt zu ihnen passen – nur damit der Konkurrent, der ebenfalls Interesse hat, den Laden nicht bekommt. Und dann binden sie sich mit Mietverträgen, die fünf oder zehn Jahre laufen und machen sich selber unflexibel. Denn diese Läden vorzeitig zu schließen wäre viel zu teuer, weil ja – vom Personal ganz abgesehen – auf jeden Fall die hohen Mietkosten weiterlaufen würden, auch wenn schon gar keine Umsätze mehr hereinkämen. Das hat zur Folge, dass Läden in Deutschland – wahrscheinlich sind es Tausende – betrieben werden, die ihre Kosten nicht einspielen, sondern Monat für Monat am Kapital ihres Eigentümers knabbern.

Ein besonders gutes Beispiel für ein Unternehmen, das sich hervorragend vom Stationärhändler zum Multichannel-Anbieter entwickelt hat, ist der Premium-Anbieter mytheresa.com. Hier fühlen sich viele der teuersten Marken so gut aufgehoben, dass es sie sonst nirgends im Netz gibt, außer bei der Marke selber. Die Seite beweist, dass auch extrem teure Designer-Mode erfolgreich im Internet abzusetzen ist. mytheresa hat seinen Ursprung in einem Geschäft in der Münchener Innenstadt.

Ansonsten sind die Beispiele von stationären Händlern, die sich zu gut funktionierenden Hybriden entwickelt haben, eher rar gesät. Es ist wohl tatsächlich ziemlich schwierig, in zwei Vertriebsformaten gleichzeitig sehr gut zu sein. Vorne mit dabei ist seit Jahren schon die Outdoor-Kette Globetrotter. Die Hamburger Marke legt sich in ihren Filialen vorbildlich ins Zeug: Wo kann man schon Wildnesskleidung in der Kältekammer oder einen Regen-

schutz unter der Dusche ausprobieren, in welchem Laden lässt sich sonst ein Kanu zu Wasser lassen und testen? Bei Globetrotter geht das, viel mehr Event kann ein Laden kaum bieten. Und doch haben sie auch hier das Problem des »Beratungs-Diebstahls«. In der Globetrotter-Filiale probieren sie alles aus – und bestellen dann doch bei einem anderen Händler Online, der sich die Beratungskosten gespart hat und das Kanu deshalb um ein paar Euro billiger anbieten kann.

Auch der Multichannel-Kunde ist halt schrecklich untreu und tut es mit jedem, der ihm in diesem Moment gerade attraktiver erscheint, und der ist oftmals, wie Zalando oder Amazon, ausschließlich im Netz zu finden. Vor allem lässt diese Kundenloyalität bei jenen Händlern zu wünschen übrig, die den Mix der vielen bekannten Top-Marken im Regal haben, den sogenannten Multilabel-Anbietern. »Nur etwa zehn Prozent der Stationär-Kunden eines Multimarken-Händlers nutzen auch dessen Online-Shop«, heißt es in einer Studie der Strategieberatung OC&C (Pressemitteilung, 12. März 2013) zum Multichannel-Handel in Deutschland. Ihnen gelinge nicht, ihre Marktanteile aus dem Ladengeschäft in den E-Commerce zu übertragen. Denn ihre Angebote sind austauschbar; Marc O' Polo, S. Oliver oder Tommy Hilfinger kennt der Kunde, er kauft risikofrei einfach beim günstigsten Anbieter. Kein Wunder, dass es mit der Kundentreue bei Anbietern mit weniger austauschbaren Produkten deutlich besser aussieht. »Hier liegt der Anteil der Multichannel-Kunden bei etwa 25 Prozent. Einigen Händlern gelingt es sogar, 40 Prozent der Kunden über beide Kanäle hinweg zu binden«, sagt OC&C-Partner Gregor Enderle, dessen Team 2300 Verbraucher in Deutschland zum Thema befragt hatte. Er nennt als Musterbeispiele Tchibo – denn Tchibo-Produkte gibt es nur bei Tchibo, die wird kein Onlinehändler billiger anbieten. So entgehen die Tchibo-Produkte dem Haifischbecken von Preistransparenz und Vergleichbarkeit. Sogenannte vertikale Händler, die von der Planung über das Design bis zum Verkauf ihrer Produkte alles selber machen, bekämen die Übertragung ihrer Umsatzanteile aus den Ladenstraßen ins Netz ganz gut hin und seien ihrem »fairen Marktanteil« im Netz schon nahe – im Gegensatz zu Karstadt oder Kaufhof, obwohl die Warenhaus-Giganten schon seit über zehn Jahren im Netz vertreten sind. Ihre Produkte gibt es halt überall.

Nicht zuletzt vor dem Hintergrund der OC&C-Studie wird deutlich, welche gewaltigen Umsatzchancen sich für Multichannel-Händler ergeben,

wenn es ihnen gelingt, ihre schon vorhandenen Kunden nur ab und zu vom Fremdgehen abzuhalten. Immer mehr Anbieter versuchen das über auf das individuelle Kaufverhalten des Konsumenten abgestimmte Angebote per E-Mail oder SMS, per Gutscheine oder Bonuspunkt-Gutschrift, die man beim Online-Kauf sammelt und im Laden einlösen kann oder umgekehrt. Berater Enderle sieht dennoch reichlich Nachholbedarf im deutschsprachigen Raum: »Vielen Händlern fehlt es noch an Verständnis für die Bedürfnisse des Multichannel-Kunden.«

Und jener Kunde will sich auf seinem Smartphone etwa anzeigen lassen, ob ein Laden der gewünschten Kette in der Nähe ist, wie er dort hinkommt, ob er gerade geöffnet hat und vor allem, ob der grau-rote Sneaker in Größe 43 dort auch vorrätig ist.

Auch eine Studie der OC&C-Konkurrenz Accenture vertritt die These, dass viele Multichannel-Hersteller nicht verstanden haben, worum es bei der Verbindung der Ladenkette mit dem Onlineshop wirklich geht: Fast die Hälfte der bei einer Konsumentenstudie befragten Kunden in Deutschland sagten, dass die deutschen Händler an einem wesentlichen Punkt dringenden Nachholbedarf hätten: Produktsortiment, Preise, Discounts und Werbeaktionen sollten bitte in allen Vertriebskanälen dieselben sein. »Nahtlos« müsse das intermediale Einkaufserlebnis sein, folgert daraus Accenture. Die befragten Konzerne dagegen antworteten, dass sie vor allem in die Personalisierung von Angeboten auf ihre Kunden, die Erhöhung der Liefergeschwindigkeit und generell die Verbesserung der Qualität investierten. Von der besseren Vernetzung von Online und Offline, die sich zumindest die Hälfte der Kundschaft so sehr wünscht, ist da überhaupt nicht die Rede. (Accenture: »The Seamless Consumer Speaks – Are Retailers Listening?«, Februar 2013). Glaubt man dieser Studie, sprechen Kunden und Multichannel-Händler nicht dieselbe Sprache, was den reinen Onlinehändlern in die Karten spielt.

Allerdings sehen auch viele Onlinefans, dass die stationären Händler besser werden. »Die holen auf«, bestätigt Stylefruits-Mann Heinrich. Genau das könnte Zalando auf Dauer wehtun, glaubt Kay Hafner, der frühere Chef von Wal-Mart Deutschland. Sein früherer Arbeitgeber hatte den Onlinetrend lange ignoriert. Inzwischen ist das Unternehmen aufgewacht und investiert viel Geld in den E-Commerce. Vielleicht können sie irgendwann beides exzellent: ihr angestammtes Laden-Geschäft und den neuen Onlinehandel.

Und dann sind plötzlich die Pure Players wie Amazon oder Zalando die Gejagten.

»Die überholen rechts«, glaubt Hafner. »Das kann aber drei bis fünf Jahre dauern. Wenn dieses Unternehmen beschlossen hat, etwas zu schaffen, dann bringen sie die Kraft auch auf die Straße.« Vorstand und Aufsichtsrat von Wal-Mart hatten das Thema Online jetzt ganz oben auf die Tagesordnung gesetzt. So laufen jetzt Tests, bei denen der Kunde im Store jedes Produkt, das er haben will und in seinen Einkaufswagen legt, scannt. Damit ist es praktisch schon bezahlt; gleichzeitig gibt es auf dem Monitor Informationen zum Produkt bis hin zum kurzen Video. Am Ende des Einkaufs muss er sich nicht lange an der Kasse anstellen, der Wagen wird lediglich einer kurzen Plausibilitätsprüfung unterzogen – das war's. So bringt es einen Bequemlichkeitsvorteil für die Kunden, der Händler spart dazu irgendwann auch noch Kassenpersonal ein. Und – nicht zu unterschätzen – durch den Einsatz des Smartphones mit einer ganz neuen Anwendung holt diese Art des Einkaufs vielleicht sogar die Generation Smartphone ab, denen Einkaufen im Laden als hoffnungslos »old school« erscheint. Es ist zumindest ein ernst zu nehmender Versuch, digital natives für den klassischen Einkauf im Laden zu begeistern. Es ist bemerkenswert, dass mit Wal-Mart in den USA und Tesco in Großbritannien ausgerechnet zwei riesige Handelsketten aus der Lebensmittel-Ecke jetzt den Zug der Zeit erkannt haben und in eine Melange aus Offline und Online investieren, obwohl die digitale Revolution bei Essen und Trinken wohl zuletzt ankommen dürfte. Wichtig für Zalando und seine Geschwister in den Schwellenländern: Wal-Mart und Tesco verkaufen auch Textilien, könnten also irgendwann auch mal Konkurrenten werden. Vor allem sind es zwei finanzkräftige Ketten, die sich solche Versuche leisten können. Tesco gilt zudem weltweit als Benchmark in Weitsicht und strategischen Planung sowie deren konsequente Umsetzung im Einzelhandel.

Aber muss bald jeder Händler unbedingt Multichannel anbieten? »Natürlich kann ein Unternehmer auch zu der Erkenntnis kommen, dass es sich für seine sechs Läden nicht lohnt, einen Internet Shop aufzubauen«, sagt C&A-Mann Rothberger, »das ist auch völlig in Ordnung, wenn es eine bewusste Entscheidung statt eines ängstlichen Nicht-Entscheidens ist und der Unternehmer sein stationäres Ladenkonzept auf seine Internetabstinenz abstimmt. Also etwa durch tollen Beratungsservice.«

So sieht es auch Hafner: »Stationär allein kann funktionieren, wenn der Unternehmer investiert, sich Gedanken macht und seine Produkte ideenreich inszeniert und er gutes und freundliches Personal hat: Die große Edeka-Supermärkte zeigen es ja. Die Kunden gehen dort gerne einkaufen und sie bezahlen gerne. Wenn das Erlebnis gut ist und ein gutes Gefühl macht, fragen die Kunden nicht nach dem Preis.«

Shoppen in der Straßenbahn

Wer den Einkauf zu Hause am PC für schrecklich cool und modern hält, der ist inzwischen schon wieder von gestern. Längst ist M-Commerce der neue Trend, einkaufen unterwegs über das Smartphone oder den Tablet Computer. In der Straßenbahn, am Strand, bei Starbucks, in der Kaffeepause in der Betriebskantine – überall.

»Smartphone und Tablet nehmen schon jetzt explosionsartig zu«, weiß Esprit-Mann Michelberger. Er könne sich vorstellen, in seinem Unternehmen in fünf Jahren über die Tablets ähnlich viel Umsatz zu machen wie bisher über klassische PCs.

Allerdings muss der Händler für das Smartphone als Anbieter etwa von Textilien oder Schuhen wirklich relevant sein, sonst kommen nicht genügend Interessenten auf die mobile Seite. Und die Darstellung auf dem Display muss noch verbessert werden. Bisher ist die Conversion Rate – also der Anteil jener Besucher, die tatsächlich etwas kaufen – auf dem Smartphone auch noch deutlich niedriger als über andere Geräte.

Aber der Traffic, also das Nutzeraufkommen, steigt stärker als die Zahl der Geräte. Was wohl bedeuten dürfte, dass die Käufer erst nach und nach entdecken, was mit den kleinen Geräten alles geht. Das spricht dafür, dass der mobile Einkauf höhere Wachstumsraten vor sich haben dürfte als der Onlinehandel insgesamt. »Viele Händler haben das unterschätzt«, glaubt Michelberger. Bei Esprit kommt bereits ein Viertel der Besucher der Homepage über mobile Geräte. 2014 sollen die mobilen Kunden auch mindestens ein Viertel der Online-Umsätze bringen.

Auch beim Schuhhändler Deichmann shoppt die Kundschaft gern im Gehen: Eineinhalb Jahre nach dem Start des Angebotes entstehen schon rund

zehn Prozent der Onlineorders über mobile Nutzer. Die Bestellungen über Tablet PCs sind hierin noch nicht einmal enthalten. Sie rechnet das Essener Unternehmen, anders als viele Wettbewerber, nicht dem M-Commerce, sondern dem ganz normalen Onlinegeschäft zu. Die Wachstumschancen seien riesig, weil die Lernkurven bei anbietenden Firmen und kaufenden Kunden nach oben schießen und weil schnelle Netze noch bessere Präsentationsmöglichkeiten böten. Zudem werde die Zahl der eingesetzten Geräte deutlich steigen und damit die der möglichen Mobil-Kunden.

Anfang 2013 heißt es in der Präsentation »M-Commerce« des Bundesverbandes Digitale Wirtschaft (BVDW), dass jeder dritte Deutsche sein Smartphone in diesem Jahr 2013 auch zum mobilen Einkaufen nutze, bei den unter 30-Jährigen ist es sogar schon jeder zweite. Zwei Drittel der Smartphone-Besitzer in Deutschland verließen nach einer Studie von Google Mobile Insights ohne das Gerät ihre Wohnung schon nicht mehr. Diese Studie stammt von 2011, doch längst dürfte die Quote derjenigen, die ohne iPhone buchstäblich nirgends mehr hingehen, noch höher geworden sein.

An jedem Ort und zu jeder Tages-und Nachtzeit wird das Smartphone zur Information über Produkte und Preise genutzt und immer öfter dann auch gleich zum Bestellen. Der Händler hat damit ständig den unsichtbaren Draht zu seinem Stammkunden und kann ihn immer, wenn es in seiner Vertriebskonzepte passt, mit Werbung, Sonderrabatten oder sonstigen Kaufanreizstimulanzien bedenken.

Ladenbesitzer können die Smartphoneritis allerdings nutzen, indem sie in ihren Ausstellungen QR-Codes an den Produkten anbringen. Einmal gescannt, verraten sie dem Nutzer des Gerätes Details über den Artikel, vielleicht noch verbunden mit einem Rabattangebot. Das könnte einem auch auf iPhone flattern, wenn man nur am Laden vorbeigeht, damit man eben nicht vorbei, sondern hineingeht.

Neben den kleinen Smartphones degradieren die größeren Tablet-Computer den klassischen Personal Computer schon fast zum alten Eisen. Tablets wie das iPad von Apple machen zudem dem Fernseher Konkurrenz. Denn nach der erwähnten Google-Studie von 2011 surfen 41 Prozent der Tablet-Besitzer während des Fernsehens mit dem Smartphone durchs Netz, angetrieben von Anregungen aus dem TV-Programm. Und sie kaufen. Alastair Bruce von Google Deutschland ruft gar das Zeitalter der fünf Bildschirme aus:

Fernsehen, PC, Laptop, Smartphone – und dann auch noch Googles neue Multifunktionsbrille Google Watch, mit der man im Gehen kommunizieren und im Internet surfen und einkaufen kann. Immer mehr Nutzer gebrauchten viele Bildschirme nebeneinander. Und sie kauften dann auch mehr, sagte Bruce auf dem Kongress Online Handel 2013 in Bonn im Januar 2013. Wie viele Konsumenten diese Fünf-Bildschirm-Kultur für einen Fortschritt und wie viele sie für eine unerträgliche Reizüberflutung halten, wissen wahrscheinlich allenfalls die fleißigen Datensammler vom größten Suchmaschinenkonzern der Welt.

Eine Untersuchung des Versandhandelsverbandes bvh zusammen mit den Marktforschern von Boniversum Consumer Information bestätigt den Boom des M-Commerce mit Zahlen. Danach hatte Ende 2012 jeder zweite Deutsche ein Hightech-Handy, das zum Shoppen taugt. Ein halbes Jahr später »nutzen 40 Prozent der Smartphone-Besitzer in Deutschland das Gerät auch zum mobilen Einkauf«, heißt es in der Mitteilung zur Studie (Pressemitteilung bvh, 28. Mai 2013). 2012 seien nur 32 Prozent der Nutzer mit ihrem iPhone oder dem Konkurrenzprodukt im Internet einkaufen gewesen. Junge Leute zwischen 18 und 29 Jahren, also solche im besten Zalando-Alter, nutzen das Smartphone allerdings für das Shopping – so häufig wie keine andere Altersgruppe: fast 57 Prozent tun es, Männer etwas häufiger als Frauen. Fast jeder zweite der Befragten, die von sich behaupteten, sie hätten sehr wenig Zeit zum Einkaufen, nutzten ihr Smartphone zum Shoppen. Und da diese Kunden in aller Regel über ein überdurchschnittlich hohes Einkommen verfügen – um das zu bekommen, haben sie ja gerade so wenig Zeit fürs Einkaufen – und nicht unbedingt auf den Euro achten, lohnt es sich für die Onlinehändler ganz besonders, in immer bessere und bequemere E-Commerce-Anwendungen gerade für diese Klientel zu investieren.

Allerdings war der Anteil des M-Commerce am Versandhandelsgeschäft im Jahr 2012 noch gering. Gerade fünf Prozent der Produkt-Bestellungen, wobei eine Bestellung zumeist mehrere Produkte umfasste, wurden laut bvh Online getätigt. Bei virtuellen Produkten wie Downloads waren es bereits 37 Prozent. Für Schuhe und Textilien lagen keine Detailzahlen vor. Der Wert der mobil georderten Waren dürfte aber deutlich über den fünf Prozent Bestellanteil gelegen haben. Schuhe, Kleider oder Computer sind nun mal teurer als Musik- oder Spiele-Downloads.

Der Studie zufolge ist der Rechnungskauf inzwischen nicht mehr die beliebteste Art von M-Commerce-Kunden, ihre Rechnungen zu begleichen: Noch 42 Prozent der Kunden bezahlen laut Studie per Rechnung, 44 Prozent allerdings nutzen inzwischen mobile Bezahldienste. Vor allem die Kunden über 40 Jahren nutzen die Mobile Payment Dienstleister. Der klassische Rechnungskauf scheint dennoch nicht vom Aussterben bedroht zu sein: »Auch beim Mobile Shopping wollen sich die Verbraucher offensichtlich die bestellte Ware anschauen, bevor sie sie bezahlen. Daher wird der Kauf per Rechnung auch weiterhin eine wichtige Bedeutung für Händler behalten«, meint Boniversum-Geschäftsführer Siebo Woydt. Boniversum ist eine Tochter der Wirtschafts-Auskunftei Creditreform. »Die Entwicklung zeigt, dass insbesondere die Bereiche Mobile Payment, Shopping, Ticketing, und Loyalty in den kommenden Jahren an Bedeutung gewinnen werden«, heißt es in der BVDW-Präsentation.

Im Netz ist Platz – aber nicht für jeden

Doch auch im Onlinehandel ist, wie sollte es auch anders sein, nicht jeder Gründung der immerwährende Erfolg beschieden. Der Verdrängungswettbewerb hat bereits begonnen, der in der Wirtschaftsgeschichte immer auf die Goldgräberphase, auf den Sturm und Drang, zu folgen pflegt. Denn die Zahl der Onlinenutzer wird in Westeuropa nicht mehr so rasant steigen wie zuletzt, schließlich sind schon zig Millionen Europäer im Netz unterwegs. Und mit der zunehmenden Sättigung des einstmals neuen, leeren Marktes treten bekannte Mechanismen wie die Konsolidierung, also die Reduzierung der Zahl der Wettbewerber in den Vordergrund.

Kleine Firmen wie die Berliner myParfum.de mussten im Frühjahr 2013 Insolvenz anmelden, andere Anbieter wurden still und heimlich eingestellt. Frühere Überflieger im Netz sind längst vergessen: Wie lange ist der Hype um »Second Life« her? Firmen aus der Konsumartikelbranche, die nicht in diese virtuelle Parallelwelt investieren wollten, galten eine Zeitlang als die Totgeweihten. Das hat sich schnell gedreht: Jetzt ist Second Life tot.

Solche Entwicklungen haben selbst die Erfolgreichen im Onlinemarkt im Hinterkopf: Erfolgsgarantien für die nächsten Jahrzehnte gibt es im Internet

nicht, weil alles so schnell geht. Schon die nächste technische Innovation kann den derzeitigen Marktführern ihren Vorsprung nehmen und die Wettbewerbssituation wieder auf null stellen. Noch ist auch kein europäischer Onlinehändler so groß, dass er sich zurücklehnen kann, weil ihn nichts mehr umwerfen kann. Auch Zalando ist noch nicht »too big to fail«.

»Wenn Zalando auf gut 500 Millionen Euro Umsatz in Deutschland kommt, sind die zwar groß, aber längst nicht unangefochten: Starke vertikale Anbieter wie Zara, H&M oder Esprit kommen auch auf hohe Umsätze – und sie betreiben selber gute Onlineshops«, sagt EHI-Mann Hudetz. Auch Otto ist ja noch gut im Rennen. Allein dessen Modeversender Baur erzielte 2012 einen Umsatz von 666 Millionen Euro. Die Otto-Marken Baur, Heine oder Schwab spielen in einer Umsatz-Liga mit Zalando. Ottos Kommunikationsdirektor Thomas Voigt wehrt sich gegen die oftmals kolportierte Darstellung, dass sich die Kerngesellschaft Otto von Zalando beim Modeversand zunehmend die Butter vom Brot nehmen lässt: »Bei Otto mit seinen über zwei Milliarden Euro Umsatz steigt auch der Modeabsatz Online deutlich, und das bei ordentlichen Renditen. Das Ergebnis der Einzelgesellschaft Otto ist so gut wie seit zehn Jahren nicht.«

Obwohl also bei Otto Online alles so gut zu laufen scheint, will sich auf Nachfrage kein Top-Manager zum Herausforderer Zalando äußern. »Zalando ist ein sehr beachtliches Start-up, von dem man vor allem beim Marketing einiges lernen kann«, sagt Voigt. »Aber wir sehen Zalando nicht als engen Wettbewerber zu unseren diversen Aktivitäten. Zalando hat den Modemarkt eher erweitert, wovon alle im Onlinehandel tätigen Unternehmen profitieren. Das geht aber eher auf Kosten der stationären Modehändler und nicht der Online aktiven Distanzhändler«, sagt Voigt. Dass Zalando kein Wettbewerber von Ottos Onlinehändlern sein soll, ist allerdings eine eher exklusive Interpretation der Marktverhältnisse.

Doch selbst wenn Otto kein Konkurrent wäre, es gibt noch genügend davon. Frühstarter ebay schließlich ist immer noch da und nach einer Schwächephase vor einigen Jahren wieder gut unterwegs. Längst erzielt das US-Unternehmen auch in Deutschland den übergroßen Anteil seines Umsatzes mit Neuware, oftmals Textilien zu Festpreisen. Genau wie Zalando. Die klassische Auktionsplattform, auf der Privatkunden Gebrauchtes an Privatkunden verkaufen, steht nur noch an zweiter Stelle. Die von vielen belächelten

Teleshopping-Kanäle sind Online inzwischen ebenfalls groß geworden. QVC und HSE verzeichnen inzwischen jeweils fast eine Milliarde Umsatz, wenn auch nicht nur mit Fashion-Produkten.

Niemand weiß zudem, wann und ob Amazon seine Ankündigungen in die Tat umsetzt, im Modemarkt ebenfalls Vollgas zu geben. Bisher beschleunigt Amazon zwar, drückt aber noch nicht richtig auf die Tube. Wenn die Company von Jeff Bezos allerdings große Summen im europäischen Markt ins Marketing für eigene Fashion-Plattformen investieren würde, bekäme Zalando mutmaßlich bisher nicht gekannten Gegenwind zu spüren. Doch bisher wirkt Amazon hier noch nicht zu allem entschlossen – vielleicht funktioniert Mode auf der eher rationalen Amazon-Schiene auch nicht so gut.

Der Super-Datensammler Google robbt sich mit immer neuen Angeboten auch immer näher an den Konsumenten heran. Selber zum Händler will Google aber offenbar nicht werden – damit würden der Suchmaschinen- und Trafficanalyse-Konzern seinen Dienstleistungskunden schließlich direkte Konkurrenz machen: »Wir verstehen uns als Anbieter technischer Plattformen und nicht als Retailer«, versicherte Google Deutschland-Manager Alastair Bruce *(http://www.internetworld.de/Dossiers/Marketing-mit-Google-Shopping/Alastair-Bruce-ueber-Google-Shopping-Wir-verstehen-uns-nicht-als-Retailer-75261.html,* gesehen 13.06.2013). Der Name Google taucht allerdings immer mal wieder auf, wenn man im Markt nach möglichen künftigen Zalando-Wettbewerbern fragt, die jetzt noch keine sind.

Nahezu jeder Modehersteller, der bisher etwa P&C, Breuninger, Karstadt, Kaufhof oder kleinere Boutiquen als Kunden hatte, betreibt inzwischen einen Onlinekanal – und ist damit auch selber zum Händler geworden. Und damit irgendwie auch immer Konkurrent seiner bisherigen Großhandelskunden wie P&C, Breuninger, Karstadt, Kaufhof…

Zalandos Finanzchef Kemper und viele andere in seinem Hause aber kann das Scharren der anderen mit den Hufen nicht schocken: »Mode, Schuhe, Textil, Beauty und Wohnaccessoires dürften in Europa einen Markt im Wert von etwa 500 Milliarden Euro haben. Zalando war 2012 gerade bei einer Milliarde. So gesehen sind auch Otto, Zara oder H&M noch keine Riesen. Da geht noch was. Der Shift vom Off- zum Onlinehandel hat ja gerade erst richtig begonnen.«

Allerdings gibt es ja im Onlinehandel dieses Phänomen des »The Winner takes ist all«. »Grundsätzlich haben die Großen ein deutlich stärkeres Magnetfeld als alle Kleinen zusammen. Die großen Marken ziehen die Kunden an«, sagt Deichmann-Mann Hackel. Das heißt: Es wird – ähnlich wie im stationären Handel – auf Dauer zwei, drei oder vielleicht noch vier Online-Marken geben, die sich wahrscheinlich mehr als die Hälfte der Spartenumsätze teilen werden.

Dass der Markt tatsächlich in diese Richtung unterwegs ist, zeigt eine Untersuchung des IFK Köln, die sich 2012/13 mit den 1000 größten Onlineshops in Deutschland beschäftigte: Ein Drittel der Umsätze wird danach allein von den Top Ten-Firmen bestritten, die übrigen zwei Drittel teilen sich die restlichen 990. Für Store Nummer 1000 blieben gerade noch fünf Millionen Euro Umsatz im ganzen Jahr übrig. Und das ist ziemlich wenig angesichts hoher Marketing- und Technik-Investitionen, die erforderlich sind, um im Wettbewerb auf Dauer mithalten zu können. Dass viele der Unternehmen mit den hohen Platzierungen in diesem Umsatzranking dazu in der Lage sein werden, ist recht unwahrscheinlich. Um einen der vordersten Positionen zu behalten, ist es deshalb nach Ansicht von Hudetz vollkommen folgerichtig, in jungen Märkten so schnell wie möglich groß zu werden, um Amazon etwas entgegensetzen zu können. Größe und hohe Marktanteile sind immerhin eine gute Lebensversicherung für Unternehmen, wenn auch keine Garantie.

Dieser Verdrängungsprozess allerdings ist nur ein Zeichen dafür, dass der Markt erwachsen wird. Es hat dieses Phänomen immer gegeben. Beim EHI in Köln haben sie eine Sammlung mit Werbeplakaten von Handelsunternehmen und Herstellern aus den vergangenen Jahrzehnten: zwei Drittel der Namen kennt heute kein Mensch mehr. Der Unterschied dieser Entwicklung von heute zu damals: »Das Tempo der Konsolidierung hat wahnsinnig angezogen«, sagt Hudetz.

Nach Zahlen seines Institutes hat sich in den vergangenen zehn Jahren die Zahl der vom Eigentümer betriebenen Geschäfte – und darunter sind besonders viele Mode und Schuhe – halbiert. Jetzt machen sie nur noch 15 Prozent am Einzelhandelsumsatz in Deutschland aus. Und es gibt keinen Hinweis darauf, dass damit das Ende dieses Prozesses bereits erreicht ist.

Die dunkle Seite des E-Kaufhauses

Wenn es auch unzählige Theorien, Visionen, Szenarien oder Phantasien darüber gibt, wohin es mit dem Onlinehandel in den kommenden Jahren gehen könnte, so herrscht bei einem Aspekt des Themas die kollektive Ratlosigkeit: Nämlich dann, wenn die Frage auf die Folgen des E-Commerce-Booms für die Innenstädte kommt. Dass die Folgen ziemlich übel werden dürften, darin sind sich alle einig. Nur: Wie übel? Und: Was kann man dagegen tun? Keiner weiß es wirklich.

Aber es hat längst begonnen. Beispiele, die außerhalb der Region niemand mehr kennt, gibt es reichlich. Wie das der Kaufhausgruppe Joh im hessischen Gelnhausen, die im Mai 2013 den Insolvenzantrag gestellt hat. Der Geschäftsführende Gesellschafter machte nicht zuletzt die Konkurrenz aus dem Internet dafür verantwortlich, dass seine Kaufhäuser mit hohem Textilanteil in Gelnhausen, Friedberg, Zwickau, Saalfeld und Gotha keine Chance im Wettbewerb mehr hatten (Textilwirtschaft 27A, 1. Juli 2013, Seite 30).

Selbst wenn der Onlinehandel nur 20 bis 30 Prozent des Umsatzvolumens einer Teilbranche wie dem Fashionhandel abziehen sollte, muss das zu massiven Ladenschließungen in den Einkaufsstraßen und Stadtteilzentren führen. Über das Ausmaß kann man nur spekulieren. Es dürften mehr als diese 20 bis 30 Prozent werden, die die Onliner an Umsatz wegsaugen. Denn besonders kleinere und mittlere Handelsketten, insbesondere Eigentümer geführte Läden, kommen schon jetzt gerade noch irgendwie über die Runden. Wenn ihnen noch weiterer Umsatz verloren gehen sollte, in Verbindung mit abermals sinkenden Renditen, dann werden viele Ladenbesitzer nicht weitermachen. Und die ohnehin knappen Renditen sinken durch den Webhändler: »Es ist völlig unzweifelhaft, dass Zalando und die anderen Onlinehändler ganz massive Vernichter von Gewinnspannen sind«, meint Matthias Händle, Geschäftsführender Gesellschafter des Schuh-Riesen HR Group (Hamm-Reno) in Osnabrück.

Das Online bedingte Ladensterben dürfte vor allem Klein- und Mittelstädte wie die Standorte der Kaufhausgruppe Joh treffen, die ohnehin schon nicht mehr die allerhöchsten Attraktionswerte erzielen. Schließen jetzt auch noch alt eingesessene Fachgeschäfte, weil die Kundenfrequenz weiter sinkt, werden noch mehr Kunden wegbleiben und ihren Bedarf in den großen Städ-

ten decken – oder gleich im Internet. Denn dann, wenn jedes vierte oder fünfte Geschäftslokal leer steht oder von einem Billigshop gefüllt wird, sind die Einkaufsstraßen kleinerer Städte oder die Stadtteilzentren der großen Citys zumindest für die zahlungskräftige Kundschaft bald so unattraktiv, dass es sich wirklich nicht mehr lohnt, dort hinzufahren. Und gerade solche Städte sind auf Laufkundschaft angewiesen. Aber wenn hier immer weniger Kunden laufen, ist eine Abwärtsspirale in Gang gesetzt, von der niemand weiß, wie sie gestoppt werden könnte oder wo sie endet. Die Folgen spüren auch die Standort-Kommune, wenn ihr dringend notwendige Gewerbesteuereinnahmen entgehen und mutmaßlich nicht alle bisherigen Ladenmitarbeiter neue Jobs finden werden.

Schwarzmalerei? Praktisch kein Gesprächspartner sieht die kleineren Städte oder die 1 B-Lagen nicht als Verlierer des Erfolgs von Zalando, Amazon und der anderen Internethändler.

Rheingold-Psychologe Grünewald: »Die Grenzen des Onlinehandels sind ja noch lange nicht erreicht. Da kann man sich schon Sorgen um den stationären Handel machen.«

Ralf Rothberger von C&A: »Es droht die Gefahr massiver Leerstände in den Innenstädten, wenn ein Drittel des Umsatzes ins Internet abwandert. Es ist halt wahnsinnig schwer für einen stationären Händler, seine Kosten der sinkenden Nachfrage anzupassen. Wo soll er sparen? Beim Personal durch noch mehr Aushilfen? Dann gibt er seinen Hauptvorteil gegenüber den Onlineshops – die persönliche, kompetente Beratung – aus der Hand. Bei Werbung und Marketing? Das ist gerade in schwierigen Zeiten besonders riskant.« Auch an den Kosten für Strom, Versicherungen oder den Wareneinkauf wird nicht viel zu schrauben sein. »Bleibt«, so Rothberger, »die Miete«. Bevor sich hier etwas tut, ist allerdings erst einmal die Einsicht der Vermieter notwendig. Ihnen muss klar sein, dass ihnen der Nutzer der Ladenlokale abhandenkommen könnte, wenn sie die Miete nicht reduzieren.

Die Vermieter von Geschäftshäusern sehen viele in der Branche damit als weitere Opfer der Online-Offensive. Doch es ist schwierig, Vermieter zu dauerhaften Mietrabatten zu bewegen, wie man zuletzt an großen Handelsinsolvenzen wie denen von Karstadt oder SinnLeffers gesehen hat. Denn oft befinden sich die Immobilien in der Finanzierungsphase. Der Eigentümer hat also einen Betrag x für Mieteinnahmen eingeplant, mit denen er Zinsen und Til-

gung für den Kredit bezahlt. Rutscht er unter diese Summe, droht seine Finanzierung zusammenzubrechen. Immobilienfonds haben ihren Zeichnern gewisse Renditen in Aussicht gestellt – viele der Fonds-Investoren werden sich Mietsenkungen widersetzen, sie wollen einfach Geld sehen. Und bei Privatvermietern, die das Haus längst abbezahlt haben und die mit einer Reduzierung der Einkünfte eigentlich leben könnten, wird es schwierig, wenn das Gebäude einer Erbengemeinschaft gehört, deren Mitglieder sich nicht grün sind. Es hat viele Fälle gegeben, in denen Eigentümer trotz schlechter Chancen auf einen Nachmieter lieber einen monatelangen Leerstand riskiert haben, als dem aktuellen Mieter zehn Prozent der Kosten zu erlassen. Wenn die Strukturveränderungen durch Online weitere Kreise ziehen, ist das allerdings eine Vermieter-Spekulation, die mehr Werte vernichten wird als eine Reduzierung der Miete. Der Druck auf die Vermieter, deren Immobilien sich nicht an den 1A-Lagen befinden, wird steigen.

Kai Hudetz vom IFH: »Die Top-Lagen werden weiterhin hervorragend laufen und noch teurer werden. Es ist aber die Tendenz zu erwarten, dass hier die Läden kleiner werden, weil mehr Produkte virtuell präsentiert und im Laden Online bestellt werden können. Um die Geschäfte in den großen Städten mache ich mir überhaupt keine Sorgen. Auf Dauer sehe ich aber auch Probleme nicht nur für die kleineren Innenstädte, sondern auch für mittelmäßige Einkaufszentren und ganz besonders die großen Läden auf der grünen Wiese vor den Städten. Deren Vorteil war bisher immer, dass sie auf ihrer großen Fläche sehr viele Produkte zeigen konnten. Diesen Vorteil kassiert jetzt das Internet: Dort gibt es noch viel mehr Produkte als jeder 10 000 Quadratmeter große Markt bieten könnte.«

Deichmann-Manager Hackel: »Das Ergebnis wird eine beschleunigte Konzentration werden. Wir sehen das jetzt schon in Nebenstraßen der großen Einkaufsmalls in Großbritannien und den Niederlanden, da gibt es immer mehr Leerstände.« Da beide Länder einen höheren Onlineanteil am Handel haben als Deutschland, Österreich oder die Schweiz, lässt sich erahnen, was noch auf die kleineren Innenstädte im deutschsprachigen Raum zukommen wird.

Adidas-Chef Hainer: »Die stationären Läden werden nicht verschwinden. Sie müssen aber zusätzliche Angebote schaffen, um die Kunden weiterhin zu locken. Stichwort: Erlebniseinkauf. Es muss dem Kunden einen Mehrwert

bringen, ins Geschäft zu kommen, sonst bleibt er weg und bestellt vom Sofa zu Hause. Dabei ist es schon fast eine Selbstverständlichkeit, dass der Kunde den Schuh, der in seiner Größe im Geschäft nicht mehr vorhanden ist, nach Hause geliefert bekommt. Händler in der Innenstadt, die diese Verbindung von Offline- und Onlinehandel nicht bieten – vielleicht auch, weil sie nicht genügend investieren können –, werden es schon sehr bald sehr schwer haben. Die verschiedenen Verkaufskanäle wachsen stärker zusammen«.

Dass die Stadträte in ihrer Finanznot Parkgebühren weiter erhöhen, Parkplätze irgendwo vor der Stadt ausbauen und die Abstellmöglichkeiten in der Nähe der Fußgängerzonen reduzieren, über City-Maut nachdenken und die Schlaglöcher nicht stopfen, macht den stationären Händlern den Kampf gegen die Amazons, ebays und Zalandos nicht gerade leichter.

Wie also können sich die Innenstädte retten? Darüber bieten Unternehmensberater und Innenstadtentwickler inzwischen teure Seminare und Studien an. Des Rätsels Lösung allerdings gibt es auch dort nicht zu kaufen.

Vor allem zwei Wege werden immer wieder genannt, um die Innenstädte attraktiv zu halten. Der erste ist das »Showrooming«: In den Läden wird weniger verkauft, dafür aber intensiv die Marke und das Produkt inszeniert – so ähnlich, wie die Apple Stores es heute schon tun. Im Showroom kann der Kunde dann unter dem Eindruck der tollen Präsentation Online bestellen, und die Ware am nächsten oder schon am selben Tag geliefert bekommen.

Dieses Konzept mag bei Megamarken in Metropolen, vielleicht noch in großen Shoppingcentern funktionieren. Aber auch in den mittelgroßen Städten? Wie viele solcher, an Messestände erinnernde, Showrooms mit teurer Technik wird sich ein Mode- oder Schuhhändler leisten wollen? Und wie viele dieser Präsentationspaläste will sich der Kunde bei einem Stadtbummel antun? Mancher Innenstadt-Händler flüchtet sich schon in Sarkasmus: »Wir nehmen einfach Eintritt für unsere Showrooms. Dann haben wir wenigstens eine Einnahmequelle.« Wenn denn jemand kommt.

Als zweiter Weg zum Überleben wird immer wieder die Veränderung der Nutzung von Innenstädten genannt. Deutschland habe weiterhin viele attraktive Innenstädte, die künftig aber mehr Entertainment, Gastronomie und mehr Läden für spezielle Nischen bieten müssen. Städte, die sich gar nichts einfallen lassen, werden den Attraktivitätswettlauf gegen Online verlieren.

Die klassischen Läden müssten »mehr Erlebnis schaffen«, das das Internet nicht bieten kann, meint auch Psychologe Grünewald. »Die Leute wollen eigentlich gar nicht mehr ein bestimmtes Stück einkaufen. Die wollen einen halben oder ganzen Tag ein Event erleben.« Vor allem sollte in den überlebenden Geschäften dann Freundlichkeit, Service und Warenkenntnis der Mitarbeiter so gut sein, dass sich für den Kunden der Weg auch ins Nebenzentrum lohnt.

Welches Ausmaß die Veränderungen durch Online in den kommenden Jahren auch noch haben werden und wie wirkungsvoll die Gegenreaktionen der Innenstadthändler auch sein mögen: Die Zukunft des Einzelhandels wird nicht in den Klein- und Mittelstädten liegen.

Das Ausmaß anderer Folgen der Veränderung der Einkaufsgewohnheiten weg vom Laden hin zum Netz ist ebenfalls noch nicht zu beziffern: Über die ökologischen Auswirkungen des Onlinebooms herrscht Unklarheit. Wie stark belasten die unzähligen Fahrten der mit Zalando-, Amazon- oder ebay-Paketen gefüllten Kleinlaster der Logistikunternehmen die Umwelt? Wieviel zusätzliches CO_2 wird bei diesen Fahrten produziert, wie viel alleine bei den Rücktransporten von Abermillionen Retouren-Päckchen? Wie viel mehr Abnutzung und Schäden an den Straßen entstehen durch die Nutzfahrzeug-Flotten, die im Dienste des neuen Handels jeden Tag unterwegs sind?

Auf der anderen Seite: Wie viele Fahrten der Kunden in die Innenstädte werden eingespart, weil die Konsumenten vom heimischen Sofa aus bestellen und die Ware vom DHL-Mann geliefert bekommen, der mit seinem Kleinlaster ohnehin in der Straße ist? Indirekt über den Stromverbrauch allerdings produziert auch jede Surf-Minute im Internet CO_2. Hinzu kommt der Verpackungsmüll durch die Millionen von Pappkartons für die Ware. Die allerdings schränken wahrscheinlich auf der anderen Seite den Einsatz der ökologisch auch nicht gerade unbedenklichen Plastiktüten der Händler in der Stadt oder in den Einkaufszentren ein. Die Öko-Bilanz des Onlinebooms ist also noch nicht geschrieben. Sollte sie aber.

4

Die Verkaufsmaschine

Oder: Wie Zalando funktioniert

Die Psychologie des Erfolgs

Auf den ersten Blick sind diese Werbespots von Zalando entweder lustig, skurril oder vollkommen daneben, je nach Verständnis des Betrachters: den verängstigen Typen im Schuhschrank oder die Rainer Langhans-Imitation, die in der Wohngemeinschaft vor diesem neuen, kapitalistischen Schuhversender warnt, oder die nackten Mädels auf dem Campingplatz, die angesichts des Eintreffens des Paketboten und der Schuhbestellung hysterisch vor Glück schreien, das kann niemand wirklich ernst nehmen.

Und doch begann die eigentliche Erfolgsgeschichte Zalandos in der Breite des Marktes mit der Ausstrahlung des ersten dieser schrägen Werbespots. Und noch heute schnellt die Zahl der Besucher und dann auch die der Bestellungen auf den Zalando-Seiten in die Höhe, wenn einer dieser Spots im Fernsehen läuft, egal in welchem Land. Also muss doch etwas dran sein an dem ganzen Blödsinn. Irgendeinen Schalter im Kundenhirn scheint diese Art der Reklame zu treffen und umzulegen. Tatsächlich setzen diese so locker hingeworfen wirkenden Spots eine hochrationale und ebenso rationale Verkaufsmaschine in Gang, die eines der wesentlichen Erfolgskriterien für Zalando darstellt.

»Genial gelungen« findet denn auch Stephan Grünewald, der wohl bekannteste Konsumpsychologe in Deutschland, die Spots. »Dadurch, dass diese Freude vollkommen überzogen dargestellt ist, kann man drüber lachen. Und zwar ohne sich ertappt zu fühlen, darauf reinzufallen«, erklärt der Mitgründer des renommierten Marktforschungsinstituts Rheingold in Köln. Die Rheingold-Psychologen interviewen im Auftrag von Unternehmen jedes Jahr Tausende Verbraucher, um herauszufinden, welche Art von Werbung oder Selbstdarstellung eines Herstellers oder Händlers die Konsumenten zum Kaufen bewegt. Für Zalando hat das Institut bisher nicht gearbeitet.

Grünewald konstatiert, dass bei aller Übertreibung das Glücksgefühl angesichts der Lieferung des vor einigen Tagen bestellten Schuhs oder des Tops oder des Rocks durchaus treffend dargestellt ist. Und genau dieses Glücksgefühl der Mädchen im Spot möchte die Zuschauerin, zunehmend auch der Zuschauer, aus der Zalando-Zielgruppe ebenfalls erleben. Wenn das tatsächlich so ist, dann hat der Spot funktioniert.

Bei der Erklärung, warum das so ist, wird es richtig psychologisch. Und wie so oft in dieser Wissenschaft werden die Erklärungen in der Kindheit gesucht: »Es ist tatsächlich ein bisschen wie Weihnachten. Und der Fahrer von DHL ist der moderne Nikolaus, der manchmal wöchentlich oder sogar noch öfter Geschenke bringt. Und das Auspacken ist dann wie Bescherung«, erklärt Grünewald den Zalando-Effekt. Heiligabend 2.0 für Erwachsene sozusagen, Bescherungsnervosität reloaded. Zalandos Werbeagentur Jung von Matt spielte beim Weihnachtsspot 2012 mit genau diesem Bild: Der junge, schlanke Zalando-Bote stach, auf dem Dach eines weihnachtlich geschmückten Hauses stehend, den dicken, alten Weihnachtsmann nach kurzer Diskussion der beiden Herren um die Zuständigkeit für die Paketübergabe einfach aus. Der Zalando-Bote schwang sich als erster den Kamin herunter, um die Geschenke abzuliefern. Der Generationenwechsel im Bescherungsmanagement war vollzogen. Jetzt hieß es: Online statt oller Mann mit Bart, Zalando statt Santa!

Onlinehändler wie Zalando schaffen es nach Ansicht von Psychologe Grünewald auch außerhalb der Weihnachtssaison, das Auspacken der Bestellung »zu einem Prozess von ganz eigener Sinnlichkeit zu machen, mit einer eigenen Spannung und einem Hauch Überraschung«. Überraschung? Die Kundin sollte doch wissen, was drin ist im Paket, sie hat es schließlich selber bestellt. Für dieses Phänomen hat der Psychologe eine überraschende Erklärung: bewusstes Vergessen. »Um die kindliche Freude und das Überraschungsmoment wie einst zu Weihnachten auch im Erwachsenenalter immer wieder zu erleben, denken vor allem Frauen zwar daran, dass sie etwas bestellt haben, aber nicht mehr genau an den Artikel. Studien haben gezeigt, dass Frauen manchmal schon nach einer Stunde nicht mehr auf Anhieb sagen können, was sie gerade bestellt haben. Bestellen Kunden oft bei mehreren Online-Händlern, sind sie oft tatsächlich freudig überrascht über das, was der DHL- oder Hermes-Mann dann bringt. Obwohl sie genau dieses Paar Schuhe oder

diese Hose erst wenige Tage zuvor ausgewählt und bestellt hatten. Keine Sorge also, liebe Leserin oder lieber Leser, wenn Sie diese Symptome an sich beobachten: Sie sind ganz normal, Sie leiden nicht an digitaler Demenz!

Der »Schrei vor Glück«, der maßgeblich zur Image- und Markenbildung von Zalando beigetragen hat, scheint selbst seine Schöpfer noch zu begeistern. »Zalando ist pures Konsumentenglück. Frech, unberechenbar und aufregend, wie Mode idealerweise ist«, frohlockt Dörte Spengler-Ahrens von der Hamburger Werbeagentur Jung von Matt, die sich schon den Slogan »Geiz ist geil« der Elektronikhandelskette Saturn ausgedacht hat. »Der Schrei wurde Kult und die Marke zur Kultmarke im Fashion Retail!« (Quelle: *http://etailment.de/thema/e-commerce/mehr-als-kreischalarm-die-erfolgsrezeptur-von-zalando-1104* 09.05.2013). Der verwirrte Mann im Kleiderschrank, der angezogene Zalando-Bote auf dem FKK-Campingpatz, die Langhans-WG oder die männlichen Zalando-Kunden in der Kneipe, die sich nicht sprechend, sondern nur brummend verständigen, diese Spots kennt in der Zielgruppe wirklich jeder.

Dass Werbeleute ihre eigenen Ideen gerne zu »Kults« erklären, ist nun nichts Besonderes. Bei Zalando und dem Schrei ist diese Kategorisierung aber durchaus treffend. Dass Fans ständig Ideen für neue Spots an das Unternehmen schicken, auch dass die Reklame bei Facebook gerne persifliert wird, passt da gut ins Bild. Ebenso wie die Szenen bei der Eröffnung des Outlets in Berlin, als so viele Kundinnen in den Ladenhüter-Laden wollten, dass seither nur noch Einlass bekommt, wer sich zuvor über die Homepage eine Art Mitgliedsausweis besorgt hat. Anzeichen eines solchen Kult-Status sind auch andere Aktionen, die mit dem Verstand von erwachsenen Menschen nur schwer zu erklären sind. Wie beim beim Weihnachtsmann-Hype von 2012: Nachdem der oben schon angesprochene Jahresend-Werbespot ein paar Male im Fernsehen gelaufen war, entstand – mutmaßlich auf Facebook – die Idee, den Generationenwechsel im Bescherungsmanagement in Schokolade zu gießen und in buntes Papier zu verpacken. Und tatsächlich gab es plötzlich die Figur eines Schokoladen-Weihnachtsmannes in Gestalt des Zalando-Paketboten! Zunächst allerdings gab es nur sehr wenige davon tatsächlich, dafür aber eine stets wachsende Fangemeinde im Internet, die sich rege über ihr Verlangen nach den Schoko-Zalando-Männern austauschte: »Ich brauche welche!!! Mein Mann ist Postbote und das ist das beste Geschenk, was man ihm

machen könnte«, schrieb etwa »Petra« am 16. November 2012 unter *http://www.wuestenigel.com/2012/11/16/wo-kann-man-den-zalando-schoko-mann-kaufen/*. »Mein Mann besteht auf dem Zalando-Weihnachtsboten aus Schokolade. Ist das einzige, was er sich zu Weihnachten wünscht«, verrät »Britta«. Und »Icke« weiß bereits: »Wird es bald bei Kaiser's und Tengelmann geben«. Nur blöd für »Sonja«: »Ich wohne in der Nähe von Bamberg in Bayern und bei uns gibt es im Umkreis von 180 km keinen Tengelmann. Toll!« Ein Zalando-Mitarbeiter teilt mit, dass er bereits bei der Geschäftsführung nachgefragt habe. »Sobald ich weitere Infos habe, kann ich ja Bescheid geben.

Und obwohl es am Geschmack des schokoladenen Zalando-Mannes durchaus Kritik gab, verkaufte Kaiser's/Tengelmann, die Supermarktkette von Zalando-Investor Haub, rund 200 000 dieser Figuren. Auf der Zalando-Seite gab es zudem welche zu gewinnen. Und noch lange nach dem Fest schien es einen Markt dafür zu geben: »Ich hab noch welche«, schrieb »jonas« am 25. Januar 2013 auf wuestenigel.com. »Einfach per Mail melden. Ich verschicke ihn für vier Euro plus Porto«. So irrational das auch alles erscheinen mag, so gnadenlos rational arbeitet die Marketing- und Verkaufsmaschinerie, die hinter der Marke Zalando steht und die solche Exzesse wie die mit dem Schoko-Weihnachtsmann erst möglich macht.

Die Marketing-Könige

»Was Zalando bisher an operativen Fähigkeiten gezeigt und insgesamt auf die Beine gestellt hat, ist beachtlich. Es definiert Märkte neu und setzt Rahmenbedingungen. Vor allem sind die Dynamik und die Entschlossenheit bemerkenswert, mit der das Unternehmen innerhalb von vier Jahren praktisch von Null auf eine Milliarde Euro Umsatz gekommen ist«, lobt Jochen Hiemeyer, Geschäftsführer des Bereichs Retail beim Beratungsunternehmen Accenture. Doch er gibt zu bedenken: »Allerdings konnten sich die Gründer dieses Tempo auch leisten, weil sie bisher für ihre Expansion immer genügend Investoren gefunden haben, die ausreichend Finanzmittel zur Verfügung gestellt haben.« Und das ist bekanntlich längst nicht bei allen Neugründungen der Fall.

Mit einem Teil dieses Geldes hat Zalando ein hervorragendes Steuerungsmodell für seine Marketingausgaben entwickelt. Zum Beispiel beim Werbe-

spot: Noch während er über den Fernsehschirm läuft, beginnt die Auswertung. Dienstleistungsunternehmen registrieren bis ins Kleinste, welche Wirkung etwa das Filmchen mit der Zalando-Pipeline im Garten auf den Traffic auf der Homepage hat: Steigt die Besucherzahl an? Für welche Produkte interessieren sich die Besucher während oder in den Minuten nach dem Werbespot? Schießt die Zahl der Bestellungen in die Höhe? Sofort kann man erkennen, ob der Werbespot zu dieser Uhrzeit bei diesem Sender während dieser Sendung eine gute Investition war oder ob die Investition umgeschichtet werden sollte. Der Betreiber einer stationären Ladenkette hat niemals eine solch exakte Erfolgskontrolle seiner Werbung.

»Wir messen und analysieren alle unsere Marketingmaßnahmen. Das macht so kein anderer in Deutschland«, sagt Christian Meermann, der das Zalando-Marketing maßgeblich mit aufgebaut hat. »Jeder Euro wird dreimal umgedreht, bevor wir ihn ausgeben. Wir wollen genau wissen, wie viel Umsatz wir mit 1000 Euro Marketingausgaben zusätzlich erzielt haben, etwa durch einen Werbespot. Das kann man im E-Commerce mit speziellen Tools besonders schnell und genau messen.« Oder – nach Art des Hauses Zalando – noch direkter ausgedrückt: »Jede Marketingaktion muss zu Visits und zu zusätzlichen Verkäufen führen.«

Vor das Auswerten hat Zalando allerdings das Ausprobieren gesetzt: »Wir testen alles«, sagt Meermann. »Es gibt eigentlich kein Werkzeug, das wir vor dem Einsatz nicht ausprobiert hätten. So haben wir zum Beispiel Radiowerbung in Frankreich versucht. Aber als wir nach drei Tagen merkten, dass diese nicht funktioniert und keinen Effekt hat, haben wir es schnell wieder gelassen.« Durch das Ausprobieren von immer neuen Ideen sind sie bei Zalando sogar zu der überraschenden Erkenntnis gekommen, dass sich ein Schuh besser verkauft, wenn seine Spitze nach links zeigt. Ist sie dagegen nach rechts ausgerichtet, klickt der Kunde seltener.

Auch Geschäftsführer und Finanzmann Rubin Ritter ist ein großer Freund des Testens, wenn es um die Unternehmensentwicklung geht: »Diese Versuche kann man auch im Kleinen machen, ohne große Kosten. Und wenn es nicht klappt, probiert man eben etwas anderes, bis die beste Lösung gefunden ist. Wir gehen keine riskanten Wetten ein. Eine einsame Entscheidung, mit der die Existenz der Firma aufs Spiel gesetzen würde, wird es bei uns nicht geben. In dieser Hinsicht sind wir sehr vorsichtig und konservativ.«

Dennoch sind die Marketingkosten nach allgemeiner Überzeugung in der Branche bei Zalando deutlich höher als bei Konkurrenten. Das Unternehmen erkaufe sich für viel Geld Umsatz und Kunden. Darin sehen Kritiker ein Indiz dafür, dass es gar nicht darum gehe, ein langfristig tragfähiges Geschäftsmodell aufzubauen. Hoher Werbeeinsatz, so die Argumentation, brächte hohe Umsatzsteigerungen und die führten dann schließlich zu einem hohen Verkaufspreis, den die Investoren bei ihrem Ausstieg bekämen. Und genau auf einen solchen Exit der Geldgeber mit möglichst hohem Gewinn liefe die ganze Konstruktion Zalando hinaus. Folglich würden die Marketinginvestitionen pro Kunde ganz allein für das Ziel eingesetzt, möglichst schnell den Verkaufspreis des Unternehmens zu steigern und nicht, wie offiziell behauptet, um den Umsatz und den Gewinn zu erschließen, den Zalando mutmaßlich mit dem neuen Kunden für den Rest seines Lebens erzielen kann.

Inzwischen fährt Zalando seinen Etat für Fernsehspots leicht zurück. Denn die Marke hat einen extrem hohen Bekanntheitsgrad erreicht: 95 Prozent der Deutschen sagen bei Umfragen, sie hätten den Namen Zalando schon einmal gehört. »Wir steuern den Einsatz der TV-Werbung jetzt noch intelligenter und flexibler: Zu den Modesaisons im Mai und Juni sowie im Herbst zeigen wir mehr Fernsehspots, in der Zeit dazwischen fahren wir den Einsatz etwas zurück«, sagt Meermann.

Bei Gutschein-Aktionen indes powert das Unternehmen immer noch, um an neue Kunden zu kommen. Insbesondere in Modezeitschriften und Publikationen für die Internet-Community finden sich diese Coupons, die beim Onlineshoppen einen Rabatt von zumeist zehn Euro garantieren. Denn das funktioniert richtig gut, um zunächst diese digital natives im Alter zwischen 25 und 30 Jahren erst einmal zu Zalando zu holen und sie anschließend an die Marke zu binden, damit sie wieder und wieder hier kaufen.

Sind Couponing und TV-Werbung letztlich auch noch analoge Marketinginstrumente, verfeinert Zalando seine Methoden immer mehr genau dort, wo die Konsumenten bereits deutlich weniger weit weg sind vom Onlineshop mit dem orangefarbenen Logo: direkt im Internet nämlich. Der Kampf, der hier um den Kunden tobt, ist eine unsichtbare Welt für sich: Durch Link-Kooperationen mit anderen Websites, Geldzahlungen, Buttonwerbung oder die sogenannte Suchmaschinenoptimierung (SEO) will Zalando für den Onlinenutzer möglichst immer präsent sein. Das allerdings

wollen die Konkurrenten ebenfalls. Und das wollen sie zumeist auch noch mit denselben Methoden erreichen. Folglich ist der Kampf an der SEO-Front knallhart, wobei Zalando aufgrund seiner Datenstärke hier zu den erfolgreicheren zählt. Kunden merken oft gar nicht, mit welchen Systematiken Onlinehändler das virtuelle Lasso nach ihnen auswerfen. Und wie aus ganz normalen Internetnutzern plötzlich Kunden etwa von Zalando werden. Wie sie in eine hoch professionelle Verkaufsmaschinerie geraten und sich darin auch noch wohlfühlen.

Die Suchmaschinen, allen voran Marktführer Google, aber auch Yahoo und andere spielen bei den Tricks der Online-Marketingexperten die zentrale Rolle. Sie sind für Zalando neben der Fernsehwerbung das größte und wichtigste Einfallstor zum Neukunden. Wenn nämlich der Nutzer einen bestimmten Begriff, etwa »Sneakers braun«, in die Maske der Suchmaschine eingibt, beginnt der Wettlauf der Händler um den potenziellen Kunden. Denn der Konsument sucht ein Produkt, das es mutmaßlich bei Hunderten Onlinehändlern überall auf der Welt gibt. Jetzt kommt es für den Händler darauf an, sich von der Masse abzusetzen und sich als einer von vielleicht drei Anbietern zu präsentieren, die ganz oben in der Trefferliste von Google auftauchen. Denn mehr nimmt der gemeine User zumeist ohnehin nicht wahr, mehr wollen die meisten bei einer schnellen Standardsuche auch gar nicht haben. Das macht es für jeden Onlinehändler umso attraktiver, sich irgendwie unter diese wichtigen Top Drei zu drängeln.

Die Bedeutung dieses Mechanismus hatte Zalando-Gründer Robert Gentz bereits in den ersten Tagen des Unternehmens und noch davor im Flip-Flop-Handel erkannt: Er rückte das 2008 noch vollkommen unbekannte Zalando mithilfe des sogenannten Affiliate-Marketing ins Bewusstsein jener Netzbesucher, die seine Kunden werden sollten.

Bei dieser Spielarten des Online-Marketings geht es zum einen um Empfehlungen und Links von anderen, sogenannten »befreundeten« Internetseiten, von Blogs, Produktbewertungen oder Preissuchmaschinen sowie um das Klicken von Werbe-Buttons. Jede Erwähnung eines Händler-Namens wie »Zalando« registriert das System des Suchmaschinen-Betreibers. Wer hier oft genannt wird, für den Markt also offenbar relevant ist, hat bereits gute Chancen, bei der Trefferliste der Suchanfrage eines Nutzers ganz oben genannt zu werden. Kurz: Wer wichtig ist, steht oben.

Beim zweiten Teil von Affiliate geht es knallhart ums Geld: Bei einer Art automatischer Auktion haben Zalando und seine Konkurrenten Summen hinterlegt, die sie bereit sind, für einen Klick eines potenziellen Kunden auf der Suchmaschinenseite zu zahlen. Aber erst dann, wenn sie zu den – etwa bei Google – farblich hinterlegten Treffern gehören. Zwischen 30 und 50 Cent sollen es sein, hört man in der Branche, manchmal auch mehr. Wobei die Preise steigen.

Aus diesen Summen bei der automatischen Auktion, aus der Zahl der Händler-Nennungen bei der Suche in den Tiefen des Netzes und aus weiteren, zumeist geheim gehaltenen Daten rechnet Google blitzschnell sein Ergebnis. Und wirft dem Suchanfrager drei Antworten aus. Die ersten drei besonders kenntlich gemachten Antworten bei Google und zumeist auch noch solche in den Randspalten der Seite sind diese bezahlten Affiliate-Treffer. Klickt der Surfer, der nach »Sneakers braun« gesucht hatte, jetzt etwa auf den Treffer »Zalando«, bekommt die Suchmaschine vom Händler die gebotene Provision von 30 bis 50 Cent. Bei Millionen Suchanfragen pro Tag summiert sich das zu üppigen Einnahmen für den Suchmaschinenbetreiber. Zumal die Provisionen für bestimmte Branchen, etwa bei Versicherungen, im niedrigen zweistelligen Euro-Bereich liegen können.

Auch für Händler dürften sich die Investitionen lohnen, weil sie auf diese Weise massenhaft an neue Kunden kommen. Wenn er zufrieden ist, sollte sich zudem der Kunde – sein Browser ohnehin – den Namen des Händlers merken und beim nächsten Einkauf gleich auf die Seite des Shops gehen. Dann hat Zalando seine 30 Cent Google-Provision gespart und schon beginnt aus einem teuren Neukunden ein sehr viel kostengünstigerer und attraktiverer Bestandskunde zu werden.

Vom Prinzip her ähnlich funktioniert der zweite bedeutende Bereich des Online-Marketing, die »Suchmaschinenoptimierung«, kurz SEO. Bei ihr fehlt allerdings das Element der automatischen Auktion. Treffer können also nicht »gekauft« werden. Die Methoden der Händler, sich auf die ersten Plätze der Trefferliste zu kämpfen, sind somit noch diffiziler.

SEO ist ein Riesenthema bei den Onlinehändlern dieser Welt. Wer sich hier durchsetzt, landet bei Googles Trefferliste an Nummer vier. Es ist das erste Suchergebnis, das nicht farblich unterlegt ist. Ihm haftet nicht der Ruch des gekauften Treffers an, es ist folglich jenes, das die meisten User als Erstes

klicken. Diese Top-Positionierung ist somit die Währung für erfolgreiche Suchmaschinenoptimierung. Um genau an diese Position zu kommen, beschäftigen die Anbieter ganze Abteilungen von Mitarbeitern, die vor allem die Begriffe auf der eigenen Seite und manchmal auch noch Inhalte fremder Homepages so verändern, dass etwa Googles Roboter nicht an der Seite vorbei kommt, wenn er auf der Suche nach Antworten durchs Internet fliegt, sondern sie dem Anfrager empfiehlt. Wieder haben hier die großen Seiten wie Zalando, Amazon, Zappos, Asos oder Deichmann Vorteile vor allem bei den häufig verwendeten Suchbegriffen, weil sie für den Anwender eine höhere Relevanz haben als etwa der Onlineshop des kleinen Schuhhändlers mit drei Filialen irgendwo in Mittelhessen. Auch durch gegenseitige Verlinkungen mit anderen großen Seiten eines Themengebietes können SEO-Experten das Ranking in den Suchmaschinen verbessern.

Ein Teil der Kriterien, nach denen etwa Google bei der Suche arbeitet, ist bekannt, ein anderer nicht. Und gerade an diesem geheimnisvollen Teil arbeiten sich die Spezialisten der Onlinehändler Tag für Tag ab. Sie verändern die Begriffe auf ihren Seiten, kontrollieren den Effekt – was sehr einfach über spezielle Dienstleister zu machen ist – und verfeinern abermals. Gerne verändert aber auch der Suchmaschinenbetreiber von Zeit zu Zeit Teile seines Such-Algorithmus. Und dann können die bisherigen Erfolge der SEO-Heerscharen von einer Sekunde zur anderen wertlos werden, weil sich die Spielregeln geändert haben. Damit beginnt der ganze Wettlauf um den besseren Begriff von vorn, wieder größtenteils auf Verdacht, weil auch die neuen Kriterien der Suchmaschine nicht vollständig bekannt sind. Es ist ein ewiger Kreislauf. Der Suchmaschinenoptimierer ist der Sisyphus des Zeitalters Web 2.0, der verflucht ist, seinen Stein immer wieder den Berg hinaufzurollen – und immer kullert er wieder herunter.

Wo die Grenze zwischen Suchmaschinen-Optimierung und Suchmaschinen-Manipulation verläuft, ist unklar. Sicher ist jedoch, dass es in dieser Branche ziemlich rustikal zugeht und dass im Krieg um den Kunden im Notfall eben keine Gefangenen gemacht werden. Immer wieder gibt es den Verdacht illegaler SEO-Machenschaften. Der Vorwurf, mit massenhaft bestellten positiven Produktbewertungen im Netz Googles Suchroboter beeindrucken zu wollen, gehört da noch zu den harmloseren. Wirklich nachgewiesen werden Verstöße jedoch selten, auch wenn sich die Netzgemeinde in ihren Foren

die Köpfe über diese dunklen Künste heißdiskutiert. SEO ist als Spielart des Onlinemarketings für Händler wie Zalando also kostengünstiger als Affiliate, dafür ist die Konkurrenz aber deutlich größer.

Daneben gibt es im Netz noch die Variante des Display Marketing. Hier schieben sich die großen Seiten im Netz gegenseitig die Links und Empfehlungen zu. Während es bei Affiliate schon mal Tausende Kooperationen geben kann, sind es bei Display nur sehr wenige, dafür aber deutlich massenwirksamere.

Mit diesen Instrumenten kann ein Onlinehändler auch bluffen: Der User wundert sich vielleicht, warum bei der Suche etwa nach Schuhen oder Modeartikeln so oft Zalando auftaucht. Daraus mag er schließen, dass dieser Onlinehändler über ein besonders breit gefächertes Angebot an Waren verfügt. Es kann allerdings auch sein, dass er nur ganz besonders gute SEO-Leute hat oder in diesen Bereich ganz besonders viel investiert.

Das Marketing-Tool der Bannerwerbung kennt jeder Internetnutzer, die Banner sind schlichtweg nicht zu übersehen. Bisweilen nerven sie sogar, weil sie sich – so kommt es einem bisweilen vor – auf jede Homepage drängen. Diese Banner können fest auf einer Seite installiert sein, sich aber auch für kurze Zeit auf einen Teil der Seite legen. Klickt der User darauf, funktionieren sie als Hyperlink und der Nutzer landet auf der Zielseite des werbenden Unternehmens, also etwa bei Zalando. Wichtig und weit verbreitet sind Partnerprogramme, bei denen sich die Teilnehmer gegenseitig Nutzer herüberschieben. Das starre Banner bekommt dabei immer mehr Konkurrenz von animierten Videos.

Außerhalb des Netzes geht Zalando vor allem durch die unübersehbare Fernsehwerbung und durch Gutscheinaktionen in (Mode-)Zeitschriften oder bei Szene-Events auf Neukundenfang. Bei solchen Marketingaktionen außerhalb des Netzes erwischt Zalando den potenziellen Kunden noch am Anfang der »Costumers Journey« – jener Reise, die ihn irgendwann auf die Seite und dann auf den »Kaufen«-Button bringen soll. Meistens verläuft sich der mögliche Konsument, er geht Zalando auf dem Weg zum Button verloren. Also versucht es das Unternehmen wieder und wieder über die verschiedensten Kanäle. »Wir brauchen bei Zalando etwa 45 Kontakte, bis der Kunde zum ersten Mal bestellt«, verriet Florian Heinemann, Chef von Rocket Internet, Mitte 2011 bei einer Präsentation auf der Fach-Konferenz »Next« *(www.exci-*

tingcommerce.de/2011/06/business-intelligence-bei-rocket-internet.html, gesehen 20.05.2013). Nach seinen Worten gibt es bei Zalando und den anderen Beteiligungen von Rocket Internet – anders als bei vielen anderen Firmen – keine festen Budgets für die einzelnen Marketing-Tools. »Wir sagen stattdessen: Wir sind bereit, einen Betrag X auszugeben, um einen neuen Kunden zu bekommen«, erklärt Heinemann. Und dieser Betrag wird dann in die Sparte investiert, in der er auf Basis der zahlreich vorhandenen Daten das beste Ergebnis zu erzielen verspricht. Beim klassischen Ansatz wäre das nicht in dieser Flexibilität möglich: Wenn etwa das Affiliate-Budget schon ausgeschöpft wäre, dieses Tool aber weiterhin jenes mit den besten Erfolgsaussichten wäre, könnte das Unternehmen der reinen Lehre nach dort nicht mehr investieren, selbst wenn das am sinnvollsten wäre. Mit dieser Methode verspricht man sich bei Zalando das meiste aus jedem Marketing-Euro herauszuholen.

Das Ziel ist es dabei immer, aus Neukunden so schnell wie möglich Bestandskunden zu machen, die immer wieder bestellen. Denn sie sind deutlich billiger als die neuen Kunden, die man erst für einen Betrag X einfangen muss. Bestandskunden hingegen kann man deutlich günstiger und noch dazu mit auf ihre bisherigere Bestell-Historie abgestimmten Mails und Newslettern bei Laune halten und zu neuen Käufen animieren. Nach Unternehmensangaben waren Mitte 2013 bereits rund 80 Prozent der Besteller aus Deutschland Bestandskunden, für die also nur noch unwesentliche Marketingkosten anfielen – was sich günstig auf das Ergebnis auswirken dürfte. Die Gewichtung der einzelnen Marketing-Instrumente will Zalando nicht verraten. Es heißt lediglich, alle diese Wege zum Kunden seien wichtig.

Die Nutzung all dieser Instrumente bringt Zalando europaweit Millionen neue Kunden. Aber sie kostet auch Millionen-Summen. Lohnen sich diese Investitionen? Marktbeobachter haben da ihre Zweifel. Einer kleidet sie in einen Vergleich aus der Automobilwelt: »Zalando ist ohne Frage ein sehr, sehr schnelles Auto. Aber es verbraucht wegen des hohen Tempos auch sehr viel Sprit: Es ist von außen sehr schwer zu beurteilen, ob Input und Output noch in einem vernünftigen Verhältnis stehen – und wie lange die Investoren den Sprit bezahlen.«

Auch wenn das Online-Marketing oftmals das Feld bereitet: Den letzten Klick zum Kauf muss der Kunde schon noch selber machen. Aber, um es positiv auszudrücken, Zalando lässt dem Nutzer auch hier jede denkbare

Hilfe zuteilwerden, damit er es möglichst einfach hat, die braunen Sneakers in den Warenkorb zu klicken. Es ist nun mal ganz unkompliziert. Und ungefragt bekommt er dann gleich noch eine Reihe anderer Produkte angeboten, die angeblich auch noch gut zu ihm passen würden. Auch hier reicht dann ein Klick und das Tuch, das doch so wunderbar mit der Farbe der Schuhe korrespondiert, landet ebenfalls im Einkaufskorb. Das ist bequem, einfach und erfordert wenig Aufwand für den Kunden. Und steigert den Umsatz von Zalando, es bringt das Unternehmen der Gewinnzone wieder ein winziges Stückchen näher.

Jobs bei Zalando: Katharina Lutz und Aline Heck
Die Frauen, die aus Surfern Kunden machen sollen
Marketing

Was eine Einkäuferin, ein Fotograf oder ein Webseiten-Produzent bei Zalando tut, mag sich jeder Außenstehende einigermaßen genau vorstellen können. Was hingegen diese Online-Marketing-Leute genau machen, erschließt sich dem gemeinen Kunden zumeist nicht so schnell. Dabei hat er, wenn er irgendwo im Internet unterwegs ist, ständig mit Spezialistinnen wie Katharina Lutz und Aline Heck zu tun. Ohne es zu merken. Denn sie und ihre Kollegen verbringen – schlicht ausgedrückt – den Tag damit, aus Internet-Surfern Zalando-Kunden zu machen. Und somit dafür zu sorgen, dass die Wachstumsstory gerade über immer neue Kunden weiter gespielt wird.

Wenn Katharina Lutz sagt: »Ich mache Affiliate-Marketing« ruft sie außerhalb ihrer Branchen erst einmal neue Fragen auf: Was ist das denn? »Im Prinzip ist Affiliate so eine Art Kooperations-Management«, sagt sie. Bei dieser Spielart des Online-Marketing geht es um Empfehlungen und Links von anderen Internetseiten, von Blogs oder Preissuchmaschinen oder um Besuche über den Klick auf einen Werbe-Button. Daneben bietet der Onlinehändler ausgewählten Suchmaschinenbetreibern – etwa Google – einen bestimmten Betrag für den Fall, dass ein Kunde über den Klick auf eine Google-Empfehlung auf die Seite des Shops kommt. Alles zusammen führt aus Sicht des Händlers im Idealfall dazu, dass Google etwa auf die Suchanfrage »Damenschuhe, flach,grün, Wildleder« als eine der drei Top-Ergebnisse »Zalando« angibt.

Dafür, dass dieser Idealfall immer häufiger eintritt, sorgt die 31-Jährige. 2008, nach ihrem BWL-Studium, hatte sie gehört, dass Samwers Inkubator Rocket Internet eine Praktikantin fürs Marketing suchte. »Ich habe mich damals zusammen mit anderen um verschiedene Start-ups von Rocket gekümmert. Zwei Tage lang war ich für diese, einen Tag für ein anderes Unternehmen tätig, unter anderem auch für Zalando«, sagte Lutz. 2009, als Rocket dann Zalando zum Vorzeige-Unternehmen erhob, wurde alle Marketingkraft auf den jungen Online-Schuhhändler umgeleitet – jetzt war Katharina Lutz Zalando-Mitarbeiterin.

Und baute diese Art des Marketings für die deutsche Seite aus. Mit der internationalen Expansion wurden dann auch Österreich, Holland, die Schweiz, Frankreich oder Italien zum Zielgebiet. »Das ist hochspannend, weil die Situationen in allen Ländern unterschiedlich sind. Affiliate-Marketing ist nun mal eine sehr beziehungsbezogene Arbeit, deshalb kann man nichts pauschalieren.« Je weiter die Penetration eines Marktes durch den E-Commerce, desto verbreiterter sei üblicherweise auch das Affiliate Marketing. »Aber in Skandinavien, das eine sehr hohe Online-Durchdringung hat, ist das komischerweise nicht so. Da ist Affiliate noch nicht sehr weit verbreitet. Aber daran arbeiten wir jetzt.«

Kunden zu fangen ist die eine Aufgabe der Marketingleute. Kunden zu halten die andere. Hat Zalando einen Internetsurfer zum Bestandskunden gemacht, versuchen die Mitarbeiter, ihn mit einem steten Fluss von E-Mails und Newslettern zum Viel-Besteller zu entwickeln. Manchmal allerdings werden es so viele Mails, dass es nervt. »Das wollen wir natürlich verhindern. Wir werten die Reaktionen ja ständig aus und sehen auch, ob eine solche E-Mail geöffnet wurde oder nicht. Wir versuchen wirklich, jeden Kunden glücklich zu machen.«

Selbstverständlich verspürten sie und ihre Kollegen einen Erfolgsdruck, der Laden soll schließlich gut laufen und weiter kräftig wachsen. »Aber ich mag diesen Druck. Das motiviert auch«, sagt sie. »In letzter Zeit sind viele Spezialisten aus anderen Unternehmen ins Haus gekommen, das bringt dem Unternehmen jede Menge neue Kollegen mit großer Erfahrung. Das Start-up-Feeling versuchen wir aber so weit es geht zu erhalten«, meint sie.

Wie lange sie noch bleiben will? »Bislang kam immer wieder eine ganz neue, spannende Herausforderung, wie etwa die Auslandsexpansion. Die-

ses Unternehmen verändert ständig sein Gesicht und die Aufgaben für die Mitarbeiter. Und das macht es so spannend.«

Aline Heck erlebt gerade genau das: Fast drei Jahre hatte sie – ebenfalls nach einem Praktikum als Türöffner – für die Hauptmarke Zalando Marketing betrieben. Neuerdings kümmert sie sich um Zalandos Premium-Portal Emeza und die Top-Eigenmarke Kiomi. Beide Zalando-Töchter arbeiten inzwischen mit eigenständigen Homepages, die Mutter taucht nur noch im Impressum mit Namen auf. Also brauchen sie auch ein eigenes Online-Marketing. Und das baut Aline Heck jetzt auf. »Ich versuche gerade, diese Märkte zu verstehen. Der Markt für Top-Designer-Stücke hat nun mal andere Stichworte als der für Massenmarken.« »Dass ihr Team bisher nur als Aline Heck besteht, stört Aline Heck nicht: Das Team wird bald größer, ganz sicher.«

Feuer und Wasser: Conversion Rate und Retourenrate

Zu den wesentlichen Maßeinheiten für den Erfolg im Internethandel gehört die Conversion Rate. Sie besagt, aus wieviel Prozent der Besuche auf einer Homepage tatsächlich Käufe werden – und genau dieser Schritt ist ja das Ziel all des bisher beschriebenen Aufwandes des Onlinehändlers. Die Conversion Rate gehört bei fast allen Onlinehändlern zum Geheimsten, was es im Unternehmen überhaupt gibt, kaum jemand redet darüber. Denn sie ist eine wesentliche, wenn nicht die wichtigste Maßeinheit für den Erfolg eines Onlinehändlers. Über sie könnten Händler nach Ansicht von Ralf Rothberger von C&A Europe ruhig offener reden, die Werte seien je nach Markt und Unternehmen ohnehin nicht wirklich vergleichbar: »Jeder Onlineshop ist anders und arbeitet unter besonderen Umständen.« In der C&A-Gruppe liege der Wert »je nach Land zwischen einem und fünf Prozent«.

»Im Fashion-Handel ist eine Conversion Rate von drei Prozent oder mehr gut«, sagt Jürgen Michelberger, Onlinechef beim Modekonzern Esprit. Sein Unternehmen aus Ratingen bei Düsseldorf zählt zu den erfolgreichsten im Onlinehandel und beherrscht vor allem die Kombination aus On- und Offlinehandel besser als die meisten anderen. Mit Blick auf die Drei-Prozent-Hürde sagte er: »Ich denke, das Zalando darüber liegen könnte«, sagt Michelberger. Zalando äußert sich zu seiner Conversion Rate nicht.

Insbesondere bei Händlern, die sowohl einen Online-Shop als auch klassische Läden betreiben, hat die Conversion Rate nur begrenzte Aussagekraft. Denn oftmals informiert sich der Kunde auf der Homepage über die Produkte, ohne sie zu bestellen. Das verschlechtert die Conversion Rate. Mit ihren Online gewonnenen Produktinformationen und möglicherweise einer Vorauswahl geht unser Kunde nun in eines der Geschäfte eben jenes Webshop-Betreibers und kauft etwas. Diesen Umsatz hat der Händler zwar in der Tasche, in die Conversion Rate allerdings geht er nicht ein. Dieser für das Unternehmen wichtige Schaufenster-Effekt wird in der Kennzahl somit nicht abgebildet, obwohl er da ist und verkaufsfördernd wirken kann.

Für Zalando allerdings gilt diese Einschränkung der Aussagekraft der Conversion Rate nicht, weil das Unternehmen ja keine stationären Läden und somit keinen Schaufenster-Effekt hat. Den Outlet-Stores in Kreuzberg zum Abverkauf von Ladenhüter kann man dabei vernachlässigen.

Was jedoch die Freude über jede Conversion Rate wieder schmälert, ist die Retourenquote, die »Wie-gewonnen-so-zerronnen-Zahl«. Die Retourenquote bemisst den Anteil der Waren, die die Kunden zwar zunächst kaufen und sich nach Hause senden lassen, den sie nach der Ansicht oder Anprobe aber wieder an den Händler zurückschicken. Dann wird aus der Bestellung kein Umsatz, dann bleiben nur Kosten übrig. Und das ist die Achillesferse von Onlinehändlern. Denn große Teile der Logistikzentren beschäftigen sich nur damit, bereits verschicke Ware wieder einzusammeln, statt für neuen Umsatz zu sorgen. Retouren fressen Geld. Insbesondere bei Zalando. Denn hier ist die Quote besonders hoch: 70 bis 80 Prozent, wurde in der Branche lange gestreut, was bedeuten würde, dass Zalando drei von vier Produkten durch Europa transportieren würde, ohne sie wirklich verkauft zu haben. Diese Gerüchte nervten Geschäftsführer Rubin Ritter: »Um die Diskussionen mal zu beenden, sage ich Ihnen jetzt: Für Zalando insgesamt liegt die Retourenquote bei etwa 50 Prozent«, erklärte er im Interview mit der »Welt« am 18. Januar 2013 – und nannte somit zum ersten Mal eine Zahl. »Eine Welt ohne Rücksendungen«, so Ritter weiter, »wäre schön, ist aber unrealistisch. Für uns lautet die Frage: Kann das Geschäft auch mit Retouren profitabel gestaltet werden? Wir sind sicher, dass das geht.« Und Gründer Robert Gentz stellt im selben Interview klar: »Retouren gehören zum Geschäftsmodell von Zalando.« Das taten sie, wie zuvor schon erläutert, tatsächlich von Anfang an.

Der kostenlose Versand samt gebührenfreier Rücknahme war immer eines der Service-Elemente, mit denen sich Gentz und Schneider einen Wettbewerbsvorteil vor jenen Konkurrenten ausrechneten, die vom Kunden ein paar Euro für die Lieferung forderten. Allerdings muss die Zurückschickerei auch den Zalando-Bossen irgendwann zu viel geworden sein: Sie kappten einfach ihren Werbeslogan um den teuren Retouren-Part. Denn ursprünglich hieß der Slogan »Schrei vor Glück oder schick's zurück«. Vom Zurückschicken ist schon längst nicht mehr die Rede, sondern nur noch vom Glück.

Indes ist auch der Retourenwert von 50 Prozent noch sehr hoch und eines der Hauptargumente der Skeptiker für ihre Behauptung, dass dieses Unternehmen niemals große Gewinne einfahren werde. Die Kostenbelastung sei einfach zu hoch. Wie hoch? Das wissen wohl nur die Geschäftsführer und vielleicht noch die Investoren von Zalando.

Man kann sich an die Summe allenfalls herantasten: Logistiker wie DHL – Tochter der Deutschen Post und Zalandos Haus- und Hof-Lieferant – erwägen, ab 2014 das Recht in Anspruch zu nehmen, einem Onlinehändler pro Sendung vier Euro in Rechnung zu stellen, wenn ein Paket wegen fehlerhafter Adressangaben dem Endkunden nicht zugestellt werden und somit zum Händler zurücktransportiert werden muss. Mal angenommen, dabei handelt es sich um die korrekten Kosten, die dem Logistiker durch den doppelten Transport des fertig gepackten Paketes entstehen, dann kommen noch die Kosten dazu, die bei Zalando anfallen. Dafür, dass die Lager-Mitarbeiter die bestellten Artikel zunächst aus den riesigen Regalen holen, zu einem Paket verpacken und dieses in eine der DHL-Container fahren. Kommt das Paket als Retoure zurück, fallen abermals Kosten mindestens in derselben Höhe an. Denn eine Mitarbeiterin oder der Mitarbeiter muss die Sendung auspacken, muss vergleichen, ob auch tatsächlich das auf dem Retourenschein vermerkte Produkt drin ist und muss es auf Beschädigungen kontrollieren. Ist der Artikel – und das ist der günstigste Fall – in Ordnung, muss er abermals etwa in einen Schuhkarton oder in eine Folie verpackt und neu eingelagert werden. Um später erneut als Bestellung zu einem anderen Kunden geschickt zu werden. Eine ganze Menge Aufwand also.

Ist der Schuh oder die Hose jedoch nicht mehr in Ordnung, wird es noch viel teurer: Denn der Artikel muss zumindest gereinigt oder gar repariert werden, oftmals ist er nicht mehr zum vollen Preis zu verkaufen,

schlimmstenfalls überhaupt nicht mehr und muss abgeschrieben werden. Wie viele Retourenstücke in der Mülltonne landen oder beim Verwerter und wie viele immerhin noch mit hohem Abschlag im Zalando-Outlet abgesetzt werden können, ist ebenso unklar wie die Gesamtkosten für dieses Retourenmanagement. Knapp zehn Euro koste es pro Stück, war im Rahmen der Recherche zu diesem Buch bei einem Modeunternehmen zu hören, das sowohl Online wie offline aktiv ist. »Zehn Euro? Nein, diese Summe ist definitiv zu hoch für uns«, entgegnet ein Mitglied der Zalando-Belegschaft, das nicht genannt werden möchte. Sicher ist nur eins: Die Retouren sind sehr, sehr teuer für Zalando. Und jeder Prozentpunkt weniger von diesen Rückläufern bringt das Unternehmen einen großen Schritt näher an die Gewinnzone.

Die Retoure allerdings ist eines der wesentlichen Erfolgselemente des Onlinehandels. Die Möglichkeit, alles wieder zurückzuschicken, dieses Unverbindliche trägt für viele Kunden wesentlich zum Reiz des Sofa-Shoppens bei. Denn anders als beim Umtausch im Laden muss man sich nicht den bösen Blicken oder bohrenden Fragen einer Verkäuferin oder Kassiererin aussetzen. Man muss noch nicht einmal etwas begründen, sondern das Stück nur wieder einpacken, den Retourenschein in den Karton legen, ihn zur Post bringen und die Sache ist erledigt. Der bereits vom Konto abgezogene Rechnungsbetrag für die Retoure nach ein paar Tagen automatisch ebenfalls retour. Auch wenn sich immer mal wieder Kunden beschweren, die Rückabwicklung auf dem Konto dauere zu lange, bequemer geht es eigentlich nicht. Wer sich für den Kauf per Rechnung entscheidet, überweist gar nicht erst etwas für den unerwünschten Artikel. Mancher geht gar so weit zu sagen, dass die Möglichkeit des exzessiven Retournierens sehr gut zur Unverbindlichkeit der Generation Facebook passe: nur nicht festlegen!

Wenn sich Kunden von Zalando, Amazon, Otto, Asos oder anderen Versendern, was nicht selten vorkommt, ein und denselben Pullover in drei Farben schicken lassen, lässt sich unschwer vorhersagen, dass diese Sendung wohl eine Retourenquote von mindestens 66 Prozent haben wird. Denn mutmaßlich schickt die Kundin zwei der Pullover gleich wieder zurück und behält denjenigen, der ihr bei der Auswahl vor dem heimischen Spiegel am besten gefallen hat. Falls sie nicht gleich alle drei zurückschickt. Was noch harmlos ist gegenüber den sogenannten Fashion Partys. Klassische Waren-

haus- oder Boutique-Kunden sind über derlei Unentschlossenheit und Ressourcenverschwendung fassungslos.

Trotz derlei Ausreißer geben sich die Zalando-Bosse gelassen. »Retouren sind kein Problem, sondern ein wesentliches Element des Onlinehandels. Und wir haben auch nicht die Absicht, unseren Kunden die Freiheit zu nehmen, Sachen zurückzuschicken«, sagt David Schneider (15.01.13, WamS). Und Gebühren wollten sie weiterhin dafür nicht verlangen. Denn das, was bei stationären Händlern die Mietkosten für ihre Läden sind, ist bei den Onlinern der Aufwand, der für die Retouren getrieben wird: Ohne diese Investitionen läuft der Laden nicht, egal ob stationär oder Online.

Eine Marktregel läuft dabei gegen Zalando: Je niedriger der Verkaufspreis, desto niedriger sind auch die Retourenquoten. Bei einem Billigteil für wenige Euro machen sich die meisten Kunden offenbar nicht die Mühe, es zurückzuschicken, wenn es nicht gefällt oder nicht passt. Bei den teureren Modellen – und Zalando ist eher in dieser Preisklasse aktiv – aber schon.

Dabei gibt es eine Unterscheidung in gute und schlechte Retouren. Denn eine Regel aus der klassischen Boutique gilt auch im Onlinehandel: »Je mehr Teile die Kundin in die Kabine nimmt, desto mehr kauft sie am Ende auch«, sagt Michelberger. Wobei die Umkleidekabine der Zalando-Kundin die eigene Wohnung ist. »Onlinehandel ohne Retouren – das wäre, als ob man im stationären Laden die Ware nicht anfassen dürfte. Es gehört einfach zur Vorbereitung der Kaufentscheidung dazu«, so Michelberger. Die Onlinebestellung ist sozusagen der Stapel an Klamotten, den die Kundin in die virtuelle Kabine mitnimmt. Retourenrate und Conversion Rate bewegten sich damit üblicherweise einigermaßen im Gleichschritt.

Diese Retouren wären also die »guten«, gegen die der Händler gar nichts unternehmen müsste, im Gegenteil. Ingo Heinrich vom Münchener Modeportal stylefruits spricht denn auch lieber von der »Auswahlquote« als von der »Retourenquote«: »Natürlich schicken Kunden Teile auch zurück, weil sie nicht passen. Aber die meisten kommen doch zurück, weil sich Kundinnen oder Kunden einfach viele Produkte zur Auswahl schicken lassen. Das gehört einfach zum Versandhandel dazu.«

Und die »schlechten« Retouren? »Die entstehen dadurch, dass der Kunde schlicht das Falsche bestellt hat: weil die Ware schlecht beschrieben, das Produkt nicht aussagekräftig fotografiert oder die Passform oder der Schnitt an-

ders war als versprochen. Sie kommen also dadurch zustande, dass der Onlinehändler einen schlechten Job gemacht hat. Die liegen nicht am Kunden«,
sagt Esprit-Onliner Michelberger, dessen Unternehmen recht erfolgreich
nicht nur über den eigenen Webshop, sondern auch über Zalando verkauft.

Während viele Händler die Retouren für eine der großen Schwächen des
Zalando-Konzeptes halten, sieht Psychologe Grünewald sie als extrem ge-
schicktes Instrument des Marketing und der Gewinnung von Kundinnen:
Die Möglichkeit, Bestelltes kostenlos zurückschicken zu können, trifft nach
seiner Überzeugung auf eine Stelle der Frauenpsyche, die diesem Angriff der
unbegrenzten Möglichkeiten schutzlos ausgeliefert ist. Sie kommen nämlich
dem Tagtraum sehr nahe, wie eine Prinzessin erwählt zu werden, wenn die
Frau nur den richtigen Auftritt und die richtigen Schuhe hat: »Frauen träumen davon, in einer endlosen Menge an Schuhen zu schwelgen und sich
immer neue zu probieren.« Dieses Phänomen hat es zwar zu guten, alten
Katalog-Zeiten schon genauso gegeben, aber der Onlinehandel ermöglicht
jetzt, diesen Traum viel einfacher und realistischer zu erfüllen. Denn wenn
die Prinzessin nach ein paar Tagen wieder aufgewacht ist aus ihrem Traum,
kann sie die irrational bestellten Schuhe ja wieder zurückschicken, ohne dass
es sie etwas kostet. Sie muss nur aufpassen, dass sie es damit nicht übertreibt.
Sonst nämlich reißen sie die Märchenprinzen von Zalando aus ihren Träumen, weil sie als notorische Massen-Retourniererin auf den Index geraten ist
und nur noch gegen Vorkasse bekommt, was sie gern hätte. Die individuelle
Retourenquote hält Zalando seinem Kunden ohnehin jedes Mal auf dem
Bildschirm vor, wenn er auf der Seite einen Retourenschein ausdrucken will.
Es braucht nicht einmal die Hilfe des Profi-Psychologen, um zu ahnen, dass
hier über das schlechte Gewissen des Kunden die Retourenquote gedrückt
werden soll.

Das übertriebene Auswahl-Bestellen ist laut Grünewald in erster Linie ein
weibliches Problem: »Männer dagegen tragen ihr Lieblingspaar Schuhe oft,
bis es hinüber ist. Und wenn niemand die Jungs bei der Hand nimmt, kaufen
sie sich anschließend am liebsten dasselbe Paar noch einmal.« Kann es dann
noch verwundern, dass sich in Zalandos Kundenkartei zu 75 Prozent weib-
liche Namen finden?

Gegenüber dem Kleiderkauf im Warenhaus kann das Onlineshopping generell noch einen weiteren Psycho-Vorteil ausspielen. Er kommt besonders

170

bei Frauen und zunehmend Senioren zum Tragen, die mit ihrem Körper und ihren Maßen nicht zufrieden sind: Online hilft, Scham-Barrieren beim Anprobieren zu überwinden. »Eine Boutique oder die Damenoberbekleidungs-Abteilung eines Warenhauses ist eine Art öffentlicher Laufsteg. Und dabei steht die Verkäuferin für den kritischen Blick von außen«, erklärt Grünewald. Und weil die verunsicherte Kundin gern meine, im Minenspiel der Verkäuferin etwas Kritisches oder gar Verächtliches entdeckt zu haben, bekomme sie sofort Hemmungen, ein Teil anzuprobieren, das ihr möglichweise nicht stehen könnte. »Und dann ist es der Super-Gau, wenn die Frau nach einer Stunde des Probierens ohne nennenswerte Beute aus dem Einkauf-Dschungel kommt. Das gibt ein Gefühl der Frustration«, sagt der Diplom-Psychologe.

Beim Onlinekauf dagegen könne sich die Frau »im privaten Schutzraum öffnen« und testweise auch mal zwei Stunden lang in einem grenzwertigen Stück herumlaufen, das sie in Laden entweder gar nicht erst anprobiert oder noch in der Kabine sofort wieder ausgezogen hätte. Die Frau sei halt experimentierfreudiger, wenn sie sich fünf oder sechs Teile in die virtuelle Kabine zu Hause schicken lässt, als sie es täte, wenn die Verkäuferin im Laden ihr die Teile hereinreichen würde. Notfalls schickt sie alle sechs Teile zurück – und keiner hat's gesehen »Beim Onlinekauf fällt die Hemmschwelle der öffentlichen Selbstpräsentation im Laden weg«, so Grünewald.

Seltsam nur: Laut Grünewald will die Zalando-Kundin dieser Kategorie zwar in der Abgeschiedenheit der eigenen Wohnung die Teile anprobieren. »Aber dann versichert sie sich mit der Präsentation des neuen Kleidungsstücks über ihr soziales Netzwerk wie Facebook, Teil einer weltweiten Modegemeinschaft zu sein. Und wenn Frauen sich per Facebook über Produkte und Erfahrungen austauschen, nährt das den Hype um Zalando zusätzlich. Dann ist es eine Marke, über die man spricht und über die jeder mitreden können will.«

Doch gerade diese Marke muss darauf achten, dass ihr die Kosten des Erfolges nicht aus dem Ruder laufen. »Wir arbeiten konsequent daran, Produktbilder und -informationen zu verbessern, um Fehlkäufe zu minimieren«, sagt Zalando-Geschäftsführer David Schneider (Gespräch 15.01.13, WamS). Und Benjamin Krümel, der Chefeinkäufer für Herrenschuhe, ergänzt: »Wenn die Größen bei einer Herstellerfirma grundsätzlich kleiner ausfallen als im Markt üblich, berücksichtigen wir das bei der Größenangabe auf der Seite. So be-

kommt der Kunde auch wirklich die passende Größe. Und wenn dieses Prozedere bei einer Marke zu kompliziert wird, dann nehmen wir sie einfach nicht ins Sortiment auf.«

»Natürlich arbeiten wir von allen Seiten und mit vielen Programmen gegen das Strukturproblem der hohen Retourenquoten an«, sagt eine andere Zalando-Managerin und konterkariert damit ein wenig die von ihren Chefs zur Schau getragene Gelassenheit bei dem Thema. Aber es ist nun einmal ein extrem wirksamer Hebel für die Veränderung der wichtigsten Zahl unter dem Strich in der Bilanz: Rücksendequote runter, Gewinn hoch – so einfach kann Wirtschaft sein! Die Managerin aber besteht darauf: »Wir haben keine höheren Retourenquoten als andere Versandhandelskonzerne!«

Tatsächlich wurde bei allen Onlinenanbietern die Präsentation der Ware auf dem Bildschirm in den vergangenen Jahren deutlich verbessert: Es gibt Fotos der von Models getragenen Textilien aus allen möglichen Blickwinkeln. »Bei Textilien und Schuhen wurde inzwischen eine Art sinnliche Ersatzdramaturgie entwickelt. Man kann das Produkt bewegen, drehen oder heranzoomen und es scheint, man könne den Artikel fühlen«, sagt Psychologe Grünewald. Den Nachteil der fehlenden Realitätspräsentation im Laden holen die Onliner mittels Technik immer mehr auf.

Der Technik-Händler

Zalandos Technik-Chef allerdings sieht noch weitere Verbesserungsmöglichkeiten: »Die Präsentation der Haptik auf dem Bildschirm ist die letzte Frage, auf die wir eine Antwort finden werden«, sagt Christoph Lange und meint damit wohl, dass die Onliner zumindest in diesem Punkt die klassischen Läden niemals überholen werden. »Und Geruchs-Sensoren gibt es auch noch nicht«. Bilder in noch höherer Auflösung allerdings seien möglich, noch mehr 360-Grad-Präsentationen und Produktvideos würden dem Kunden in Zukunft das Online-Einkaufen noch bequemer machen. Und für Zalando, darf man hinzufügen, noch kostengünstiger. Denn je besser und realitätsnäher die Präsentation der Ware ist, desto geringer wird die Zahl jener »schlechten« Retouren, bei denen sich Kunden vor der Bestellung schlicht ein falsches Bild vom Produkt gemacht haben.

Die Computer-Programme hinter den Zalando-Seiten sind oftmals selbst gemacht. »Das bringt uns mehr Flexibilität. Und wir können so dafür sorgen, dass die Systeme haargenau auf unsere Anforderungen abgestimmt sind«, erklärt Lange. Das Empfehlungssystem (»Das könnte Ihnen auch gefallen«) und das Suchsystem etwa stammen aus der Abteilung von Christoph Lange. Der erklärt: »Sie können bei der Suche einzelne Begriffe, aber auch einen ganzen Satz eingeben. Etwa: ›Ich suche ein blaues Hemd Größe 38' – und schon bekommen Sie eines angezeigt.« Das nächste Projekt ist ein neues System zur Empfehlung von »ähnlichen Produkten«. »Wir arbeiten an einer Suche nach visuellen Ähnlichkeiten. So finden Kunden auch ganz neue Produkte, die zuvor vielleicht noch kein Kunde gekauft hat. Diese Artikel tauchten bisher nicht in den Empfehlungen auf«, so Lange.

Die App fürs Smartphone ist auch so eine Eigenentwicklung. Damit kann man nicht nur vom Smartphone aus bestellen. Verwendet man den integrierten Scanner an einem Schuhkarton in irgendeinem Geschäft, weiß der Nutzer blitzschnell den Preis des entsprechenden Modells bei Zalando. Innerhalb weniger Monate luden die Kundinnen und Kunden die App über 600 000 Mal herunter. Damit ist Zalando auch im galoppierenden M-Commerce – das M steht für mobile und bezieht sich neben Smartphones vor allem auf Tablet Computer wie Apples iPad – gut positioniert, dem die Experten riesige Wachstumsraten vorhersagen. »Smartphone und Tablet legen schon jetzt explosionsartig zu«, sagt Esprit-Onliner Michelberger. Er könne sich vorstellen, in seinem Unternehmen in drei Jahren über die Tablets ähnlich viel Umsatz zu machen wie derzeit über klassische PCs. Die mobilen Geräte werden immer schneller und besser«, sagt Berater Hafner, mit entsprechenden Apps bekommt man sofort Videos vom gerade gescannten Produkt, macht blitzschnell Preisvergleiche und wird bald auch mit nur einem zusätzlichen Klick per Smartphone bezahlen können.«

Die Technik von Zalando werde auch das aushalten, ist sich Lange sicher: »Wir haben mehrere Dutzend Server. Die betreiben wir aber nicht selbst, da arbeiten wir mit zwei Dienstleistern zusammen.« Eigene geheimnisumwitterte Serverfarmen in der Arktis oder sonst wo wie etwa Google oder Facebook haben sie laut Lange bei Zalando nicht. »Wir achten sehr auf Sicherheit. Sollte ein Rechenzentrum ausfallen, haben wir noch das andere. Und die meisten Anwendungen sind vorsichtshalber drei- oder viermal vorhanden.«

Das funktioniere: Nur einmal, bei der Komplettsystem-Umstellung im August 2010 sei Zalando 90 Minuten lang komplett »down« gewesen, sonst nie. Ganz nebenbei bildet diese hohe verfügbare Kapazität auch einen dringend notwendigen Wachstumspuffer für den Fall, dass sich die Zugriffszahlen mal wieder überschlagen. Denn ein potenzieller Kunde, der aus technischen Gründen nicht auf die Seite kommt, ist in vielen Fällen anschließend ein verlorener Kunde.

Hätten die vielen skeptischen klassischen Händler wegen der hohen Retourenquote für Zalando nicht schon die Daumen nach unten gedreht, würden sie wegen einer anderen betriebswirtschaftlich scheinbar irrsinnigen Eigenart des Berliner Unternehmens die Hände über dem Kopf zusammenschlagen: Denn bei Zalando können die Kunden ihre Ware noch 100 Tage nach der Lieferung zurücksenden. Gerade bei Saisonware sei das fatal, etwa nach dem langen Winter 2013. »Wenn die Kundin Ende März ihren Schuh oder das Top für den Frühling bekommen hat und ihn drei Monate später zurückschickt – ja, glauben Sie etwa, dass Zalando diese Ware noch einmal zum vollen Preis an einen anderen Kunden verkaufen kann?«, fragt ein Onlinehändler. Grundsätzlich gelte: Je länger ein Produkt auf der Reise vom Logistikstandort zum Dann-doch-nicht-Kunden und wieder zurück zum Logistikstandort unterwegs gewesen sei, desto schwerer sei es noch zum vollen Preis zu verkaufen. »Da sind wenige Tage Unterschied schon entscheidend. Wenn es zu lange dauert, kann die Ware angesichts der schnellen Wechsel der Modethemen nur noch mit Rabatt und somit geminderter Rendite verkauft werden«, sagt ein Onlinemanager eines anderen Händlers.

Sollte das etwa der Grund dafür sein, dass »Sale«-Aktionen inzwischen auch bei Zalando ganz normal geworden sind? Nein, heißt es im Unternehmen: Im Sale gingen nur etwa zwölf Prozent der Produkte weg, angeblich weniger als die 20 Prozent des Branchenschnitts. Auch Zalandos langjähriger Marketing-Mann Meermann versteht die Aufregung um die 100-Tage-Garantie nicht: »Tatsächlich kommen 90 Prozent der Retouren ja innerhalb eines Monats zurück.«

Andere Online-Experten betrachten diese Aussage als glaubhaft. Jürgen Michelberger von Esprit und Ingo Heinrich, Chef und Gründer des Münchner Social Commerce-Portals stylefruits etwa halten die 100 Tage Rückgabefrist ohnehin vor allem für ein »Marketinginstrument« mit überschaubaren

Folgen: »Im Online-Modehandel hat man die Retouren spätestens vier Wochen nach der Auslieferung wieder im Hause, oft schon nach 14 Tagen. Alles andere sind Ausnahmen«, sagt Heinrich. Sein Unternehmen bietet den Userinnen die Möglichkeit, aus Tausenden Artikeln der verschiedensten Hersteller passende Outfits zu kombinieren. Die werden dann auf der Seite hoch- geladen, andere Userinnen können darüber diskutieren. Und sie können die Teile selbstverständlich per Mouseklick bestellen. Für jeden Klick zu einem Onlineshop bekommt das Unternehmen eine Vergütung – auch von Zalando.

Und was sagt die Konkurrenz, die angeblich mit einer Retourenquote von 30 oder noch weniger Prozent auskommt, zur Frage, ob man Geld verdienen kann, wenn einem die Kunden jedes zweite Stück unbezahlt wieder zurückschicken? Welche Retourenquote kann man noch als langfristige Investition zur Kundenbindung akzeptieren, ab wann wird es ruinös?

»Mit 50 Prozent Retourenquote dauerhaft Gewinn erzielen zu wollen, ist zumindest sehr ehrgeizig«, sagt Deichmanns Onlineexperte Hackel. Genauer will er sich nicht äußern, weil er die Details von Zalando nicht kenne. »Über 50 Prozent wird es schwierig«, meint auch Bruno Sälzer, Chef der Damen-Luxusmarke Escada, die im Frühjahr 2013 ihren eigenen Webshop gestartet hat. »Um stabil in die Gewinnzone zu kommen, müssen sie Ihre Retourenquote eigentlich auf maximal 40 Prozent reduzieren. Das ist ziemlich sportlich.« Ähnlich sieht es der Mann vom anderen Ende der Preisskala: »Zalando sollte die Stückkosten herunterbekommen«, sagt C&A-Geschäftsführer Rothberger. Kay Hafner, lange Zeit Top-Manager im Handel und jetzt Unternehmensberater, wird noch deutlicher: »Retourenquote von 50 Prozent ist definitiv zu hoch. Ziel von Zalando muss es sein, die Quote auf 30 Prozent abzusenken«, sagt Hafner.

Zalando-Geschäftspartner Heinrich hält die Retouren-Diskussion für vollkommen überbewertet: »Das hat es doch immer gegeben: Lange vor dem Internet hatten die klassischen Katalog-Versender wie Quelle bei Jeans oder Eventbekleidung Retourenquoten von 70 oder 80 Prozent. Das war vollkommen normal.« Das bestätigt Kai Hudetz, der als Moderator oder Referent auf den meisten im deutschen Raum stattfindenden E-Commerce-Kongressen auftritt: »Damals hat nur kaum jemand außerhalb der Branche darüber geredet.« Er relativiert das Retourenproblem ebenfalls. »Solche Zahlen bedeuten

nicht von vornherein, dass das Geschäftsmodell nicht funktioniert. Wenn die dahinter liegende Produktionskette darauf abgestimmt ist, kann das funktionieren. Das ändert natürlich nichts an der Tatsache, dass sich jeder Prozentpunkt weniger Retouren überproportional positiv auf den Ertrag auswirkt.«

Dass diese Produktionskette bei Zalando hervorragend funktioniert, bezweifelt kaum jemand im Markt. Nicht einmal die Konkurrenten. Nur wollen die sich mit dem Lob für den »Branchen-Durcheinanderbringer« nicht zitieren lassen. Andere schon, allerdings in erster Linie solche, die mit Zalando zusammenarbeiten. Das mag für vertiefte Kenntnisse der Zustände bei Zalando sprechen, könnte aber auch die Objektivität leicht trügen. Immerhin werden die folgenden Aspekte, die ein wenig nach Lobdudelei unter Geschäftspartnern klingen mögen, hinter vorgehaltener Hand auch von Konkurrenten und Skeptikern als Pluspunkte für Zalando akzeptiert:

»Zalando arbeitet viel stärker als Amazon mit Emotionen und versucht, die Kundin auf dieser Ebene abzuholen. Das passt sehr gut zum Fashion- und Schuhmarkt und funktioniert gut«, sagt Hudetz. Und: »Ich bin gespannt, ob Amazon auch ins Modesegment gehen will. Wenn sie da Vollgas geben, wird das auch Zalando zu spüren bekommen.«

Ingo Heinrich indes sieht die Zalando-Maschinerie als Benchmark in Europa: »Es funktioniert einfach, es gibt eine hohe Usibility, man findet die Produkte, die man sucht, sehr schnell. Wenn auf der Seite steht, dass das Produkt da ist, ist es in dem Augenblick auch in der angefragten Größe und Farbe da. Darauf kann sich der Kunde verlassen. Das macht es sehr einfach, dort einzukaufen.« Zalando optimiere fortwährend alle Tools, das sei gut für das Einkaufserlebnis. »Zalando ist einfach exzellent gemanagt«, lobt Heinrich.

Warum Zalando durch den Markt geht wie ein heißes Messer durch die Butter, dafür hat Heinrich eine plausible Erklärung: »Zalando hatte den Vorteil, alles komplett neu aufzusetzen und sofort auf die Bedürfnisse der Kunden des Jahres 2008 abzustimmen, während viele klassische Versender das Geschäft oft noch zu sehr durch die Brille der Logistik sehen. Zalando dagegen hat wie auch Amazon vor allem die User im Blick.« Etwas komplett neu aufzubauen – das hört man auch bei anderen Kennern der Branche – ist oft leichter, als eine jahrzehntelang gut funktionierende Organisation auf ganz neue Anforderungen umzupolen.

»Sie haben einen hoch professionellen Shop, der exzellent funktioniert«, lobt Michelberger, »technisch und in den Abläufen ist Zalando fast perfekt, das geht in Richtung Amazon-Niveau, damit sind sie besser als fast alle anderen Onlinehändler.«

»Zalando ist ein Vermittler von Markenartikeln«, sagt Dieter Holzer, Chef der Hamburger Tom Tailor Group. »Für diese Aufgabe muss man richtig gut sein, denn der Kunde ist heute so umfassend informiert wie nie zuvor. Und Zalando ist darin gut.« Die Berliner arbeiten nach seiner Ansicht »sehr rational, sie haben sehr klare Vorstellungen vom passenden Sortiment und machen das meiste richtig.«

Jobs bei Zalando: Christoph Lange
Der Mann, der aus Zalando einen Waren-Automaten gemacht hat
29, Chef Technology

Die einen schreiben auf ihrem Laptop in der Berliner U-Bahn E-Mails, andere lesen etwas für die Uni oder gucken Fotos. Und Christoph Lange fährt mal eben die Server von Zalando wieder hoch. »Ja, das kam öfter vor. Und im Sommer hatte ich den Laptop auch im Park dabei – für den Fall, dass die Server down gehen.« Und dann war genau das sein Problem, denn er war und ist der CPO von Zalando, der Chief Product Officer. Heute, da Zalando Europas größter Online-Fashionhändler mit zwei bis drei Millionen Besuchern und vielleicht zweieinhalb Millionen Euro Umsatz täglich ist, kann man sich kaum noch vorstellen, dass da ein junger Mann alleine in der rumpelnden BVG-Linie U 2 mit seinem Klappcomputer das System am Laufen hielt. So war es aber damals, im Jahr 2009.

Besonders als die ersten selbst gestrickten Zalando-Werbespots im Fernsehsender ntv liefen, war Langes Einsatz zu jeder Tages- und Nachtzeit gefragt. Denn oft wurden die Spots um 22 Uhr oder noch später gesendet. Dann waren die Werbezeiten günstiger im Wirtschaftsfernsehen. Und gerne gingen die Server danach in die Knie. Nach der Erstausstrahlung hatte es genau 30 Sekunden gedauert, bis nichts mehr ging. »Der Traffic auf unserer Website stieg oft schlagartig um das 30- oder 40-fache. Das war zu viel für unsere Infrastruktur damals.«

An der Sparte des 29-Jährigen, der Technology, lässt sich exemplarisch die Entwicklung von Zalando deutlich machen: Immer gab es zu wenige Ka-

pazitäten, immer wuchs das Unternehmen schneller als erwartet, ständig musste erweitert oder nach komplett neuen Lösungen gesucht werden. Auf der Warenseite funktionierte die zum Ziel erklärte »Skalierung« halt so gut, da mussten die Technikleute des Ansturms irgendwie Herr werden. Meistens machte Langes Truppe am Ende alles selber, statt es fertig von Dienstleistern zu kaufen. Und zwar nicht unbedingt wegen des Geldes: »Wir wuchsen immer viel schneller, als die Dienstleister entwickeln konnten. Oder uns waren die Produkte zu sehr standardisiert, zu wenig auf Zalando abgestimmt und nicht flexibel genug.« Wie bei einem großen Softwareanbieter, dessen Name Lange nicht veröffentlicht sehen möchte: »Die sagten uns: ›Ok, können wir machen, aber wir brauchen dafür 18 Monate Zeit‹. Das war viel zu lange, eine Ewigkeit! Unser Unternehmen bestand damals ja gerade erst 18 Monate lang«.

Als Lange sich im August 2008 entschloss, zu Zalando zu gehen, bestand das Unternehmen eigentlich überhaupt noch nicht. Höchstens im Planungsstadium. Christoph Lange war – nach seinem Studium an der Fachhochschule der Wirtschaft in Berlin (Diplom-Betriebswirt, Business Informatics) – Product Manager bei Jamba. »Ich hatte Lust auf was Neues. Und den beiden Gründern hab ich im Gespräch sofort abgenommen, dass aus dem Konzept etwas Tolles entstehen könnte.« Er hatte bis dahin noch nie Schuhe Online bestellt. Nur Bücher, CDs und Technik. Wie so viele andere auch.

Im Kernteam auf der Torstraße bastelte Lange dann an der Technik des Onlineshops – wenn er nicht gerade mithelfen musste, Schuhpakete zu packen oder zur Post zu bringen. Jede eingegangene Order produzierte eine SMS-Nachricht auf Langes Handy. »Wenn mal zwei Stunden lang kein Bestellsignal einging, wurde Robert unruhig. ›Guck doch mal, ob alles noch funktioniert‹ sagte er mir. Aber meistens funktionierte alles, und mit der Zeit wurde der Abstand zwischen den Signalen immer kürzer«.

Lange arbeitete mit der Open Source-Plattform Magento, mit der die Macher jeden Kunden bereits sehr individuell betreuen konnten. Dass es sich bei dem Gerüst des ersten Zalando-Shops nicht gerade um Raketenwissenschaften, sondern eher um ein schlichtes Jedermann-Programm handelte, zeigen schon Titel von am Markt angebotenen Ratgeber-Bü-

chern zu dem Programm wie »Magento – Schritt für Schritt zum eigenen Online-Shop« oder »Magento – Erfolgreich mit dem ersten Online-Shop«. Heute gehört die Programm-Schmiede zu ebay.

»Wir haben ständig aufrüsten müssen und auch direkt mit den Entwicklern von Magento zusammengearbeitet. Ende 2009 oder Anfang 2010 hatten wir schon weltweit die größte Magento-Installation.« Aber auch das war nicht groß genug, weil sich der Traffic jeden Monat praktisch verdoppelte. »Mitte 2010 haben wir beschlossen: Wir brauchen was Neues.« Doch auf dem Markt fanden Lange und seine Kollegen nichts Passendes, was flexibel genug war. Also entwickelten sie es selber. »Das war eine sehr sportliche Vorgabe: Wir hatten drei Monate für unser neues Shop-System.« Das ERP-Programm (Enterprise Ressource Planning-Programm), mit dem die Ressourcen des Unternehmen abseits des eigentlichen Shops – also etwa Personal, Betriebsmittel oder Kapital – verwaltet werden, hatte er immer fertig zugekauft. Inzwischen arbeitet Zalando aber auch hier mit einer Eigenkreation.

Der 5. September 2010 ist das Datum, das Lange und seine Kollegen wohl nicht mehr vergessen werden. »Das war ein Sonntag, also ein Tag, an dem unsere Logistik nicht arbeitete. Morgens um ein Uhr schalteten wir den alten Shop komplett ab und starteten den neuen. Anschließend haben wir 24 Stunden ohne Pause durchgearbeitet. Eine Downtime von 90 Minuten war allerdings für die Umstellung notwendig.« Eineinhalb Stunden lang war der Zalando-Shop geschlossen. Die Kunden erfuhren nur: »Wir sind gleich wieder da«. Waren sie dann auch. »Das war praktisch die einzige Zeit in der Geschichte von Zalando, an der wir nicht Online waren.«

Seit dieser Gewaltaktion gibt es auf den Zalando-Seiten jede Woche überschaubare Software-Updates, von denen der Kunde im Idealfall nichts mitbekommt: »Das gibt uns die Möglichkeit, zu experimentieren und möglicherweise schnell wieder zu korrigieren. Wir probieren einfach aus, ob der Kunde bei diesem oder jenem Detail die Version A oder die Version B besser gefällt, zum Beispiel bei der Farbe und Größe der Buttons. Der Wochenrhythmus bietet zudem viel Flexibilität, wir können uns sehr schnell neuen Gegebenheiten anpassen. Der Markt entwickelt sich sehr schnell.« Viele Onlinehändler leisteten sich die Wochen-Updates nicht. Dabei senkten die regelmäßigen überschaubaren Updates doch das Risiko gegenüber Kom-

plett-Überarbeitungen. Die Politik der kleinen Schritte und der unzähligen Praxistests statt des einen Big Bang ist typisch für Zalando. So haben sie es immer gemacht.

Die kleinen Teams, in die Lange seine Truppe eingeteilt hat, bestehen immer aus einem Produkt-Manager, einem Softwareentwickler und einem Testmanager. 300 Mitarbeiter sind dafür zuständig, dass der Warenautomat Zalando Tag und Nacht läuft. »Wir könnten noch mehr Leute gebrauchen, aber wir haben einen gewissen Qualitätsanspruch.« In 20 kleinere, flexible Teams ist die Abteilung untergliedert, die jeweils für Themen zuständig sind wie Payment, Qualitätssicherung, Order, Planung oder Einkauf. »Die Teams arbeiten sehr autonom. Wie eigene, kleine Start-ups.« Auch das ist wieder typisch für den Zalando-Konzern, der für fast jede neue Aufgabe gern ein neues Team bildet. Und dann, wenn die Aufgaben zu umfangreich werden, lieber zwei oder drei daraus macht. So sollen das Tempo und der unternehmerische Geist aufrechterhalten werden. Äußerlich locker geht es auch hier zu: Der bärtige Cheftechniker, ohne dessen Systeme Zalando kein Milliarden-Umsatz-Unternehmen wäre, trägt zum T-Shirt kurze Hosen.

Christoph Langes Team hat auch die App für Smartphones mit dem QR-Code-Scanner entwickelt, über die sich viele stationäre Schuhhändler so sehr ärgern: »Die App fürs iPhone ist schon mehr als eine halbe Million Mal downgeloaded worden. Und die Android-Version in den ersten drei Wochen gleich 70 000 Mal, ohne dass wir besonders darauf hingewiesen hatten.«

Big Data

Dass die Abläufe bei Zalando zumeist so gut funktionieren, hat nicht zuletzt mit jener Zahlengläubigkeit, ja Zahlenverliebtheit der Macher zu tun. Dafür wird das Unternehmen bisweilen belächelt, schließlich habe das Fashion-Business doch auch eine ganze Menge mit Bauchgefühl zu tun und könne nicht ausschließlich über kalte Daten gesteuert werden. Mancher Modemann spricht gar abfällig von »Methoden aus dem Investmentbanking« bei Zalando. Das jedoch lässt die Investment-Modehändler kalt: »Viele andere Händler

oder Hersteller wären wahrscheinlich froh, wenn sie unsere Daten hätten«, entgegnet Schneider.

Pro Tag besuchen nach Angaben der Geschäftsführer Mitte 2013 rund drei Millionen User europaweit Zalando. Im Schnitt tummeln sie sich dabei auf zwölf bis 13 Seiten des Onlinehändlers. Bei jedem Besuch kommen so Unmengen neuer Daten hinzu, die den Experten unter anderem verraten, welche Marken, Modelle, Styles oder Passformen in welchen Größen und Farben, zu welchen Preisen und in welchen Kombinationen welche Kunden, welchen Alters und mit welcher Zalando-Historie zu welcher Uhrzeit anschauen – und welche sie davon schließlich auch bestellen und bezahlen, welche sie behalten und welche sie zurückschicken. Und diese Punkte waren nur ein kleiner Ausschnitt dessen, was Zalando über Kunden erfährt, die nur für ein paar Minuten im elektronischen Katalog blättern. Richtig ausgewertet kann diese Datenflut einem Händler wertvolle Schlüssel in die Hand geben, um sich Einlass zur »Das-will-ich-haben-Region« des Kundenhirns zu verschaffen. Weil die kalten Zahlen verraten, wie der Beutetrieb jedes einzelnen Nutzers im Onlinedschungel funktioniert. Und wenn man das weiß, steigt die Chance, ihm tatsächlich das empfohlene Produkt zu verkaufen. Die Gefahr, bei den Herstellern potenzielle Ladenhüter einzukaufen, die in den Zalando-Lagern nur Platz wegnehmen, aber kein Geld bringen, sinkt bei cleverer Nutzung dieses riesigen Daten-Reservoires über das Verhalten von Kunden. Und das verbessert die Wirtschaftlichkeit des Unternehmens.

Eine solche, in jeder Sekunde aktualisierte Bank mit Daten von Millionen Kunden auf 1500 Marken und 150 000 Produkte bezogen, besitzen nicht viele Händler, Hersteller oder Marktforscher auf der Welt. Diese Datenbank gehört zum Wertvollsten, was Zalando besitzt. Den Wert erkennen wohl auch Markenhersteller an, deren Produkte Zalando vertreibt, ist sich Schneider sicher: »Die wissen sehr genau, wie gut wir unseren Job machen und wie wir uns im Markt auskennen, nicht zuletzt aufgrund unserer Daten. Die sehen ja unsere Abverkaufszahlen im Vergleich zu anderen Modehändlern. Deshalb bringen sie uns Vertrauen entgegen.«

Ein anderer Zalando-Mann geht noch weiter: »Dank unserer Kundendaten können wir Konsum auslösen, das ist die Magie von Zalando.« Sie hätten es geschafft, dass die Kunden die Zalando-Newsletters nicht als nervige Wer-

bung wahrnehmen würden, sondern als hilfreiche Empfehlung. Denn diese Empfehlung ist auf den einzelnen Kunden zugeschnitten, personalisiert, das mindert die Streuverluste erheblich. »Wenn es in Berlin kalt wird und wir sehen, dass unser Kunde lange keine Winterjacke gekauft hat, empfehlen wir ihm drei warme Jacken. Und zwar, bevor er selber diesen Bedarf entdeckt hat. Und dann bestellt er bei uns und nicht woanders.« Diese Art der Verkaufsförderung wird also im Idealfall nur dann eingesetzt, wenn die Wahrscheinlichkeit wirklich hoch ist, dass der Kunde bereit ist, Geld auszugeben.

Tatsächlich sollte der Kunde allerdings sehr genau auswählen, welche dieser Services er nutzen und welche er abbestellen will. Gerade in Verbindung mit den praktisch täglich einfliegenden E-Mail-Informationen über irgendeine neue Aktion beim Sonderverkaufskanal »Zalando Lounge« kann das schon ziemlich nerven.

Dabei ist das Sammeln von Kundendaten nun nicht gerade die Erfindung von Zalando. Deutschlands Einzelhändler besitzen Unmengen dieser Informationen, etwa per Kundenkarten-Programmen wie Payback oder durch die Zahlung per Karte: Wer kauft was in welchen Abständen ein, welche Kombinationen von Artikeln legt er in den Einkaufskorb? Die Drogeriemarktkette dm gilt in der stationären Handelswelt als eines der Vorbilder, wenn es darum geht, viele Daten zu sammeln und zu nutzen, ohne beim Kunden das Gefühl zu erzeugen, ihm solle etwas aufgeschwatzt werden. Doch die meisten Handelsketten verstehen es nicht wirklich, die Daten sinnvoll zu nutzen. Ein Großteil ihrer Marketinginvestitionen geht deshalb ins Leere.

Zalando dagegen reklamiert für sich, in dieser Disziplin an der Spitze der Branche zu stehen. »Unser Anspruch ist es, 100 Prozent unserer Marketingmaßnahmen zu kontrollieren. Die Fehlerquote, die wir dabei einkalkulieren, ist minimal«, sagt Meermann, ein Studienkollege der Firmengründer und Zalando-Mann fast der ersten Stunde. Und wenn es die »Effizienzmaximierung« erfordere, werden auch kurzfristig ein paar Hunderttausend Euro zwischen den Marketing-Kanälen hin- und hergeschoben. »Nur durch das umfassende Tracking können wir alle Kontakte vereinen und im vollen Umfang effizient sein. In unserem Online-Shop können wir nahezu 100 Prozent des Traffics zuordnen und auch sehr genau zwischen Mobile- und regulärem Online-Shop unterscheiden«, freut sich Meermann – und akzeptiert wohl den Argwohn, den er mit dieser Aussage bei Datenschützern erweckt. (Quelle:

Denn überall, wo Daten gesammelt werden, besteht die Gefahr, dass ein Teil von ihnen missbraucht wird. Und nach zahllosen Datenskandalen, insbesondere im Handel, ist die Vertrauensbereitschaft der Kundschaft nicht mehr allzu groß. Also stellt sich die Frage, wie es mit dem Datenschutz bei Zalando bestellt ist. Auf die Frage, ob das Unternehmen schon einmal Probleme mit den Datenschutzbeauftragten gehabt hat, sagt Rubin Ritter »Wir arbeiten da absolut sauber.« Fragt sich nur, warum es dann im Frühsommer 2013 so viel Gesprächsbedarf mit dem Berliner Beauftragten für den Datenschutz gab, der für Zalando zuständig ist. Alexander Dix willigt zwar in ein Gespräch zum Thema Datenschutz bei Onlinehändlern ein. Zu Zalando selber könne er derzeit aber leider nichts Konkretes sagen. »Wir sind gerade in Gesprächen mit dem Ziel, das Geschäftsmodell noch Datenschutz freundlicher zu machen«, sagt Dix. Was man wohl als die sehr diplomatische Version der Aussage interpretieren dürfte: Da gibt es Verbesserungsbedarf!

Grundsätzlich horteten die meisten Onlineanbieter mehr Daten, als sie eigentlich für ihr Geschäft bräuchten – davon ist Dix überzeugt. »Datensparsamkeit sollte sozusagen die Grundeinstellung bei jedem Onlineanbieter sein«, fordert Dix. Onlinehändler sollten nur so wenige Daten wie möglich sammeln und sie »vor allem nicht zu dauerhaft gespeicherten Nutzerprofilen machen. Sollten sie es dennoch tun, müssen die Nutzer das wissen und dagegen vorgehen können.« Er sei überzeugt, dass sich auch mit diesen Varianten, die sich sparsam an Kundendaten bedienen, gute Geschäfte in Netz machen ließen. Dass Daten nicht verkauft werden dürften, sei ohnehin klar. »Datenschutz ist nicht der Erfolgskiller für Start-up-Unternehmen«, stellt der Chefdatenschützer der deutschen Start-up-Hauptstadt klar.

Ihm und Peter Schaar, dem Bundesbeauftragten für den Datenschutz, ist das große Interesse der Onlinehändler an jedem Detail des Surfverhaltens von Konsumenten schon lange zu viel. »Unternehmen wie Amazon registrieren ja nicht nur sehr detailliert, was ich tatsächlich kaufe, sondern verfolgen auch meine Clickspur. Sie wissen haargenau, wofür ich mich interessiere, welches Hemd in welcher Farbe und Größe ich angeklickt habe, auch wenn ich es gar nicht gekauft habe«, sagt Schaar. »Ich will auch mal im virtuellen Laden stö-

bern, ohne dass ich mir danach ewig vorhalten lassen muss, was ich mir angeschaut habe«, findet Dix.

Amazon oder Zalando und all die anderen Onlinehändler begründen ihre Datensammelei gern damit, dass sie damit besseren Kundenservice bieten können. »Wir können mithilfe der Informationen der Tracking Cookies dem Kunden ein viel individuelleres Angebot machen«, sagt Zalando-Geschäftsführer Ritter. Diese Cookies »merken sich«, sehr vereinfacht ausgedrückt, auf welche Seiten und Produkte der Nutzer geklickt hat. Auf Basis dieser Informationen bekomme der Nutzer anschließend nur noch Werbung, die ihn mutmaßlich wirklich interessiert, argumentieren die Händler.

»Ich weiß, dass das immer als individueller Kundenservice verkauft wird«, sagt Schaar. »Aber es ist irgendwie, als fände der gesamte Gang durch den Onlineshop unter Aufsicht statt. Als schaue einem ständig jemand über die Schulter. So, als ob im Supermarkt vom Eingang bis zum Ausgang jemand hinter mir hergeht und genau registriert und aufschreibt, welche Produkte ich mir anschaue und welche nicht. Das ist ja ein Punkt, der On- und Offlineeinkauf noch unterscheidet: Im echten Laden kann ich dabei aber anonym bleiben, wenn ich bar bezahle und keine Kundenkarte benutzte. Im Netz geht das nicht. Da wird mein gesamter Weg durch den virtuellen Laden registriert. Diese umfassende Nachverfolgbarkeit meines Tuns ist das Besondere beim Einkauf im Internet.« Verboten ist das nicht in Deutschland. »Aber ich muss als Kunde die Wahl haben, ob ich das mit mir machen lassen will«, findet Dix, »und dazu muss der Händler den Kunden erst einmal darauf hinweisen, dass er diese Cookies einsetzt. Das passiert zu selten.«

Das deutsche Recht zieht eine klare Grenze: Daten eines Kaufs darf der Händler für Marketingzwecke speichern und nutzen. Daten, die ohne einen Einkauf zustande gekommen sind, muss er löschen, sobald der Nutzer runter ist von der Seite. Eben jene Clickspur, die man hinterlässt, wenn man etwa im virtuellen Modeladen wie Zalando stöbert, ist somit nicht von Dauer, wenn alles mit rechten Dingen zugeht. Ganz praktisch dürfte das wohl bedeuten: Die Daten über meinen Kauf der blauen Jeans darf ein Händler speichern, die über die lediglich angeklickten, aber nicht gekauften braunen Sneakers und die grüne Chino jedoch nicht.

Niemand hat behauptet, Datenrecht sei leicht zu verstehen: Die Daten über den ergebnislosen Online-Einkaufsbummel dürfen nämlich unter zwei

Voraussetzungen doch gespeichert werden: Zum einen dann, wenn der Kunde vorher zugestimmt hat. Aber wer weiß schon noch, ob er das beim ersten Einkauf in eben jenem Webshop vor ein paar Monaten oder sogar Jahren mal getan hat?

Zweite Ausnahme: Die Daten werden anonymisiert. Dann ist die Speicherung auch für längere Zeit erlaubt. »Für anonyme Daten gilt das Datenschutzrecht nicht. Fraglich ist allerdings, ob die Daten wirklich anonymisiert oder nur pseudonymisiert wurden. Solange ein Personenbezug herstellbar ist, unterliegen die Daten den gesetzlichen Regelungen zum Datenschutz. Für eine personalisierte Profilbildung braucht ein Onlinehändler bei uns in jeden Fall die Zustimmung des Betroffenen«, sagt Schaar. Das sei keine deutsche Besonderheit, sondern Standard in Europa.

Immerhin hat der Konsument in Deutschland das Recht, zu erfahren, welche Daten beim Onlinehändler über ihn gespeichert sind. Aber wie viele User nutzen das? »Konkrete Zahlen liegen mir nicht vor. Allgemein steigt aber die Sensibilität und damit die Nutzung des eigenen Auskunftsrechtes«, sagt der Bundes-Datenschutzbeauftragte.

Und wie ist es jetzt mit den Cookies? Das ist in der Europäischen Union in der e-privacy-Richtlinie geregelt. Danach ist das Setzen von tracking cookies, mit deren Hilfe Nutzerprofile erstellt werden können, nur dann erlaubt, wenn der Nutzer vorher informiert wurde und eingewilligt hat. »Das wurde in Europa aber sehr uneinheitlich umgesetzt«, beklagt Schaar: »Deutschland hat die Richtlinie faktisch leider nicht umgesetzt. Das Bundeswirtschaftsministerium »geht davon aus, die Einwilligungserfordernis für das Setzen von Cookies sei bereits jetzt gegeben. Die Datenschutzaufsichtsbehörden wenden aber bisher weiterhin überwiegend die Widerspruchsregelung des Telemediengesetzes an«, sagt Schaar. Und nach dieser Regelung dürfen Nutzerprofile mit Pseudonymen erstellt werden, wenn der Nutzer dem nicht widerspricht. Und »nicht widersprechen« ist rechtlich eine niedrigere Hürde als »einwilligen«.

Die beiden Datenschutzbeauftragten begrüßen daher die weltweite »Do not track«-Bewegung (DNT), die sich – aus den USA kommend – gegen den kommerziellen Missbrauch des Tracking wendet. Die meisten Internet-Browser, etwa der Windows Explorer oder Firefox, haben inzwischen eine DNT-Funktion eingebaut. Wer nicht getrackt werden will, kann das einstellen.

»Das ist immerhin ein guter erster Schritt«, sagt Dix, »der Onlinenutzer muss die Wahl haben.« Hat er aber nicht wirklich. Denn das Ganze ist freiwillig. »Unternehmen, die im Netz etwas verkaufen möchten, müssen sich allerdings nicht daran halten«, kritisiert Schaar. Derzeit seien Anbieter von Internetdiensten gesetzlich nicht direkt verpflichtet, DNT-Anfragen zu beachten.

Neben dem Tracking beklagen die Datenschützer am Onlinehandel vor allem die Intransparenz des Scoring. Während der Kunde etwa seinen Namen oder seine Adresse eingibt, läuft im Hintergrund bereits dieser Check. »Allein aufgrund Ihrer Adresse und Hausnummer, Ihres Alters und Geschlechts, vielleicht noch unter Auswertung der E-Mail-Adresse, wird in Sekundenbruchteilen Ihr Zahlungsausfallrisiko errechnet, welches aber oftmals sehr willkürlich ist. Wer eine Adresse in einem teuren Wohngebiet hat, wird möglicherweise besser bewertet als jemand anderes. Ohne dass sonst etwas über Sie bekannt ist und auch, wenn Sie in Ihrem Leben bisher jede Rechnung pünktlich bezahlt haben, werden Sie über dieses sogenannte Geo Scoring als weniger kreditwürdig eingeschätzt. Das kann zur Folge haben, dass der Händler Ihnen weniger Zahlungsmöglichkeiten anbietet und beispielsweise den Kauf auf Rechnung verweigert«, berichtet Schaar. Das müsse transparenter laufen. »Wenn eine nachteilige Klassifizierung erfolgt, muss der Betroffene das Recht haben, das zu erfahren. Und den Grund. Aber das geschieht so gut wie nie.«

Die einzelnen Datenvorräte, die Zalando oder Amazon oder ebay jeweils angelegt haben, sieht Schaar allerdings gar nicht als Hauptsorge des Datenschutzes. »Es gibt ja eine Vielzahl an Daten, die die Nutzer beim Onlineeinkauf, beim bloßen Surfen im Netz, bei Suchanfragen auf Google oder bei Facebook hinterlassen. Erst die Zusammenführung all dieser Informationen wird zum Problem. Denn dadurch können sehr genaue Nutzerprofile entstehen. Reichweitenmessdienste wie die von Google, die unter anderem für Werbetreibende arbeiten, sammeln alle diese Informationen und können sie an ihre Auftraggeber weitergeben.« Wenn der Nutzer im Netz etwa einen Artikel über den boomenden Onlinehandel liest und sich dann noch auf verschiedenen Seiten die aktuelle Herrenmode anschaue, wird es schon interessant für die Dienstleister etwa von Zalando. Dann kann es gut sein, dass auf dem Bildschirm sofort die Bannerwerbung von Zalando, Asos oder ebay auftauchen. »Durch die gesammelten Informationen kann es auch passieren,

dass Ihr Nachbar von derselben Suchmaschine bei derselben Anfrage vollkommen unterschiedliche Suchergebnisse bekommt«, sagt Schaar.

Und was ist so schlimm daran? »Es muss jeder für sich entscheiden, ob ihm das recht ist«, sagt Schaar. »Aber stellen Sie sich vor, sie haben irgendwo mal angegeben, dass Sie über 50 Jahre alt sind. Wochen später suchen Sie im Netz Informationen über irgendwelche Krankheiten. Und wieder Wochen später informieren Sie sich über Krankenhäuser oder Sanatorien mit einem Spezialgebiet. Wenn man all das weiß, könnte man Rückschlüsse auf Ihren Gesundheitszustand ziehen. Diese Rückschlüsse können zutreffend sein oder vollkommen abwegig. Aber diese Informationen wären mit hoher Wahrscheinlichkeit für den Anbieter einer Berufsunfähigkeitsversicherung, die Sie vielleicht gerne abschließen wollen, von großem Interesse. Der könnte Ihnen deswegen vielleicht eine Vertrag verweigern oder einen höheren Beitrag verlangen.«

Wie oft solche Übertretungen vorkommen? »Dass gesammelt wird, auch wenn dies nicht erlaubt ist, stellen wir immer wieder fest. Die Kapazitäten und Befugnisse der Datenschutzaufsichtsbehörden sind aber beschränkt, so dass die Durchsetzung der Bestimmungen auf faktische Grenzen stößt. Das gilt insbesondere für Dienste, die ihren Sitz außerhalb der EU haben«, so Schaar.

Sein Kollege für das Land Berlin sieht zusätzliche Gefahren durch den rapide wachsenden M-Commerce. »Smartphones sind inzwischen richtige Computer. Sie sind aber auch genau so anfällig, etwa gegen Hacker. Vielleicht sogar noch anfälliger, weil es noch nicht so viele Anti-Viren-Programme gibt. Das machen sich aber vor allem die jungen Nutzer nicht ausreichend klar«, findet Dix. In seinem Jahresbericht 2012 schreibt er unter anderem, dass über Apps immer wieder die kompletten individuellen Telefonbücher der Nutzer mit den persönlichen Daten von Freunden, Bekannten oder Kollegen illegal heruntergeladen werden.

Grundsätzlich gibt sich Dix aber optimistisch, was das Datenschutz-Bewusstsein auch der jüngeren User betrifft. »Die Nutzer finden Datenschutz wichtig. Denn immer mehr fühlen sich von Onlinehändlern oder auch Facebook bedrängt, die immer mehr Daten sammeln und sie etwa für Werbung einsetzen«, glaubt der Berliner Datenschutzbeauftragte. Und kluge Unternehmer gingen auf dieses Unbehagen der Kunden ein. »Ich sehe, dass immer

mehr junge Nutzer einfach mal in Ruhe gelassen werden und sich nicht dauernd irgendwelche Produkte empfehlen lassen möchten. Das wird auch bei den ganz jungen Leuten so sein, die in zwei oder drei Jahren Unternehmen im Netz gründen werden. Sie bauen die Idee der Datensparsamkeit dann hoffentlich gleich in ihre Geschäftsmodelle ein, was von vielen Nutzern honoriert werden dürfte«, glaubt Dix.

Die öffentliche Datenschutz-Diskussion geht Rubin Ritter allerdings manchmal zu weit. »Wo beginnt die Entmündigung der Nutzer?«, fragt er. »Jeder kann die Cookies ganz einfach im Browser abschalten, falls er will. Das halte ich für eine gute Wahlmöglichkeit. Es liegt in der Hand der Kunden. Wir können dessen Voreinstellung nicht umgehen und wollen das auch gar nicht.« Wer jedoch die Tracking-Cookies abschalte, »bringt sich auch um wertvolle Dienstleistungen. Wir können mithilfe der Informationen der Tracking Cookies dem Kunden ein viel individuelleres Angebot mit Empfehlungen nach ihrem Geschmack machen«, behauptet Ritter.

Marken selbst gemacht

Trotz der Diskussion bearbeitet Zalando seine Daten-Mine immer intensiver. Mit diesen Informationen versuchen die Macher nicht nur, Produkte von Puma, Lloyds, Tommy Hilfiger und vielen anderen Industriemarken an die Frau oder den Mann zu bringen, sondern auch dazu, eigene Marken zu schaffen. Das übernimmt zumeist die Berliner Tochter zLabels.

Inzwischen hat es Zalando so auf eine zweistellige Zahl dieser Eigenmarken gebracht. Für möglichst viele Ansprüche soll etwas dabei sein: etwa »Mint&Berry«, die Modemarke für die »selbstbewusste junge Frau«, die modische Schuhmarke »Zign«, die klassischere Variante »Pier One« oder »even&odd«, die »coole junge Marke mit urbaner Attitude«, wie zLabels seine Kreationen auf der Homepage selber beschreibt.

Erst regieren auch hier die Zahlen- und Analyseleute, um den Markt und die Nachfrage zu erforschen. Anschließend dürfen die Produktentwickler und hauseigenen Designer ran, die die Zahlen über die Absatzprognosen dann mit ihrem Gespür für Trends zu Eigenmarken-Kollektionen machen sollen, die die Kunden in Massen klicken. Die Aufträge zur Produktion geben

die Zalando-Leute direkt an die Fabriken in China, Bangladesch, der Türkei und anderen großen Textilstandorten – zum Teil in denselben Fabriken, in denen auch die teureren Modelle mit den edlen Logos vom Band laufen.

Derlei Eigenmarken gibt es inzwischen praktisch in allen Sparten des Handels, auch bei Lebensmitteln, vor allem aber bei Textilien und Schuhen. Die eigenen Gestaltungsmöglichkeiten umsetzen zu können – das wird gern als Grund für die Schaffung von Eigenmarken genannt. Tatsächlich geht es dabei zumeist ums Geld: Denn es winkt eine höhere Gewinnmarge, weil kein klassischer Markenhersteller dazwischengeschaltet ist, der auch noch mitverdienen will. Das spart so viel Geld, dass der Händler den Reibach macht und der Kunde ein Schnäppchen; denn Eigenmarken sind für den Endkunden üblicherweise billiger als klassische, bekannte Industrie-Brands. Zudem lassen sich Eigenmarken prima als Druckmittel gegen die Markenhersteller einsetzen: Sollten die sich bei Preis- oder Konditionenverhandlungen allzu zickig geben, kann der Händler dezent darauf hinweisen, dass sich seine Eigenmarken ja auch ganz gut verkaufen und er gar nicht unbedingt auf die Industriemarke angewiesen sei. Das ist er allerdings in der Regel doch, denn die bekannten Marken locken die Kundschaft an, Eigenmarken können zumeist nur als Beigabe dienen. Es kommt also auf den Mix an: Mehr als 20 bis 25 Prozent Eigenmarkenanteil strebt kaum ein Händler an. Inzwischen gibt es auch Kooperationen: Die Eigenmarkenschneiderei zLabels brachte zusammen mit der Edelmarke Kaviar Gauche das erste Brautkleid von Zalando auf deren Internetseite.

Gerade für reine Onliner sind Eigenmarken attraktiv: »Die meisten Pure Player, die mit physisch vorhandenen Produkten handeln, also etwa mit Mode, haben ein Ertragsproblem, weil es sehr teuer ist, die Ware zu bewegen. Das Problem hat etwa Amazon mit seinen Büchern und Musik- oder Filminhalten nicht. Die werden kostengünstig elektronisch als Dateien verschickt. Pure Player müssen versuchen, ihre Rendite mit Eigenmarken aufzupeppen. Denn dabei müssen sie den Ertrag nur mit dem herstellenden Unternehmen, nicht aber mit dem Eigentümer der Marke teilen«, sagt Esprit-Mann Michelberger.

Er weiß allerdings aus Erfahrung, wie schwierig es ist, auf Dauer mit Eigenkreationen am Markt erfolgreich zu sein. »Gerade Eigenmarken müssen emotional erlebbar sein und inszeniert werden. Aber in der Mode kann man

jeden Monat mit jeder Kollektion sehr viel falsch machen. Wenn ein Autohersteller mit einem Modell den Geschmack der Kundschaft getroffen hat und die Qualität stimmt, kann er davon vier oder fünf Jahre prächtig leben. Bei uns sind es nicht mehr als vier Wochen, dann kommt die nächst Kollektion. Und damit die nächste Möglichkeit, Fehler zu machen.« Mit anderen Worten: Einmal den Geschmack des Publikums zu treffen, ist nicht so schwierig. Aber zehn oder zwölf Mal im Jahr schon. Und genau das ist die Anforderung an zLabels.

Eine Ausnahmestellung in Zalandos Eigenmarkenstrategie nimmt dabei Kiomi ein, die Vorzeigemarke unter den Zalando-Eigengewächsen. Die Kiomi-Produkte werden nicht über die Zalando-Seite vertrieben. Kiomi hat inzwischen eine eigene: Von Kopf- bis Fußbedeckung ist alles im Angebot, der Kunde kann unter verschiedenen Styles oder aus dem Gesamtangebot wählen und sich auch Kombinationen zeigen lassen. Wie die billige Schwester von Zalando indes wirkt es nicht. Und wer die Mutter-Seite kennt, wird sich auch auf Kiomi nicht verlaufen. Die neue Tochter hat ein eigenes Marketing und für die meisten Produkte einen eigenen Einkauf. Die Geschäftsführer wollen Kiomi zu einer normalen Marke machen, die vollkommen unabhängig von Zalando im Markt überleben können soll. Zwar wird es offiziell nicht bestätigt, doch soll es bereits Pläne geben, für Kiomi – und möglicherweise weitere Top-Eigenmarken – eigene Läden einzurichten. Es wären, abgesehen vom Rabatt-Outlet in Kreuzberg, die ersten stationären Geschäfte im Zalando-Reich. Die Hauptmarke selber dagegen soll, so die Geschäftsführer, ein reiner Pure Player bleiben. »Wir sind Online-Spezialisten. Stationären Handel können andere besser«, sagt David Schneider (Welt 18.01.2013). Viele Marktkenner indes können nicht nachvollziehen, warum sich Zalando bislang so vehement dem Ladenbau verweigert und potenziellen Umsatz auf der Straße liegen lässt. Händlerberater Kay Hafner: »Der nächste logische Schritt für Zalando wäre die Einrichtung von Flagshipstores in den großen Städten. Das würde eine hohe Kundenfrequenz erzeugen.«

Noch allerdings befindet sich das Projekt Kiomi in der Startphase, wieder einmal zunächst angeschoben mit Bordmitteln und einem sehr kleinen Team. Gleiches gilt für Zalandos Edel-Ableger Emeza. Dass beide nicht mit ganz großen Werbeaktionen und einem großen Big Bang in den Markt gestartet sind, interpretieren Skeptiker als Unentschlossenheit oder Mangel an Ressourcen. Dass die Jungunternehmer zu viele Projekte gleichzeitig starten,

obwohl sie gar nicht dafür ausgestattet sind, wird ihnen immer wieder vorgehalten.

Und tatsächlich beschäftigt die Organisation im Jahr 2013 vor allem erst einmal die Bewältigung des organischen Wachstums der Stammmarke Zalando. Insbesondere die Logistik schien zeitweise überfordert. Von überdurchschnittlichen Wartezeiten der Kunden auf ihre Produkte war immer wieder zu hören – ohne dass Zalando ihnen vorher per Mail mitgeteilt hatte, dass die zunächst in Aussicht gestellten ein bis drei Tage Lieferzeit wohl überzogen würden. Eine solche Information gilt im Onlinehandel mittlerweile durchaus als Standard, hält sie doch den Kundenfrust in Grenzen. Grund des Übels waren offenbar Probleme beim neuen Logistikzentrum in Erfurt. Es hakte an verschiedenen Stellen, insbesondere bei der selbst entwickelten Transporttechnik, war intern zu hören. Die jungen Himmelsstürmer waren wohl etwas zu optimistisch bei ihren Prognosen darüber, wie schnell ein solcher aus dem Boden gestampfter Riesenbetrieb zum perfekten Lauf gebracht werden kann. Offiziell will Zalando derlei Probleme nicht bestätigen; auch nicht, dass die Geschäftsführung eine Task Force von fast einem Dutzend Experten zur Lösung der Probleme nach Erfurt geschickt haben soll.

Bieten die 1 500 bekannten Marken, die Zalando im Programm hat, nicht genügend Auswahl? Muss sich zLabels unbedingt auch noch eigene ausdenken? Auf jeden Fall, glaubt David Schneider: »Ende 2010 haben wir gemerkt, dass die Nachfrage der Kunden in manchen Kategorien das Angebot überstieg. Deshalb haben wir bei diesen Produkten begonnen, selbst ein Label für Schuhe und dann noch andere Marken zu entwickeln. Das funktioniert sehr gut. Einige dieser Labels würden inzwischen auch unabhängig von Zalando erfolgreich sein. Wir entwickeln also weiter Eigenmarken, wo sich das anbietet. Wichtig ist aber, dass darauf zur Zeit nicht unser Fokus liegt. Vielleicht können wir mit unseren Eigenmarken irgendwann einen zweistelligen Anteil am Umsatz erwirtschaften. Das wäre ein toller Erfolg, mehr ist aber nicht unser Ziel.« Alles andere würde wohl auch Ärger mit den Markenherstellern geben, die sonst im Dienstleister einen neuen Konkurrenten sehen könnten.

»Ähnlich verhält es sich mit dem Partnerprogramm: Wo wir nicht so breit aufgestellt sind, geben wir anderen Anbietern die Möglichkeit, Zalando eng begrenzt als Marktplatz zu nutzen. Daraus machen wir aber keine Strategie eines neuen Absatzprogramms.« (Gespräch 15.01.13, WamS)

Ein Beispiel dafür ist der Beauty- und Fregrance-Marktplatz. Der eigene Shop von Zalando in diesem speziellen Markt lief nicht wirklich gut. Denn anders als bei Schuhen, Mode oder Wohnaccessoires liefern die meisten Parfüm-Hersteller nur dann, wenn der Händler auch stationäre Läden hat. So wollen die Marken die Kontrolle behalten, die ihnen in den Weiten des Web möglicherweise aus der Hand zu gleiten drohte. Um dieses Problem zu lösen, fuhr Zalando im Frühjahr 2013 sein eigenes Beauty-Engagement komplett zurück und tat sich mit einem Partner zusammen. Der hat auch Offline-Parfümerien, wird also von der Industrie beliefert. Zalando bietet jetzt, nach dem Vorbild von Amazon oder ebay, einen Marktplatz für Schönheitsprodukte auf seiner Seite an. Die Umsätze und Provisionen gehen über Zalando, das damit in den Augen der Kunden sein Sortiment noch ausweitete. Mit der Lieferung der Ware allerdings hat Zalando nichts zu tun, diese aufwändige Arbeit übernimmt der Partner. Der Beauty-Marktplatz ist ein weiteres Beispiel dafür, dass sie bei Zalando – und dieses Verhalten findet sich überall im Samwer-Reich – nicht starr an Standardlösungen festhalten nach dem Motto: Das machen wir immer so! Wenn der Standard nicht funktioniert, suchen sie relativ schnell nach anderen Lösungen. Wichtig ist die Lösung, der Weg dahin ist zweitrangig. Hauptsache, es klappt und skaliert! Würde Zalando anders handeln, hätte das Unternehmen, wie oben geschildert, wohl niemals die Zollbarrieren der Schweiz überwunden.

Grundsätzlich versucht Zalando allerdings schon, europaweit so standardisiert wie möglich zu arbeiten. Das senkt Kosten und Komplexitäten. »Die Marke Zalando fühlt sich überall etwa gleich an«, sagt Robert Gentz. (15.01.13, WamS). Ab 2014 könnte es zusätzliche Zalando-Länder geben, wobei der Wachstumsschwerpunkt in Europa liegen soll. Auch wenn der Sprung auf andere Kontinente nicht vollkommen ausgeschlossen wird. Die Teams für neue Länder bestehen gerade aus 20 bis 50 Mitgliedern, die weitgehend von Berlin aus arbeiten.

Das Angebot

Ganz neue Produktbereiche soll es in Zukunft bei Zalando nicht geben. Man wolle sich auf Mode, Schuhe, Sportartikel und Wohnaccessoires kon-

zentrieren, das sei spannend genug. »Die Kategorie Sport wird immer wichtiger, Wohnaccessoires ebenfalls. Das lässt sich noch ausweiten«, sagt David Schneider. »Aber wir werden kein Möbelhändler werden, der Schrankwände verschickt. Kühlschränke zum Beispiel wird es von uns nicht geben. Zalando steht für Lifestyle, und wir werden keine Produkte anbieten, die mit Lifestyle nichts zu tun haben. Wir haben in unserem Kernmarkt noch so unendlich viel Wachstumspotenzial, dass wir uns über exzessive Sortimentsausweitungen keine Gedanken machen müssen« (Gespräch 15.01.13, WamS).

Als im Frühjahr 2013 eine Zeitung meldete, Zalando würde künftig auch Spielzeug verkaufen, setzte es ein heftiges Dementi. »Bullshit«, hieß es da am Telefon. Dabei wäre dieses Sortiment für das Internet gar nicht so unattraktiv. Laut Spielwarenverband BVS hat das Internet inzwischen einen nennenswerten Anteil am Gesamtumsatz erreicht.

Schon jetzt ist manchem, vor allem männlichen, Kunden das Angebot bei Zalando schon zu groß. Die Seite kommt ihnen trotz aller Suchfilter wie ein undurchdringlicher Produktdschungel vor. »Es ist schwierig, bei einem solch großen Angebot ein emotionales Erlebnis herüberzubringen. Das Ganze bekommt dann leicht einen etwas kaufhausigen Charakter, den vielleicht nicht jeder Kunde erleben möchte«, sagt Jürgen Michelberger.

Miteigentümer und Tengelmann-Boss Karl-Erivan Haub sieht darin allerdings überhaupt kein Problem: »Auswahl ist extrem wichtig im Onlinehandel: je mehr, desto besser! Der Kunde will den Eindruck haben, aus allem auswählen zu können, was es auf der Welt überhaupt gibt. Er wird es meistens nicht tun. Aber er weiß: Er könnte. Und das gefällt ihm.«

Ein besonders gutes Beispiel für die Vorteile des niemals endenden virtuellen Regalplatzes der Onlinehändler sind die Über- und Untergrößen: Schuhe der Größe 50 stellt sich kein Händler in größerer Auswahl in den Laden, weil es zwar eine Nachfrage, aber keine große Nachfrage gibt: Die großen Modelle nehmen im Regal nur Platz für jene Größen weg, die sich häufiger verkaufen. Genau das ist die Chance für Onlinehändler wie Zalando: Er kann das gesamte Angebot an Über- oder Untergrößen anbieten. Ohne sich mit Größe 50 selber Lagerplatz zu blockieren. Denn diese seltenen Bestellungen kann man ja dann beim Hersteller ordern, wenn man sie wirklich braucht. Dann muss der die Lagerkosten tragen. So kann Zalando zur zuver-

lässigen Einkaufsquelle für Kunden werden, die derlei Exoten-Größen brauchen und sie in den Schuhgeschäften draußen oft nicht finden.

Das Beispiel zeigt auch, das Zalando aus wirtschaftlichen Gründen genau wie jeder andere Händler vor allem auf »Renner« im Sortiment setzt und die »Penner« gar nicht erst hineinzunehmen versucht. Die Modelle müssen massenkompatibel und möglichst wenig retourenanfällig sein. Außerdem bergen zu ausgefallene Modelle das Risiko, dass sie häufig wieder zurückgeschickt werden. Benjamin Krümel, Chefeinkäufer für Herrenschuhe, versucht das gleich bei der Auswahl jener Paare zu bedenken, die ihm die Hersteller präsentieren. Die ganz schrillen Teile fallen wegen der Massenregel zumeist sofort raus: »Deshalb unterscheiden wir uns vielleicht von kleineren Shops, die eine bestimmte Zielgruppe, mit deren ganz eigener Mode trifft. Aber wir haben das größte Sortiment«, lacht der frühere Einkäufer der Traditionskette Görtz. Er muss halt Masse machen.

Tatsächlich hat sich Zalando den größten Bereich des europäischen Fashionmarktes als Jagdgebiet ausgesucht: »Mehr als die Hälfte der Modemarken in Deutschland befinden sich im Mittelpreissegment. Und genau hier arbeitet der Multi-Brand-Online-Store Zalando«, weiß Dieter Holzer, Chef von Tom Tailor. Auch seine Marken gehören zum Mittelpreissegment und werden über den Onlinehändler verkauft.

Die Zalando-Ware stammt weitgehend aus den Quellen, aus denen sich nahezu alle Textilhändler bedienen. Die Fabriken stehen vor allem in Asien, einige – vor allem für höherwertige Produkte – in der Türkei. China ist weiterhin weltweit der größte Textilfabrikant, gefolgt von Bangladesch. Auch Vietnam und Kambodscha werden für die westlichen Modekonzerne immer interessanter.

Damit muss sich Zalando denselben Fragen wie alle Hersteller und Händler stellen, die sich des allgegenwärtigen globalen Produktions- und Beschaffungssystems bedienen: Wie verhindert Ihr, dass Menschen und Umwelt bei der Produktion ausgebeutet oder gefährdet werden?

Da Zalando größtenteils Markenware verkauft, ist die Plattform zunächst auch nur einer von vielen Großkunden und verlässt sich damit zunächst einmal auf das Kontrollsystem der Markenhersteller. Sie sollen Zalando garantieren, dass die Arbeitsbedingungen in den Fabriken, die die Waren im Lohnauftrag herstellen, in Ordnung sind. Dass das nicht immer der Fall ist,

weil Fabrikbesitzer Teile der Produktionsaufträge an dubiose Hinterhof-Werkstätten weitergeben, zeigen zahlreiche Beispiele, die in den Medien und der Öffentlichkeit immer wieder für Empörung sorgen. Zalando ist bis zum Redaktionsschluss für dieses Buch (Sommer 2013) nicht in derlei Skandale geraten.

Auch in Bezug auf Schadstoffe in den Schuhen oder Textilien verlässt sich Zalando bisher auf die Kontrollen der Markenhersteller. Eigene Labors, die stichprobenartig Tests ziehen, gibt es nicht. Zur Begründung verweist man zum einen auf die Sicherheitssysteme der Lieferanten, zum anderen auf die Menge der Artikel, die unmöglich kostengünstig zu kontrollieren seien.

Bei den Eigenmarken dagegen ist Zalando weitaus aktiver, schließlich gibt es in diesem Fall keinen Lieferanten für das fertige Produkt, auf den man sich verlassen könnte. Stattdessen muss es Zalando auf jeder Stufe der Wertschöpfung selber übernehmen sicherzustellen, dass die Standards eingehalten werden. Dabei geht es um die Produktionsmethoden und Inhaltsstoffe der Rohmaterialien ebenso wie um die Arbeits- und Umweltbedingungen in den Fabriken, in denen das fertige Produkt hergestellt wird, bis zum Transport.

»Alle Lieferanten für unsere Eigenmarken müssen sich an unseren Code of Conduct halten«, sagt Zalandos Kommunikationschef Boris Radke. Solche Codes of Conduct haben inzwischen praktisch alle großen Fashionunternehmen. In ihnen steht, was die Zulieferer bei der Produktion dürfen und was nicht, an welche Mindeststandards sie sich halten und welche Kontrollen sie akzeptieren müssen. Der TÜV Süd testet im Auftrag von Zalando die chemische Zusammensetzung der Produkte. »Unsere Mitarbeiter in Europa und Südostasien kontrollieren unangemeldet die Fabriken. Selbstverständlich haben wir schon Zulieferer austauschen müssen, die sich nicht an die Vereinbarungen gehalten haben«, sagt Radke, ohne Einzelheiten zu nennen.

Zalando ist Mitglied der Qualitätsinitiative »Business Social Compliance Initiative« (BSCI), die über die Einhaltung der Vorschriften bis zu den Vorlieferanten wacht. Das soll mithilfe von Audits unabhängiger Prüforganisationen sichergestellt werden. Anständige Produktions- und Arbeitsbedingungen in den Ursprungsländern seien, so Radke, ohnehin eine Selbstverständlichkeit für sein Unternehmen. »Wenn das anders wäre, bekämen wir nicht nur Druck von außen, sondern ganz massiv auch von innen – von unseren Mitarbeitern«, versichert der Mann aus der Kommunikation.

»Wir arbeiten mit den in jüngster Zeit kritisierten Firmen nicht zusammen und wollen das auch in Zukunft nicht«, versichert Chefeinkäuferin Claudia Reth, »wir sind in dieser Preisklasse auch gar nicht vertreten. Das soll auch so bleiben. Wir arbeiten daran, unseren Kunden langfristig das beste Sortiment zu bieten. Und dafür kann man sich nicht nur an Preisvorteilen orientieren.«

Und dieses Angebot wird eher noch größer als kleiner. Für Shopper, die sich von über 150 000 Einzelteilen überfordert fühlen und die keine Lust aufs Stöbern haben, gibt es längst Hilfe von anderen Start-ups: Neben den schon angesprochenen Social-Commerce-Plattformen wie stylefruits, auf denen User aus Spaß und ohne Bezahlung Styles für andere User kombinieren, sind es Firmen wie Modomoto oder Outfittery, die im Windschatten des großen Zalandos ganz gut gedeihen können. Julia Bösch und Anna Alex, zwei frühere Zalando-Mitarbeiterinnen, bieten Herren virtuelles »personal shopping« ohne Aufpreis. Nachdem der Herr, der ungern in Boutiquen geht, sein Geschmacks- und Bedarfsprofil auf der Outfittery-Seite eingegeben hat, meldet sich seine »persönliche Styling-Beraterin« telefonisch bei ihm. Nach 20 Minuten Modetalk packt sie dem Kunden eine Kiste mit zwei oder drei Outfits, die zu ihm passen sollten. Was dem Kunden gefällt, behält er, der Rest geht per Post und ohne Versandgebühren zurück zum Absender. Die Styleberaterin wählt also aus Tausenden Hosen, Hemden oder Sakkos aus – und nicht der Kunde, der dazu ohnehin keine Lust hat. Der Konsument, der diesen Service in Anspruch nimmt, dürfte allerdings etwas zahlungskräftiger oder zahlungswilliger sein als der von Zalando.

»Viele Männer kaufen nun mal ungern Mode ein, schon gar nicht alleine. Da sind sie froh, wenn sie jemand an die Hand nimmt und hinterher bestätigt, wie toll sie dann aussehen«, sagt Julia Bösch. Internetseiten wie Outfittery funktionieren demnach für die großen Jungs wie Mama 2.0, wenn die echte Mama weit weg ist – im regionalen wie im modischen Sinne.

Was bei besserverdienenden Männern klappt, funktioniere dagegen bei jungen Mädchen überhaupt nicht: »Die wollen sich ja gerade von der Mutter und ihrem Modegeschmack emanzipieren. Sie akzeptieren dagegen gern die schwesterliche Helferin«, glaubt Psychologe Grünewald.

Nicht nur an die besserverdienende, sondern an die richtig wohlhabende Kundschaft wendet sich dagegen Zalandos Premium-Tochter Emeza. Hier

wird seit dem Frühjahr 2013 Edel- und Designermode gehandelt, oft zu vierstelligen Euro-Preisen. Der Premiumbereich beginnt in der Mode nach weit verbreiteter Definition bei einer Marke wie Hugo Boss. Mit seinem Nobel-Ableger will Zalando nicht nur das Ausufern der eigenen Hauptmarke verhindern, sondern auch die Abwanderung der Top-Hersteller verhindern. Denn immer mehr von ihnen wollen weg von der Massenplattform, die eher für S. Oliver, Tommy Hilfiger oder Esprit steht. Für die komplette Kollektion von Boss, Gucci oder Escada ist das auf Dauer nicht das richtige Umfeld. Es ist nicht elitär genug. Welche Kundin möchte schon zugeben, den mehrere Hundert Euro teuren Kaschmir-Schal auf einer Onlineseite gekauft zu haben, die mit hysterischen, spätpubertierenden Mädchen wirbt? Einige der ganz teuren Marken allerdings wollen gar nichts mit dem Onlinehandel zu tun haben: Prada etwa. Das Internet soll doch nicht Prada tragen …

Tatsächlich können Massenplattformen wie Zalando und Premiummarken wie Escada nach Ansicht von Bruno Sälzer, dem Chef der teuren Münchener Damenmode-Marke, auf Dauer miteinander nicht glücklich werden: »Beide Seiten haben unterschiedliche Interessen: Der Luxushersteller möchte seine Kollektionsaussage in der ganzen Breite präsentieren. Der Onlinehändler mit vielen Marken interessiert sich vor allem für die Modelle, die sich oft und schnell verkaufen. Das passt nicht so gut zusammen.«

Daneben haben die meisten Premiummarken inzwischen eigene Webshops aufgebaut, auf denen sie ihr Geschäft und ihre Markenführung viel besser kontrollieren können als auf den Seiten von anderen. Aber: Nach einer Untersuchung der Unternehmensberatung Roland Berger und des »Meisterskreises« – eines Zusammenschlusses von Premiummarken – vom Mai 2013 »unterschätzen viele High-End-Unternehmen noch das Potenzial des eigenen Onlinestores und sehen den Webauftritt als Instrument der Markendarstellung«, heißt es da. Der Umfrage zufolge erzielen diese Top-Marken in Deutschland derzeit nur rund fünf Prozent ihrer Umsätze Online. Innerhalb der nächsten fünf Jahre rechnen die befragten Firmenchefs mit einem Anstieg der Quote auf acht Prozent. Von den 300 repräsentativ für die Umfrage ausgewählten Kunden sagten 77 Prozent, sie hätten in den vergangenen zwölf Monaten Parfüm von Premium-Marken Online gekauft, knapp 58 Prozent nannten »Mode und Accessoires« – also typische Zalando/Emeza-Produkte.

Die meisten Branchenkenner bewerten die Expansion Zalando ins Edel-Reich denn auch positiv: »Die Schaffung von Emeza als Plattform für Luxus-Marken ist ein guter Schachzug, um die Möglichkeiten zu erweitern«, sagt Tom Tailor-Chef Holzer. »Wenn man als Händler auch die Umsätze im oberen Produktsegment abschöpfen will, in dem die Renditen sehr viel attraktiver sind als im Massenmarkt, muss man schon eine Marke über Zalando setzen«, glaubt EHI-Wissenschaftler Hudetz. »Emeza ist eine gute Entscheidung«, versichert auch Berater Hafner, »man kann schließlich nicht jedes Produkt über die Marke Zalando verkaufen.«

Doch mancher hegt Zweifel, dass Zalando mit seiner schönen Tochter auf Dauer wirklich Freude haben wird. »Ich bezweifele, dass sie richtig viele richtig tolle Marken bekommen werden, obwohl sie exzellente Einkäufer eingestellt haben. Einige Marken dieser Region gibt es Online halt nur bei mytheresa oder net-a-porter. Anderen Anbietern geben sie ihre Kollektion gar nicht. Dass Emeza daran etwas ändern wird, scheint mir nicht sehr wahrscheinlich«, meint Escada-Chef Sälzer.

Falls Emeza – oder wie Kiomi als eigenständige Marke – nicht funktionieren sollte, darf man dem Versuch ein schnelles Ende vorhersagen. Jahrelange Rettungsprogramme gehören nicht zum Stil des Hauses. Ebenso rasant und zahlreich, wie man im Samwer-Reich Firmen und Marken gründet, stampft man sie notfalls auch wieder ein, wenn sie nicht schnell oder weit genug »skalieren«. So hatten die Chefs von Rocket Internet 2012 keinerlei Scheu, sehr kurzfristig die Stecker bei den Beteiligungen in der Türkei zu ziehen. Dazu gehörte die Zalando-Schwester »Zidaya«, der Sportartikelhändler »Sporena« und der Heimtextilienanbieter »Evimister«. Der Markt habe sich wegen der viele Schnäppchenjäger als zu margenschwach erwiesen, hieß es. Samwer überließ den Mitgliedern des türkischen Managements die Entscheidung, ob sie die Seiten abschalten oder irgendwie anders nutzen wollten, dann aber ohne Geld und Unterstützung von Rocket Internet.

Jobs bei Zalando: Benjamin Krümel
Der Mann, der den ganzen Tag lang Schuhe kauft
33, Einkaufsleiter Schuhe, Herren

Der Mann, der für Zalando jedes Jahr für hohe zweistellige Millionenbeträge Schuhe einkauft, ist 33 Jahre alt. Benjamin Krümel, der Einkaufschef

für die Sparte Herrenschuhe, ist einer von denen, die keine Zweifel daran haben, dass das Wachstum im Schuhhandel in den kommenden Jahren im Internet liegen wird. Das manifestierte er sogar in seiner eigenen beruflichen Vita: Er wechselte von der über 130 Jahre alten, vor allem auf Läden spezialisierten Schuhhandelskette Görtz in Hamburg zum erst vier Jahre zuvor gegründeten Online-Herausforderer Zalando in Berlin. Nach zwölf Jahren bei Görtz hatte er sich abwerben lassen. Wieder einmal hatte der Gründer höchstpersönlich zugeschlagen: »David Schneider hatte mich angesprochen, ich habe aber erst einmal abgesagt. Ein Jahr später meldete er sich noch einmal.« Und dann sagte er zu.

Als Zalando 2008 auf den Online-Markt kam, war Görtz schon da. Und es lief gar nicht so schlecht im neuen Vertriebskanal für das Traditionshaus. Doch schnell überholte Zalando und setzte sich ab. Auch stationär, wo das Unternehmen rund 90 Prozent seines Umsatzes erzielt, machte Görtz Fehler und rutschte in eine schwierige Phase. Nicht nur wegen Zalando. Über dieses Thema allerdings möchte der Mann im offenen weißen Hemd, der Blümchenhose und den braunen Schnürschuhen ohne sichtbare Socken nicht im Detail reden. Sondern lieber über das, was bei seinem neuen Arbeitgeber so besonders ist.

»Bei Zalando hat man in sehr jungen Jahren die Chance auf sehr viel Verantwortung und Gestaltungsspielraum. Es ist hier einfach so viel zu entscheiden, dass man nicht immer noch irgendeinen Vorgesetzten fragen muss oder kann. Das beschleunigt vieles, anders wäre dieses Wachstumstempo auch wohl kaum möglich.« Für das Tempo, mit dem es vorangeht, nennt er Beispiele: Als er vor einem Jahr zu Zalando kam, hatte seine Einkaufsabteilung für Herrenschuhe 30 Mitarbeiter. Jetzt sind es 60. Die meisten haben ähnliche Berufs-Biografien wie er: Nach Erfahrung im klassischen Schuhhandel wollten sie beim Abenteuer Online-Schuhhandel dabei sein. Die Einkäufer sitzen in Berlin, für alle 14 Länder – wenn sie nicht gerade unterwegs sind.

In der Anfangszeit hatten die Zalando-Einkäufer noch über die Messen oder durch die Showrooms der Hersteller tingeln müssen, um als Kunde ernst genommen zu werden: Klassisches Klinkenputzen. Mit dem Wachstum und der zunehmenden Bekanntheit wurden die Zalando-Leute auf der Hierarchie-Leiter ihrer Zulieferer hochgereicht: Bald waren die Ver-

triebsleiter für Ostdeutschland zuständig. »Heute treffe ich viele Chefs der großen Marken zweimal im Jahr persönlich. Und ab und zu mit Persönlichkeiten wie dem Gründer von Geox oder von anderen tollen Marken zu verhandeln, das ist schon eine Erfahrung.« Welcher Jungmanager träumt nicht von einer solchen Entwicklung?

Zalando werde als Absatzkanal für die Hersteller immer bedeutender, zumeist gehört der Onlinehändler schon zu den größten fünf Kunden der Marken. »Deshalb wird es immer wichtiger, ständig im Gespräch zu sein. Allein schon deshalb, um auch bei außergewöhnlichen Wachstumsschüben unseres Unternehmens sicherzustellen, dass wir immer genügend Ware bekommen.«

Verantwortung, Last und Gestaltungsmöglichkeiten seien wegen des Wachstumstempos halt auf viel mehr Schultern verteilt als bei traditionellen Unternehmen. Die Entscheidungskultur sei weniger von Hierarchien geprägt. »Wir spielen einfach jede denkbare Option bis zum Ende durch und entscheiden uns dann für die, die uns am meisten Erfolg verspricht. Da gibt der Chef nichts vor.« Zweifel an diesem Ablauf schiebt er beiseite: »Das ist wirklich so.«

Was aber passiert bei Zalando, wenn sich die Entscheidung als falsch erwiesen hat? »Natürlich schauen wir uns die Sache sehr genau an und entscheiden uns dann für eine Korrektur. Die kann dann auch genau in die gegenteilige Richtung des ersten Weges gehen. Wir haben kein Problem damit, das dann in derselben Konsequenz umzusetzen wie den ersten Entschluss, der sich als nicht perfekt erwiesen hat.« Zumeist kämen sie in den Abteilungen selber drauf, dass etwas nicht so läuft wie erhofft. »Der Impuls zum Umsteuern kommt selten von den Geschäftsführern, sondern meist von uns selbst.« Frühere Mitarbeiter bestätigen diese Art des Umgangs mit Fehlern. »Da hat man gar keine Zeit, sich lange um die Vergangenheit zu kümmern oder Schuldige zu suchen. Bei Zalando gilt: Scherben zusammenkehren, analysieren und es noch mal versuchen.« Das ist eher amerikanisch als deutsch.

Zu den spannendsten Aspekten der Zalando-Kultur gehört, dass hier die fast schon digital-rationalen Zahlenanbeter mit den Bauchmenschen aus der Modebranche ein gemeinsames Produkt auf den Markt bringen sollen. »Das geht sehr gut. Die Analytiker und Marketingleute bringen viel

Wissen ein. Aber die Leute mit dem Gefühl sind wir, da redet uns dann am Ende keiner mehr rein. Jeder ist hier deutlich unternehmerischer tätig als in den meisten anderen Unternehmen.«

Und dann verwendet Benjamin Krümel beim Blick auf die Experten im Unternehmen, die nicht dauernd an Schuhmode denken, doch noch das Lieblingswort des Hauses: skalieren:»Wir haben inzwischen viele Kollegen hier, die früher bei den großen Beratungsunternehmen waren. Die wissen, wie man Unternehmen groß macht, wie man sie skaliert.«

Bitte zahlen!

Die Rechnung ging also nicht auf. Womit der heikelste Punkt beim Einkaufen erreicht wäre: Schon im klassischen Laden ist das Bezahlen immer wieder ein Ärgernis. Meist dauert es den Kunden zu lange, was sie vor der Kasse zumeist allenfalls murrend akzeptieren. Die wenigsten aber lassen ihren vollen Einkaufswagen an der Kasse stehen, weil es ihnen nicht schnell genug geht oder ihnen die Kassiererin nicht gefällt. Oder sie genau jene Zahlungsmittel nicht dabei haben, die die Mitarbeiterin des Händlers akzeptiert.

Genau das passiert aber täglich tausendfach im Internet. User brechen, nachdem sie sich minutenlang durch die Seite gekämpft und Ware ausgewählt haben, unmittelbar vor dem Abschluss ihres Einkaufs die Tour plötzlich ab. Meistens, weil ihnen nicht genügend Wahlmöglichkeiten über die Art des Bezahlens geboten werden oder ausgerechnet ihre gewünschte Variante nicht angeboten wird. Das ärgert die Konsumenten und kostet die einzelnen Händler Millionensummen an Umsatz, weil der Kunde nach dem Abbruch bei der Konkurrenz kauft – oder gar nicht mehr. Zalando bietet deshalb so ziemlich alle Bezahlarten, die es gibt: per Rechnung, Sofortüberweisung, Kreditkarte, PayPal oder Vorkasse.

Ärger gibt es vor allem dann, wenn ein Kunde, der per Rechnung zahlen möchte, diese Möglichkeit gar nicht angeboten bekommt. Vielleicht wird er gar zur Vorkasse gebeten. Dann ist er mutmaßlich bei der blitzschnell durchgeführten Bonitätsprüfung durchgefallen – beim »Scoring«, dessen Intransparenz Datenschützer Schaar kritisiert hatte. Denn die Bezahlmaske am Ende des virtuellen Ladenbummels sieht nicht für jeden Zalando-Kunden bei jeder

Bestellung gleich aus. Weil das Risiko für den Händler, sein Geld für die bereits gelieferte Ware nicht zu bekommen, beim Kauf per Rechnung am größten ist, baut auch Zalando hier über die unbemerkte Bonitätsprüfung Extra-Sicherheiten ein.

Kunden, die es gewohnt sind, per Rechnung bezahlen zu können, sollten sich allerdings nicht auf diesem Status ausruhen. Denn Zalando reagiert sehr humorlos, wenn man sich nicht an die Regeln hält: Wer zwar den Großteil seiner Lieferung bezahlt, einen Artikel aber retournieren will und den Preis dafür deshalb nicht überweist, sich jedoch mit dem Zurückschicken zwei Wochen Zeit lässt, der bekommt erst einmal nichts mehr auf Rechnung. Sondern wird nach seiner Kreditkartennummer gefragt. Der erzieherische Effekt eines solchen Entzugs des Bezahlprivilegs auf den Kunden dürfte nachhaltig sein.

Die Details des Prüf-Verfahrens für Neukunden gehört zu den vielen Geheimnissen der Internethändler, auch von Zalando. Sebastian Siemiatkowski immerhin, Chef des europaweit tätigen Online-Zahlungsabwicklers Klarna aus Schweden, verriet Anfang 2013 beim Tengelmann e-day in ein paar Aspekten, auf die seine Systeme getrimmt sind, wenn es darum geht, die Bonität eines neuen Onlinekunden einzuschätzen: »Um welche Uhrzeit bestellt der Neukunde: Nachmittags um drei oder nachts um drei Uhr? Was für eine E-Mail-Adresse hat er: eine von gmx oder einem Unternehmen wie Tengelmann? Zusammen mit den Erfahrungen mit Millionen von Transaktionen anderer Kunden haben wir dann viermal bessere Daten als die Schufa.« Und viel schneller sei sein Unternehmen auch noch. »Das Ganze ist etwas tricky. Aber in 97 Prozent der Fälle funktioniere das«, sagte Siemiatkowski. Und nutzte den Fachkongress gleich noch als Werbeplattform: »Einfache Bezahlung kann das Geschäftsvolumen um 20 bis 25 Prozent steigern«, verspricht er.

Deichmann-Experte Hackel will vom Rechnungskauf im Internet dennoch nichts wissen. »Das ist ein erheblicher Ausfallblock, den die anderen Kunden mit bezahlen müssten«, sagt er. Mit sieben bis zehn Prozent Ausfallquote müsse man rechnen, sagt ein Kollege. Andere Experten sprechen nur von zwei bis drei Prozent nicht bezahlter Rechnungen. Gegen solchen Zahlungsausfall kann sich ein Händler zwar versichern, aber auch das kostet Geld. Deichmann jedenfalls bietet den Rechnungskauf gar nicht erst an. Da

das Unternehmen ein Multichannel-Anbieter ist, also einer sowohl mit stationären Läden als auch dem Onlineshop, käme beim Rechnungskauf eine weitere Schwierigkeit hinzu: Kunden bekommen ihr Geld für Online gelieferte Ware schließlich auch beim Umtausch in der Filiale zurück, obwohl sie den Rechnungsbetrag vielleicht gar nicht überwiesen haben. Welcher Händler möchte dieses Risiko schon eingehen?

Dieses Problem gibt es bei Zalando nicht, weil die Firma – mit Ausnahme des einen Outlet in Berlin-Kreuzberg – keine Läden betreibt. Überhaupt gibt sich Geschäftsführer Ritter gelassen: »Wir haben keine Probleme mit dem Kauf per Rechnung. Unsere Systeme sind so gut, dass die Ausfallquote gering ist.« Würden sie die Zahlung per Rechnung plötzlich abschaffen, würden sie auch wohl Probleme mit Millionen Kunden bekommen: Denn in Deutschland zahlt mehr als jeder Zweite per Rechnung. In anderen Ländern ist die Quote deutlich niedriger, dort ist die Kreditkarte gebräuchlicher oder der Internetzahldienst PayPal.

»Bei der älteren Generation gibt es vor allem wegen der Bezahlsicherheit noch Hemmschwellen, überhaupt im Internet einzukaufen. Viele glauben, sie müssten ihre Kreditkartennummer im Internet hinterlegen«, sagt Kai Hudetz vom EHI Köln. Die Möglichkeit des Rechnungskaufs, der Sofortüberweisung oder von PayPal sei noch nicht überall bekannt.

Umgekehrt erwarten Experten, dass der E-Commerce einen weiteren Aufschwung nimmt, wenn zusätzliche Bezahlmöglichkeiten den Einkauf noch einfacher machen. Vor allem mobile payment per Smartphone oder Tablet-Computer verspricht großes Potenzial. Der Nutzer hat dann seine virtuelle Geldbörse praktisch immer dabei, falls er sein Smartphone nicht zu Hause hat liegen lassen, und muss ans Begleichen der Rechnung keinen Gedanken mehr verschwenden.

Mensch und Maschine

Handel ist ein »peoples business, heißt es – und das gilt auch für Onlinehandel, obwohl der Kunde beim Einkaufen ja gar keinen Menschen sieht. Denn Menschen prägen nun mal Unternehmen, egal auf welcher Hierarchieebene. Also muss man auch auf die Mitarbeiter und Chefs schauen, wenn man ver-

stehen will, wie die Verkaufsmaschine Zalando funktioniert. Und sollte sich auch bei Konkurrenten und Geschäftspartnern über die Geschäftsführer und Manager erkundigen. Dazu zapft der Journalist üblicherweise zunächst sein bewährtes Netzwerk an, um die Erfahrungen und Einschätzungen dieser Gewährsleute zu erfahren. Ohne Zweifel sind deren Äußerungen immer individuell gefärbt. Jeder hat halt andere Erfahrungen oder Interessenlagen in Bezug auf die Person, für die sich der Frager interessiert. Oft bekommt man als Journalist dann Aussagen »unter drei«, was bedeutet: Bitte auf keinen Fall mit meinem Namen als Quelle in Verbindung bringen. »Sonst sage ich Ihnen nie wieder etwas.«

Wenn es um die drei Zalando-Geschäftsführer oder gar die Samwer-Brüder geht, kehrt sich dieses Verfahren auf ungewohnte Weise bisweilen um: Plötzlich wird der Frager zum Gefragten: »Die kenne ich gar nicht. Aber Sie haben doch schon mal mit denen gesprochen. Wie sind die denn so?« Das bekommt man oft zu hören. Erstaunlich oft.

Selbst die Chefs großer Modemarken müssen passen, weil sie bestenfalls einen der Geschäftsführer oder der Samwers mal irgendwo kurz getroffen haben. Aber mehr nicht. Und das ist ziemlich ungewöhnlich in der Konsumbranche. Denn zumeist treffen sich die Großkopferten der Branche häufig auf Messen, Kongressen, Empfängen oder Firmen-Partys. Und sie halten dann mit ihrer Einschätzung des anderen auch nicht unbedingt hinter dem Berg – jedenfalls dann nicht, wenn man ihnen Anonymität zusichert.

Bei den Zalando-Geschäftsführern jedoch funktionieren diese Mechanismen nicht. Sie sind tatsächlich so etwas wie die geheimnisvollen Unbekannten, die den Markt umpflügen, von denen man aber nicht viel weiß. Mag das bei anderen Absicht oder eine Masche sein, bei Gentz, Schneider und Ritter ist es das sicher nicht. Sie sind einfach so. Sie treiben sich nicht, wie andere Führungskräfte der Webwirtschat, auf Workshops und schon gar nicht auf Empfängen von Industrie- und Handelskammern oder Handelsverbänden herum. Stattdessen meiden sie Branchengremien so weit es geht. In Talkshows sucht man sie erst recht vergebens. Und wenn mal einer der drei einen klassischen Empfang besucht, langweilt er sich schnell und geht bald wieder, weil ihn ohnehin kaum jemand kennt. Oder die Anzugträger aus der alten Ökonomie nur ratlos gucken und tuscheln, über diesen Gast, der ja so seltsam leger angezogen ist. Dann bleiben sie lieber weg und nutzen die Zeit, um ar-

beiten. Mama und Papa dürften stolz auf so viel Fleiß und Fokussierung sein! Und Oliver Samwer als kreative Ober-Ameise auch.

Die drei Ober-Zalandos und die anderen Führungskräfte im Alter um die 30 Jahre setzen die Prioritäten knallhart auf Wachstum und Sicherung des Unternehmens. Das hat Priorität und danach kommt erst einmal lange nichts. Das habe ich auch vor und während der Recherchen für dieses Buch mehrfach erlebt: Es dauerte zunächst Wochen, brauchte mehrere Gespräche, Mails und anderes, bis die drei ihre Zusage gaben, für Gespräche zur Verfügung zu stehen. Immer wieder war der Termin für die Entscheidung verschoben worden, weil es immer irgendwo brannte im Unternehmen: Entscheidungen zur Logistik, nie konkretisierte Probleme im Ablauf, die Tatsache, dass sie im Februar 2013 erstmals ihre Bilanz bekannt geben wollten und die Präsentation vorbereiten mussten. Dann folgte der Amazon-Skandal in der Logistik – und die Zalando-Chefs investierten viel Energie, um den Sturm nicht auch auf ihr Unternehmen übergreifen zu lassen.

Wie wahrscheinlich alle Unternehmer, jedenfalls die, die ihre Eitelkeit einigermaßen unter Kontrolle haben, fragten sie sich: Bringt mir so ein Buch etwas? Stehlen mir die Gespräche Zeit? Oder ist es sinnvoll für ein öffentlichkeitswirksames Unternehmen wie Zalando, die Tür nach draußen noch weiter zu öffnen? Von der strikten Funkstille der allerersten Jahre ist Zalando ja bereits abgegangen. Inzwischen gibt es tatsächlich Pressetermine mit den Geschäftsführern. Die alte Aldi-Strategie »Wir sagen nichts« kann für ein junges Unternehmen im transparenten Internet nicht funktionieren, das wird ihnen klar geworden sein. Sollten sie also mitmachen? Auch auf die Gefahr hin, dass ihnen nicht alles passt, was später im Buch stehen wird?

Die Gespräche mit den Chefs und den Mitarbeitern fanden fast immer unter vier Augen statt, da war kein Pressesprecher dabei. Allerdings war die Vereinbarung, dass die Gesprächspartner ihr »o.k.« zu den Zitaten geben sollten, bevor die veröffentlicht werden. Eine Forderung stellten die Geschäftsführer allerdings für die Gespräche: Bitte nichts, was irgendwie nach Homestory oder Personenkult aussieht! Persönliches zu Gentz, Schneider und Ritter nur dann, wenn es für das Verständnis des Unternehmens Zalando notwendig ist.

So ist es in nahezu allen Unternehmen, in denen die Samwer-Brüder engagiert sind: Die Chefs meiden das Rampenlicht und wollen nicht im Vorder-

grund stehen; wenn sie sich auch nicht verstecken und verschanzen wie andere Handelsbosse, etwa die von Aldi, Lidl oder ehemals Schlecker.

Würden die Verantwortungsträger von Zalando mal im Fernsehen auftreten, wären viele Zuschauer wahrscheinlich enttäuscht. Denn sie wirken viel unaufgeregter, als man es sich das von Managern vorstellt, deren Unternehmen schrill mit kreischenden Mädchen und Postboten wirbt. Zurückhaltend und freundlich sind sie zumeist, ohne Ich-erkläre-euch-jetzt-mal-die-Welt-Attitüde, aber mit unerschütterlichem Selbstbewusstsein. Mit teils schon bewundernswerter Gelassenheit erklären sie beispielsweise zum tausendsten Mal, warum ihrer Meinung nach weder die hohe Retourenquote noch die immer noch fehlenden Gewinne stichhaltige Gründe für die These der Kritiker sind, dass Zalando irgendwann mit einem lauten Knall platzen und sich als riesige Investitionsruine erweisen wird. Doch auch das gehört zum Job. Dabei kann man ahnen, wie sehr sie diese immer gleiche Diskussion inzwischen nervt.

Die drei Geschäftsführer verstehen sich augenscheinlich gut. Sie kennen sich ja auch schon seit ihrem Studium. Schneider und Gentz habe zusammen gewohnt und gemeinsam ihre Abschlussarbeit geschrieben. Robert Schneider sagt über den Meinungsfindungsprozess zwischen den Geschäftsführern: »Wir stimmen nicht ab, sondern diskutieren, bis wir einer Meinung sind – das funktioniert« (Gespräch 15.01.13, WamS).

Viele, die in jungen Jahren Erfolg in der Wirtschaft hatten, drohten schon mal überzuschnappen und sich in Allmachtsphantasien zu ergehen – was zumeist mit üblen Bruchlandungen endete. Sehen die Zalando-Chefs diese Gefahr für sich? »Wir haben großen Respekt vor der Herausforderung, aber wir verspüren keine Höhenangst. Bisher haben wir das schnelle Wachstum schließlich immer ganz gut gemeistert und die Ziele, die wir uns gesetzt haben, auch erreicht. Wir sehen nicht die Gefahr, dass wir abheben könnten. Das entspricht nicht unseren Persönlichkeiten«, ist sich Robert Gentz sicher (Gespräch 15.01.13, WamS). Sie sind Rationalisten durch und durch, die sich sehr stark an Zahlen und Fakten orientieren und weniger am Bauchgefühl. Das könnte tatsächlich ein Mittel gegen aufkommenden, erfolgsbedingten Größenwahn sein. So lange jedenfalls, wie man Zahlen und Fakten nicht schönfärbt.

Das Arbeitsumfeld der Chefs jedenfalls sollte dazu beitragen, dass sie nicht abheben. Sie nutzen keine Vorrangschaltung im Aufzug, sie kleiden sich nicht

anders als ihre Mitarbeiter, sie sind mitten drin im Zalando-Leben. Was auch nicht so schwierig ist. Denn die Standorte wie das alte Umspannwerk in Prenzlauer Berg haben eher etwas von einem Uni-Campus als vom Headquarter eines europaweit agierenden Unternehmens. Die Leute laufen herum, wie sie gerne möchten. Es gibt nur einen Dresscode und der lautet: Es gibt keinen Dresscode. Was Neueinsteiger oft kaum glauben wollen und deshalb in den ersten Tagen schon mal im Sakko erscheinen. Aber danach nie wieder, weil hier praktisch niemand Sakko trägt, abgesehen vielleicht von den Finanzleuten, die mit Bankern oder anderen Geld-Menschen zu tun haben. Berlin und Zalando, diese Kombination lockt junge Leute! Jeder hat ein Fähnchen seines Herkunftslandes auf dem Schreibtisch, damit die anderen wissen, welche Sprache er oder sie neben Englisch noch spricht. In den Fluren ist nahezu jeder denkbare Akzent des Englischen zu vernehmen.

Alle tragen, was junge Menschen halt so tragen. Und das ist längst nicht bei Zalando bestellt, obwohl der 40-Prozent-Rabatt für Mitarbeiter es der Konkurrenz schon schwer macht, Beschäftigte des Onlinegiganten als Stammkunden zu gewonnen. Dennoch kaufen die Mitarbeiter hin und wieder fremd: Jan Kemper etwa, der Finanzvorstand, kommt im blauen Sweatshirt mit dem Elch-Logo von Abercrombie&Fitch, die Marke gibt es nicht bei Zalando, zum Gespräch. Er antwortet ruhig auf Fragen, wartet, bis der Fragende zu Ende gesprochen hat. Lässt sich auch von provokativen Fragen nicht aus der Ruhe bringen, genau wie seine Geschäftsführer.

Kemper hatte zuvor bei zwei Investmentbanken gearbeitet, bevor er zu 2010 Zalando kam. Börsengänge, Kapitalerhöhungen, Mergers&Akquisitions – das übliche Programm. Wer glaubt, bei Zalando vor allem Berufsanfänger und Liebhaber schöner Schuhe zu finden, der irrt. In Betriebswirtschaft sind die meisten ausgebildet, viele haben an der WHU in Vallendar studiert und dazu Auslandserfahrung gesammelt, oft in den USA. Auch Kemper hat an der WHU studiert, drei Jahrgänge über denen der Gründer.

Was macht das Arbeiten bei Zalando aus? »Wir mögen hier keine Statussymbole. Ich sitze nicht in einem Chefbüro, sondern inmitten meiner Leute. Zu Beginn habe ich alle sechs Monate den Raum gewechselt, um alle Kollegen kennenzulernen«, sagt Kemper. Auch die Geschäftsführer haben keine eigenen Büros, sondern ein großes, gemeinsames. Zusammen mit den Assistentinnen.

Freiraum und Entwicklungschancen für die Mitarbeiter gehörten zu den wesentlichen Motivationsinstrumenten hier, sagt der Finanzmann. »Wir wollen jungen Leuten die Möglichkeit geben, sich freizuschwimmen und Verantwortung zu übernehmen.« Das hört man bei Zalando oft. Ob es wirklich so ist, können wohl nur die Mitarbeiter beurteilen. »Wir haben Spaß an der Arbeit und daran, morgens herzukommen in diese dynamische Atmosphäre. Und das haben unsere Mitarbeiter auch«, behauptet Rubin Ritter.(Gespräch 15.01.13, WamS)

Der Bedarf an neuen, hungrigen Leuten ist groß, aber das Angebot ist es auch: »Wir bekommen sehr viele Bewerbungen. Unser Onlineshop ist 24 Stunden an sieben Tagen in der Woche geöffnet, zwischen Nordnorwegen und Süditalien, für viele Hundert Millionen Kunden. Das kann kein stationärer Laden bieten«, sagt Robert Gentz (Gespräch 15.01.13, WamS). Und das macht Zalando als Arbeitgeber hoch attraktiv. In jungen Jahren bei einem solchen Projekt dabei zu sein, das ist doch was. Zudem macht sich die Station gut im Lebenslauf eines jeden, der im Konsum Karriere machen will.

»Was wir hier aufbauen, soll nachhaltig sein und auch noch in zwei, fünf oder mehr Jahren funktionieren«, behauptet Kommunikator Radke. Er spricht von einer »offenen Kultur« und das sei eben gerade »keine Militarisierung der Organisationskultur«. Die wird Amazon immer mal wieder nachgesagt.

Die Belegschaft wird nicht nur größer, sie verändert sich auch in ihrer Struktur. Denn genau wie das Unternehmen werden die Mitarbeiter immer erwachsener. Sie bekommen Kinder, nehmen Erziehungsurlaub, kaufen Wohnungen oder bauen Häuser, werden gesetzter. Und das ist eine ganz neue Erfahrung für ein junges Unternehmen in einer Szene, in der der Wechsel und die Veränderung bisher die Konstante ist. Aber jetzt beginnen immer mehr Mitarbeiter, in Zalando eine Perspektive für die nächsten Jahre zu sehen. Andere dagegen wollen lieber weg und noch einmal etwas Neues probieren – vielleicht sogar ein eigenes Start-up.

Mancher in der alten Handelswelt missversteht das als Job-Hopping oder Unzufriedenheit mit dem Arbeitgeber. Berater Hafner dagegen sieht darin eine kulturelle Eigenart der Start-up-Szene: »Die Leute bleiben für ein, zwei oder drei Jahre in einem jungen Unternehmen. Wenn sie dann hipp bleiben wollen, ziehen sie weiter und suchen neue Herausforderungen bei ganz klei-

nen, sehr jungen Firmen mit einer vielversprechenden Idee. Da sucht keiner seine Stelle auf Lebenszeit.«

Die gewachsene Komplexität und die Größe von Zalando erfordert aber inzwischen zugleich mehr Mitarbeiter mit klassischem Werdegang, vor allem bei den klassischen Backup-Funktionen. Etwa im Beritt des Finanzvorstandes. »Wir müssen einen Spagat bei der Mitarbeitersuche machen«, sagt Kemper. »Zum einen brauchen wir die jungen Wilden, die experimentierfreudig sind. Bei Logistik, Einkauf oder Recht aber brauchen wir Leute, die Erfahrung mitbringen. Sie müssen aber dennoch in unser junges Team passen und hungrig sein. Die klassische Dienstwagenkultur hilft uns nicht weiter«, sagt Kemper. »Natürlich schauen wir uns sehr genau an, was die Leute vorher gemacht haben, aber in erster Linie müssen sie zu unserer Unternehmenskultur passen. Und das ist nicht immer einfach, das ist oft eine Gratwanderung.«

Was das konkret bedeutet? »Derjenige der den Ansatz hat ›Das habe ich schon immer so gemacht!‹ ist wahrscheinlich nicht der Richtige für uns. Es sind nicht immer die Standardlösungen, die für uns passen«, meint der Finanzmann. Später sagt er: »Wir brauchen Leute, die sich ihre kindliche Neugierde erhalten haben.«

Accenture Berater Hiemeyer sieht es ähnlich. Erfolgreiche Onlineunternehmen lebten von ihrer Schnelligkeit und Innovationskraft und vom Einsatz der neuesten Technologie. »Dafür braucht man sogenannte ›Digital Natives‹ und eine entsprechende Unternehmenskultur. Klassische Handelsunternehmen, die aus dem stationären Geschäft kommen und traditionellen Denkmustern verhaftet sind, können hier nicht mithalten.« Bisher sei es nur in sehr wenigen Fällen gelungen, die neue Kultur der digitalen Welt erfolgreich in ein klassisches, in den »brick & mortar«-Unternehmen zu verpflanzen. »Deshalb ist es absolut empfehlenswert, den jungen Onlinern ihre Freiräume zu lassen. Die größte Herausforderung für Unternehmen ist jedoch, die organisatorische Integration der relevanten Vertriebskanäle – Online und offline – voranzutreiben und sicherzustellen, dass dies auch kulturell unter einem Dach vereinbart werden kann«, betont Hiemeyer.

Und wie sieht es mit der Außenwirkung der Zalando-Mitarbeiter aus? Es macht fast schon skeptisch, wenn man von beinahe allen Gesprächspartnern, die mit Zalando Geschäfte machen, hört, dass dessen Mitarbeiter sehr

»nett«, »extrem professionell«, »gut« oder »an der Sache orientiert« sind. Kann man mit Freundlichkeit und Fairness tatsächlich so schnell und so stark wachsen?

»Ich höre nichts Negatives«, sagt der Chef einer großen, auch über Zalando vertriebenen Modemarke, der sich auf Bitten des Autors in seinem Unternehmen dazu umgehört hat. »Es gibt eine hochprofessionelle Zusammenarbeit. Die Zalando-Leute sind rational und legen keinen Größenwahn an den Tag. Selbstverständlich haben sie sehr klare Vorstellungen vom passenden Sortiment und von den Preisen, die sie dafür zu zahlen bereit sind. Aber das ist alles noch im grünen Bereich.« Ähnliches ist auch anderswo zu hören:

»Wenn sie etwas von einem wollen, können sie sogar sehr nett sein«, sagt ein Geschäftspartner, ohne das näher auszuführen.

Das alles überrascht in einer Branche, in der fürchterliche Geschichten insbesondere über das Verhalten und Benehmen von Einkäufern der großen Handelsketten kursieren. Verbürgt sind Preisverhandlungen etwa bei Lebensmittel-Discountern, bei denen Brüllereien, Einschüchterungen und Psychoterror an der Tagesordnung sind – mit dem Ziel, den Hersteller zur Senkung seiner Preise zu zwingen. Gern wird auch gedroht, die Produkte ab sofort nicht mehr zu verkaufen, was für den Hersteller die Existenz gefährden kann, wenn der Händler einer seiner größten Kunden ist.

Gibt es dagegen bei Zalando nur nette Leute? Die Geschäftsführer und Personalverantwortlichen schauen sehr überrascht, wenn man sie fragt, ob es bei ihnen eine Art Benimm- oder Freundlichkeitserlass gibt. »Nicht dass ich wüsste«, lacht Rubin Ritter – und der müsste es eigentlich wissen. Er sagt stattdessen etwas von »langfristigen Lieferantenbeziehungen«, die man aufbauen wolle. »Ich glaube, wir leben das vor. Ein Beispiel: Manchmal ist David Schneider bei den Einkaufsgesprächen mit dabei. Und er lebt selbstverständlich vor, dass es auch ohne Trickserei und Brüllen geht. Wenn das auf der Geschäftsführerebene so läuft, überträgt sich das natürlich auf die gesamte Organisation und prägt vielleicht ein bisschen die Kultur bei Zalando«, sagt Ritter. Nach ein paar Sekunden der Überlegung ergänzt er: »Wahrscheinlich stellen sich bei uns auch solche Leute gar nicht vor, die übermäßigen Druck benutzen. Wir schauen generell bei neuen Mitarbeitern weniger darauf, was sie vorher gemacht haben, sondern mehr auf das Potenzial, das wir in ihnen zukünftig sehen.«

Trotz aller Freundlichkeit: »Ich muss als Hersteller wissen, mit wem ich mich da einlasse«, sagt die Mitarbeiterin einer kleineren Modemarke, die mit Zalando zusammenarbeitet: »Das sind ausgebuffte Jungs und Mädels, die sehr genau wissen, was gut ist für ihr Unternehmen.«

Jobs bei Zalando: Sandra Schaarschmidt
Die Frau, die Uni-Absolventen zu Zalando-Mitarbeiter machen soll
30, Interne Kommunikation/Personalwesen

Eigentlich ist Sandra Schaarschmidt so eine Art Kulturbotschafterin bei Zalando. Und ein wenig Eventmanagerin auch noch. Offiziell lautet ihr Titel »Senior Manager Internal Communications«. Danach ist sie also eine Frau, die in der internen Kommunikation etwas zu sagen hat. Doch das trifft es nur zum Teil. Denn ihre Abteilung ist dem Personalressort angegliedert – es geht also um mehr als um Inhalte für das Intranet oder einen Mitarbeiter-Newsletter.

»Wir wollen nicht nur die Kunden, sondern auch die Mitarbeiter für Zalando begeistern.« Wenn Sandra Schaarschmidt das sagt, klingt es ein wenig nach Hochglanzprospekt. Es ist aber wichtig in dieser Branche. Denn wenn die Mitarbeiter sich nicht wohlfühlen, sind sie ganz schnell wieder weg. In Berlin gibt es schließlich Hunderte spannender Start-ups, die ständig gute Leute suchen.

Im Februar 2011 kam Schaarschmidt (30) zu Zalando, nach ihrem Politikstudium in Dresden und ein paar Jahren Berufserfahrung in der Public Relations (PR). »Ich wollte immer interne Kommunikation machen«. Bei Zalando konnte sie das jetzt tun und noch eine ganze Menge mehr. Mit einer Einschränkung: Sie musste die Abteilung erst noch aufbauen. Wie für so viele Mitarbeiter, die ins damals allenfalls halbfertige Unternehmen kamen, galt es für sie, Pionierarbeit zu leisten. Ein wenig PR gab es schon, aber jene Mitarbeiter beschäftigten sich vor allem damit, den Shop von Zalando bekannt zu machen – nicht aber das Unternehmen.

Genau diese Aufgabe wurde jedoch immer wichtiger. Denn Zalando brauchte nicht nur Kunden, sondern auch Mitarbeiter, um deren stetig steigende Zahl an Bestellungen zügig abarbeiten zu können.

Das Unternehmen musste also auch als attraktiver Arbeitgeber bekannt werden. Mit ihrer Abteilung kümmert sie sich um den Mitarbeiter-News-

letter »Die Zalando News« und das Intranet – und eben auch das »Employer Branding«: Zalando wird jetzt als coole Job-Marke inszeniert, an Hochschulen und bei Recruiting-Events überall auf der Welt, damit die jungen, hungrigen Marketing- und vor allem IT-Nachwuchskräfte nach Berlin kommen. Denn von diesen heiß begehrten Experten hat auch Zalando noch zu wenige.

Damit die Mitarbeiter bleiben, wenn sie denn schon mal da sind, haben Schaarschmidt und Kollegen diverse Aktivitäten aufgelegt – vor allem für jene, die nicht Deutsch sprechen. Neulinge bekommen einen Mentor, der ihnen das Unternehmen und seine Kultur näherbringt. Und wenn nötig, begleitet jemand den Amerikaner, Spanier oder Finnen auch zu Behördengängen aufs Bezirksamt – denn nicht in jeder Amtsstube der deutschen Hauptstadt ist man der englischen Sprache mächtig. Zalando arbeitet somit an einer firmeneigenen Willkommenskultur. Die sich herumsprechen möge, damit immer neue Mitarbeiter aus aller Welt kommen.

Wie sieht sie denn nun aus, die Zalando-Kultur, in der es fast nur das »Du« und praktisch gar kein »Sie« gibt? »Wir sind locker, offen und direkt, wir sind hilfsbereit, neugierig und immer in Bewegung. Egotrips sind verpönt.« Es klinge zwar etwas altmodisch, aber der alte Spruch »Feste feiern und feste arbeiten« passe durchaus auch auf Zalando. Etwa beim Sommerfest oder der Weihnachtsfeier – 2012 mit einer halbstündigen Modeschau von Mitarbeitern. Als ihre Abteilung allerdings einmal zu Ostern auf die Idee kam, Schokoladeneier zu verstecken, von denen einige auch noch Gewinne versprachen, brachte das fast einen Teil der Zalando-Maschine ins Stocken. »Die Kollegen vom Kundenservice waren so begeistert, dass sie sofort Ostereier suchen gingen. Leider waren dann kurzzeitig zu wenig Leute an den Telefonen und Rechnern, allerdings nur sehr kurzzeitig.« Problemlos lief es dagegen bei der Berliner Firmen-Staffel: 80 Zalando-Teams – mit jeweils fünf Startern – waren 2013 dabei, jeder Teilnehmer rannte fünf Kilometer für seine Firma.

Tempo ist auch sonst im Unternehmen angesagt: »Wir beginnen Sitzungen nicht mit irgendwelchen Witzchen, um warm zu werden, sondern wir kommen sofort zum Thema.« So präsentieren sich die meisten Zalando-Leute quer durch alle Hierarchiestufen tatsächlich auch ihren Gesprächspartnern: Nach außen – nicht nur bei der Kleidung – für ein Großunterneh-

men ungewöhnlich locker, im Gespräch aber sofort beim Thema und sehr pragmatisch an der Aufgabe dran.

Das merken auch Anfänger sofort:»Wir haben hier so viel Arbeit, dass Neulinge gleich am ersten Tag eine Aufgabe bekommen. Eine Woche lang das Umfeld kennenlernen – das funktioniert bei uns nicht.«

Und wie äußert sich die Offenheit?»Jeder kann jeden Mitarbeiter ansprechen, wenn er oder sie eine Frage hat, auch die Geschäftsführer haben immer offene Türen.«

Und dann gibt es noch die »Speakers Corner«: Ein Mitarbeiter aus der Leitungsebene referiert nach Aktualität oder Bedarf der Mitarbeiter über ein Thema. Anschließend kann jeder alles fragen – und vor allem sieht jeder Teilnehmer der Speakers Corner mal das Gesicht dessen, der im immer größer werdenden Unternehmen für das Thema die Verantwortung trägt. Logistik, Technologie oder »strategische Markenausrichtung« sind solche Themen. Bei der Vorstellung der eigenen Nobel-Marke Emeza kamen 140 Mitarbeiter, das war bisher der Rekord.

Ob da wirklich offen diskutiert wird?»Ja, wird es. Ganz sicher. Als die drei Geschäftsführer in der Speakers Corner waren, hatten wir uns das auch gefragt. Aber dann war das Gespräch ganz anders als erwartet, die Mitarbeiter haben kein Blatt vor den Mund genommen. So stellen wir uns die Zalando-Kultur vor.«

Und Vorschläge zur Verbesserung der Arbeitsabläufe seien weiterhin hoch willkommen. »Das geht weit über das übliche betriebliche Vorschlagswesen in anderen Unternehmen hinaus.« Zur Bezahlkultur indes äußert sie sich nicht. Ein Extra allerdings gibt es bei Zalando, das kein anderer Start-up der deutschen Hauptstadt in dieser Art bieten kann: 40 Prozent Mitarbeiter-Rabatt auf alle Waren aus dem Shop!

Die kritische Stelle des Systems: Die Logistik

David Schröder steht auf einer dieser Metallbrücken hoch über dem riesigen Raum und blickt über das neue Herzstück der Zalando-Logistik. In dieser Halle könnte man gleichzeitig mehrere Fußballspiele nebeneinander austragen, so groß ist sie. Und es ist nur eine von sechs Hallen in diesem 75000-

Quadratmeter-Komplex. Da verlieren sich die Mitarbeiter fast ein wenig, die an Packtischen, mit Wägelchen und an den Förderbändern, deren Enden allenfalls zu erahnen sind, hin und her wieseln, weiß-orangefarbene Zalando-Päckchen neben sich, über sich, vor sich, hinter sich. Zu Tausenden. Und noch hat das Logistikzentrum im thüringischen Erfurt gar nicht seine endgültige Ausbaustufe erreicht. »Sobald die Technik komplett läuft«, sagt Geschäftsführer der MyBrands *Zalando* eLogistics GmbH mit hörbarem Stolz in der Stimme, »bringt uns das eine Verbesserung der Liefergeschwindigkeit von einem Tag in Deutschland. Wenn die Kunden bis 19 oder 20 Uhr bestellen, können wir 90 Prozent von ihnen am nächsten Tag beliefern.« Schröder ist auch einer dieser jungen, gar nicht Wilden, dieser sachlich-freundlichen Analytiker, die an der WHU studiert haben und jetzt bei Zalando das ganz große Rad im europäischen Einzelhandel drehen wollen.

Ohne Schröders gigantische Paketmaschinen jedoch würde das alles nichts werden. Denn Logistik, dieses Handwerk im Hintergrund, das der Kunde fast nur in Gestalt des DHL-Mannes zu Gesicht bekommt, ist das Rückgrat und das wesentliche Erfolgskriterium im Onlinehandel: Ware, Homepage, Preis, Zahlungsabwicklung, Image – alles wichtig für die Zalandos dieser Welt. Aber wenn die bestellten braunen Sneakers nicht pünktlich beim Kunden ankommen oder der Ablauf hinter den Mauern der Hallen uneffizient teuer ist, wird es nichts mit dem Erfolg. »Man könnte das Ganze günstiger hinbekommen, wenn man es langsamer machen würde. Das brächte uns zwar schneller in die Gewinnzone, ginge aber auf Kosten der späteren Wachstumschancen«, sagt Schröder, »und deshalb geben wir weiter Gas.«

Zwei Logistikstandorte betreibt Zalando seit Mitte 2013 selbst, weitere sind geplant oder bereits im Bau: Seit Sommer 2011 läuft Brieselang bei Berlin, ein früheres Karstadt-Lager auf 25 000 Quadratmetern Grundfläche mit rund 1 000 Mitarbeitern. Der ein Jahr später eröffnete Standort Erfurt ist mit 75 000 Quadratmetern samt 45 000 Quadratmetern Erweiterungsfläche nach Unternehmensangaben das größte Logistikzentrum eines E-Commerce-Unternehmens in Europa – und damit auch der gigantischste Schuh- und Kleiderschrank des Kontinents. Die bunten Kartons stapeln sich in unendlich vielen, unendlich langen Regalgängen. Erst dann, wenn jemand einen solchen Gang betritt, schaltet der Bewegungsmelder automatisch das Licht in dieser Zone ein, was Energie spart, für einen Gast aber jedes Mal wieder einen

beeindruckenden Aha-Effekt bringt: Der Spot geht an und taucht die Stars des Unternehmens – Schuhe, Mäntel, Taschen – in gleißend helles Licht. Ganz großes Kino! Ein tragbarer Mini-Computer leitet die Mitarbeiter möglichst effizient durch die Gänge, um in kurzer Zeit die passenden Kartons und Tüten herauszupicken, aus denen eine Lieferung werden soll. Inzwischen arbeiten in Erfurt rund 2000 Mitarbeiter.

Gebaut wird seit Ende 2012 zudem am Standort Mönchengladbach, der ähnlich groß werden soll wie Erfurt. Von hier werden dann Kunden in Nordrhein-Westfalen und Rheinland-Pfalz sowie in Holland, Frankreich und Belgien beliefert. Und der nächste Umschlagplatz ist schon in Planung, er soll in Süddeutschland angesiedelt werden.

Der kleinste Logistikstandort ist auch der älteste: Seit Herbst 2010 lässt Zalando im brandenburgischen Großbeeren vom niederländischen Dienstleister Docdata auf 10 000 Quadratmeter von ebenfalls 1000 Mitarbeitern Kartons verpacken und von DHL zustellen. Doch klein ist selbst hier relativ: Wer vor diesen 50 oder 60 Meter langen, hallenhohen Stahlregalen steht, die mit Abertausenden Schuhschachteln gefüllt sind, wähnt sich eher im Ankleidezimmer eines Riesen statt am kleinsten Standort eines Onlinehändlers. Und die Transportwägelchen, die stetig durch die Halle sausen, wirken dann wie des Riesen Spielzeugeisenbahn.

Eigentlich sind das hier zwei Betriebe. In einem Bereich der Hallen in Großbeeren falten Mitarbeiter die hoch gestapelten, noch platten Zalando-Kartons auf, füllen sie mit zumeist zwei oder drei Artikeln, legen die Papiere und vielleicht noch einen Gutschein hinein, kleben sie zu, scannen den Identifikations-Aufkleber und schieben die Kiste auf das Förderband, das einen Lastwagen nach dem anderen mit den Kartons befüllt. Und nebenan, sozusagen im zweiten Betrieb, läuft das Ganze rückwärts ab. Hier bekommt man einen plastischen Eindruck davon, was die sperrige Kennzahl »Retourenquote« im richtigen Leben bedeutet – und eine Ahnung dessen, was ein Unternehmen einsparen kann, wenn es in der Lage ist, diese Quote zu senken.

Aus den Lkw kommen per Förderband die Pakete, denen man schon von außen ansieht, dass sie von Leuten verschlossen und verklebt wurden, die das nicht jeden Tag tun, von den Kunden nämlich. Die Mitarbeiterin am Retourenarbeitsplatz scannt den Strichcode des Kartons. Während die Frau die

Rücklieferung öffnet, erscheint auf dem Computerbildschirm vor ihrer Nase ein Bild des Produktes, das drin sein sollte. Die Mitarbeiterin vergleicht und kontrolliert, ob es sich wirklich um den richtigen Artikel handelt, stellt ihn zur Seite, scannt wieder und macht sich anschließend über die nächste Retoure her. Und immer so weiter. Wie viele Artikel eine Mitarbeiterin pro Stunde bearbeiten muss, weiß DocData-Chef Michiel Alting von Geusau angeblich gerade nicht.

An den Einpackstationen sind es rund 50 bis 60, ist später zu erfahren. Was passiert, wenn jemand die Quote nicht schafft? »Dann sprechen wir mit den Leuten und setzen sie notfalls an andere Arbeitsplätze um«, sagt von Geusau. Gehaltsabzüge gebe es nicht, allerdings auch keine Boni, falls sein Mitarbeiter schneller sein sollte.

Schließlich wird bei jeder Retoure kontrolliert, in welchem Zustand der zurückgeschickte Artikel ist: Unversehrt? Dann wird er wieder verpackt und später an den nächsten Besteller verschickt. Artikel mit Schäden oder Gebrauchsspuren – Kunden »testen« die Ware schon mal längere Zeit im Alltag – müssen aufgearbeitet oder mit Preisabschlag verkauft werden. Manche allerdings sind überhaupt nicht mehr zu verkaufen. So etwas ist für Zalando die schlimmste aller denkbaren Retouren, nämlich die teuerste. »Es stellt sich die Frage: Wie viel kann man von den Retouren noch zum vollen Preis verkaufen, wie viel zum reduzierten und wie viel gar nicht?«, sagt Escada-Chef Bruno Sälzer. Doch genau das, was andere Händler so sehr interessiert, verrät Zalando nicht.

In einem der Gänge steht ein zur Hälfte mit lädiert wirkenden Kartons gefüllter Wagen mit der Aufschrift »Klärfall«. Das sind Retouren, bei denen etwas nicht stimmt. Vielleicht fehlt der EAN-Code zur Identifizierung. Die muss dann aufwändig von einem Mitarbeiter geklärt werden. Manchmal schicken Kunden Produkte als Retoure an Zalando, die sie bei H&M oder anderswo gekauft hatten. Auch das treibt die Kosten.

Hier wird 24 Stunden am Tag gearbeitet, in drei Schichten. Die Hinweisschilder auf dem Gelände sind zumeist zweisprachig, deutsch und polnisch. Denn viele der Mitarbeiter kommen aus Polen, mit Einheimischen allein würde der Betrieb nicht laufen. Und Berliner, heißt es, kommen nicht raus nach Großbeeren, um Pakete zu packen. Polen dagegen schon. Sie pendeln oft in Fahrgemeinschaften täglich hin und her, 150 Kilometer. So wie die

34-jährige Magdalena. Sie spricht beide Sprachen, hat sich zur »Kontrolleu-rin« hochgearbeitet, jetzt betreut sie zwei bis drei Landsleute an den Bändern und zwischen den Regalen. »Das ist gutes Geld für uns«, sagt sie über die Bezahlung. Angeblich ist es trotz des niedrigen Lohnlevels bis zu dreimal so viel wie zu Hause. Docdata zahlt zumeist kaum mehr als einen Einstiegslohn von 7,80 Euro pro Stunde, während es in den Zalando-eigenen Logistikbe-trieben nach Firmenangaben 8,79 Euro gibt. »Wir bezahlen im Rahmen unserer Möglichkeiten. Wir verdienen ja noch kein Geld«, begründet Geschäftsführer Schröder. Dass Docdata weniger zahlt als Zalando liege nicht an Zalando, sagt Schröder, das Unternehmen kalkuliere für alle Standorte vergleichbare Personalkosten. Schließlich erfüllten ja auch alle dieselben Auf-gaben, eine Spezialisierung der Standorte gebe es nicht.

Aber der bis 2015 laufende Vertrag, den sein Unternehmen vor einigen Jahren mit dem Dienstleister gemacht hat, erlaube diese Unterschiede bei der Bezahlung nun mal. »Es gibt diese Differenzierung nur bei der Bezahlung, nicht bei den Arbeitsbedingungen«, versichert Schröder. Ob der Dienstleis-tungsvertrag verlängert wird, will er nicht sagen.

»Wir sind der Ansicht, Logistik gehört zum Kerngeschäft eines Online-händlers«, erklärt der Geschäftsführer. So sieht es auch Dieter Holzer, Chef der Tom Tailor Group, die sowohl über Zalando als auch über eigene Online-shops und klassische Läden am Markt ist: »Die Steuerung der Supply Chain sollte man ab einer gewissen Unternehmensgröße in der eigenen Hand hal-ten. Die Logistik gehört für einen großen Onlinehändler einfach zum Kern-geschäft, jedenfalls für einen Pure Player.« Supply Chain ist der branchen-übliche Begriff für Lieferkette.

Zu den Unterschieden bei der Bezahlung an den Zalando-Standorten will Magdalena lieber nichts sagen. »Arbeit ist o.k.«, meint sie nur. Dass das Fern-sehen die Arbeitsbedingungen in der Zalando-Logistik heftig kritisiert hat – davon habe sie nichts gehört. Und nun müsse sie auch weiterarbeiten, sagt sie und verschwindet. Hat sie wirklich noch nichts von dem Film der ZDF-Reihe »Zoom« gehört, der hier am Drehort seit 2012 zumindest allen Mana-gern noch in den Knochen steckt?

Die Kritik war harsch, das Image von Zalando hat dadurch gelitten. Über Nacht fand sich der fröhliche Newcomer im deutschen Handelsmarkt in der Schmuddelecke der menschenverachtenden Arbeitgeber wieder. Viel zu heiß

sei es in der Halle, die Toilettencontainer seien unzumutbar, die Mitarbeiter müssten während der gesamten Schicht stehen, zudem gebe es zu wenig Spinde und vor allem keinen Betriebsrat, die Liste der Anschuldigungen im 30-Minuten-Film war lang. »Wir mussten feststellen, dass manche der Vorwürfe wirklich stimmten«, räumt Schröder ein. Viele Mängel seien sofort abgestellt worden.

Damit war den Leuten bei Zalando schlagartig klar geworden, dass sie jetzt nicht mehr das Start-up-Unternehmen waren, für das man sich nur am Rande interessierte, sondern eine Marke, die im Rampenlicht steht, und die auf eine kritische, manchmal überkritische Öffentlichkeit nicht vorbereitet war. Zumal das Unternehmen Tausende von Mitarbeiter beschäftigt, die Löhne bekommen, von denen sich mancher fragt, wie man von ihnen leben kann. Und die unter Bedingungen arbeiten, die nicht gerade vergnügungssteuerpflichtig sind. Den ganzen Tag lang unter künstlichem Licht Pakete zu packen oder auszupacken, falls der Mitarbeiter in der Retourenabteilung gelandet ist, und durch die Gegend fahren, ist von Selbstverwirklichung doch ein gutes Stück entfernt.

Nur wenige Monate nach dem ZDF-Film sah sich Zalando erneut, zumindest am Rande, in der Kritik, nachdem die ARD eine Reportage über die Behandlung von osteuropäischen Saisonarbeitern im Weihnachtsgeschäft 2012 in der Amazon-Logistik gezeigt hatte. Es folgte öffentliche Empörung und ein Shitstorm im Internet mit Ankündigungen von Amazon-Kunden wie »Dort bestelle ich nicht mehr«. Mutmaßlich gingen – zumindest zeitweise – die Umsatzzahlen zurück. Bundeskanzlerin Angela Merkel gar übte wenige Tage nach der Ausstrahlung bei der Eröffnung der Messe CeBit in Hannover diplomatisch-indirekt-kompliziert Kritik: »Begeistert von Amazon entdecken wir plötzlich, dass, weil im Weihnachtsgeschäft viele Menschen mehr Bücher haben wollen, die Arbeitsverhältnisse für diejenigen, die die Bücher verpacken müssen, ganz andere geworden sind. Wir werden also lernen müssen, die unentwegten Bedürfnisse der Individuen wieder mit sozialverträglichen Arbeitsbedingungen und Arbeitsmöglichkeiten zusammenzubringen.« Diese neue Art der Wirtschaft, die »Shareconomy«, dürfe niemanden zurücklassen, forderte die Kanzlerin in Hannover. (Redemanuskript von Bundeskanzlerin Merkel bei der Eröffnungsveranstaltung der CeBIT 2013, 04.03.2013, Hannover)

Und dann gelang es der Dienstleistungsgewerkschaft ver.di ab Mai 2013 auch noch erstmals, Streiks in Amazon-Logistik-Standorten zu organisieren. Die Gewerkschaft ist der Ansicht, dass die Mitarbeiter in den Versandfabriken des Onlinehändlers nicht nach den niedrigen, oft auf Mindestlohn-Niveau liegenden Kriterien der Logistik, sondern nach den deutlich besser dotierten Tarifen des Einzelhandels bezahlt werden müssen. Amazon steht das selbstverständlich ganz anders.

Bei Zalando wissen sie längst, dass Amazons Probleme auf dem Minenfeld der Logistik und der Beschäftigungsverhältnisse schlechthin schnell die eigenen werden können. Doch anders als der US-Konzern, der die TV-Kritik vor allem abzuwiegeln versuchte und dem besonders heftig kritisierten Sicherheitsdienst kündigte, der die Saisonkräfte katastrophal schlecht behandelt haben soll, versucht es Zalando mit einer Politik der Öffnung. Unmittelbar nach dem Amazon-Film bittet Zalando eine sehr kleine Gruppe Journalisten zur Besichtigung seiner Logistikstandorte. Mit fast schon rührender Detailgenauigkeit führen die Verantwortlichen vor, warum nach ihrer Ansicht Zalando der bessere Logistik-Arbeitgeber sei und was sich an den Standorten seit dem Zoom-Film schon verbessert habe: Gelenkschonende »Bewegungsimpulsmatten« seien auf dem Betonboden verlegt worden, die Raum-Temperatur werde ständig kontrolliert und es gebe kostenfreie Getränke für alle Mitarbeiter sowie ein neues Abluftsystem für die Toiletten samt Eingangs-Sichtschutz aus dem Baumarkt. Sogar mit einer gemeinschaftlichen WC-Besichtigung sollte demonstriert werden, dass hier nun alles bestens sei. Die Arbeitsbedingungen in Großbeeren waren nach dem ZDF-Film sogar Thema im Landtag. »Eine Sonderprüfung des Landesamtes für Arbeitsschutz ergab keine grundsätzlichen Beanstandungen« – das erwähnt Schröder gleich mehrfach.

Nicht einmal mit der Gründung eines Betriebsrates hätte er Probleme. Nur bisher habe es in der Logistik noch keinen Versuch gegeben, einen ins Leben zu rufen. »Ich habe keine negative Einstellung gegenüber Betriebsräten. In der Produktion für die Internetseiten haben wir ja auch schon einen Betriebsrat«, sagt Schröder. Aber, und das muss er dann doch noch loswerden: »Es ist unsere Aufgabe, die Mitarbeiter glücklich zu machen, aber nicht die Gewerkschaft.« Einstweilen müssen zur Mitarbeiterbeglückung der analoge Kummerkasten und die direkte E-Mail-Verbindung der Mitarbeiter zum Chef vor Ort reichen. Und ein Busticket auf Firmenkosten samt Verlängerun-

gen von Buslinien zu den Standorten. In Erfurt ist die Bushaltestelle vor dem Firmengelände sogar in Zalando-Orange angestrichen. Über den Spruch »Endstation Zalando« kann man hier verständlicherweise aber nur bedingt lachen.

Sie haben bei Zalando offenbar gerade noch rechtzeitig erkannt, welche verheerenden Folgen für Image und Geschäft eine unsensible Augen-zu-und-durch-Politik in der hochsensiblen Frage der Arbeitsbedingungen haben könnte. Auf der Fahrt zwischen Standorten auf dieser »Wir-sind-die-Guten-Tour« wird der Geschäftsführer, der mit kaum 30 Jahren die Logistik für Europas größten Fashion-Onliner aufgebaut hat, selbstkritisch. Offenbar hat er erkannt, dass der jugendliche Tatendrang der Führungscrew auch seine Schattenseiten haben kann: »Es war ein großer Fehler, dass wir das Thema Arbeitsbedingungen nicht früher angefasst haben. Wenn ich noch einmal eine Firmen-Logistik von null aufbauen müsste, würde ich mich viel früher darum kümmern.«

Und dann versucht er zu erklären, warum es so kam, wie es kam: In einem jungen, kleinen Unternehmen gebe es zunächst nämlich ganz andere Sorgen: nämlich die schlichte Existenzsicherung. »Weil man immer weiß, dass das Geld nur für ein paar Monate reicht. Darauf legt man den Fokus: Wie kommen wir über die Runden?« Die Arbeitsbedingungen seien noch kein Thema, wenn man gerade 30 Leute beschäftige, die für die gemeinsame Aufgabe brennen. »Dann kann man sich auch nicht vorstellen, dass man irgendwann 1000 Leute haben wird und dass dann die Arbeitsbedingungen ein Thema sein werden. Das Unternehmen wächst und wächst. Aber wann ist der richtige Zeitpunkt, vom kurzfristigen Überlebenskampf der Frühzeit umzuschalten hin zur Schaffung von Bedingungen, mit denen man Grundlagen für die nächsten Jahre legt? In der Bewegung ist es sehr schwierig, das zu entscheiden. Hinterher weiß man dann, dass man es früher hätte tun sollen. Aber klar, das Wachstumstempo darf keine Ausrede sein«, sagt Schröder. Er will nicht einmal widersprechen, wenn man sagt, dass dann ein solcher Anstoß von außen wie jener Film wahrscheinlich gar nicht so schlecht gewesen sei.

Und Verträge wie den mit dem Logistikdienstleiter würde er heute auch wohl nicht mehr so ausgestalten, dass er den Mitarbeitern in Großbeeren mit 7,50 Euro gerade den Mindestlohn zahlen darf, während die Leute bei Zalando selber mindestens einen Euro mehr verdienen. »Der größte Augen-

öffner war für mich, dass es nicht reicht, gute Arbeitsbedingungen in den Vertrag mit einem Dienstleister hineinzuschreiben. Er arbeitet zwar im Namen Zalandos, wir haben aber nur begrenzte Einflussmöglichkeiten. Mit dem Wissen von heute würden wir sehr viel mehr Standards in einen solchen Vertrag schreiben, als wir es 2010, zwei Jahre nach der Gründung des Unternehmens, getan hatten und deren Einhaltung auch regelmäßig überprüfen«, versichert Schröder.

»Es gibt Verbesserungsbedarf. Aber wir arbeiten daran. Und ich denke, man kann deutlich Fortschritte von Standort zu Standort erkennen«, sagt der Geschäftsführer. Aber alle Vorwürfe – auch die der Gewerkschaft ver.di wegen der vielen befristeten Verträge – will er denn doch nicht auf sich sitzen lassen. In der öffentlichen Diskussion sei vieles »verkürzt und undifferenziert dargestellt«. Die Quote der unbefristet Beschäftigten in der Logistik sei deshalb so niedrig, weil die Standorte noch so neu seien. Und in der Frühphase könne Zalando das Risiko nicht auf sich nehmen, gleich jedem neuen Mitarbeiter einen unbefristeten Vertrag zu geben. »Das wird sich aber im Laufe der Zeit spürbar ändern, wenn die neuen Standorte zwei oder drei Jahre gut gelaufen sind«, verspricht er.

Bei Zalando gebe es zudem nicht diese Sondersituation mit dem Bestellboom zu Weihnachten wie bei Amazon und damit auch nicht das Problem mit den Leiharbeitern. Lastspitzen gebe es nur, wenn die Frühjahrs- und die Winterware komme. Und dann lege der Anstieg der Bestellungen bei maximal 30 Prozent. »Nur für solche Spitzen beschäftigen wir Leiharbeiter, nur zehn Prozent im Jahresmittel. Und wir legen großen Wert darauf, dass sie denselben Lohn erhalten, den wir unseren eigenen Mitarbeitern zum Einstieg zahlen.« Und dann sei das Ziel, möglichst viele der Leiharbeiter zur Stammbelegschaft herüberzuziehen, nach spätestens sechs Monaten. »Länger darf man nicht brauchen, um zu sehen, ob derjenige zu uns passt oder nicht.« Meistens bekämen die Leute schon nach drei Monaten ein Angebot für einen Vertrag, wenn auch zunächst für einen befristeten. »Nur eine gute Stammbelegschaft kann auf Dauer die Leistungsfähigkeit garantieren, die wir in unserer Werbung versprechen. Sonst sind die Kunden enttäuscht und bestellen nicht wieder bei uns«, sagt Schröder.

Mit 8,79 Euro pro Stunde verdienen aber auch die meisten Mitarbeiter in Brieselang oder an Thüringens großem Logistikstandort Erfurt nicht viel. Das

müsse man relativ sehen: »In Erfurt zahlen wir mehr als viele andere Logistik-firmen«, verteidigt sich Schröder und verweist auf die hohe Zahl von Zalando-Mitarbeitern, die zuvor gar keinen Job hatten und von Hartz IV lebten. Dass das Unternehmen ihnen eine Chance gebe, wieder in Arbeit zu kommen, dürfe auch ruhig einmal gewürdigt werden.

Tatsächlich sind es inzwischen weit mehr als 1700 frühere Hartz IV-Emp-fänger, die – oft ohne Berufsausbildung – durch den Zalando-Job finanziell wieder einigermaßen auf eigenen Füßen stehen. Ihre Einarbeitungskurse be-zahlen die Arbeitsagenturen. Um sich nicht dem Vorwurf auszusetzen, die Allgemeinheit subventioniere auf diese Weise die Zalando-Logistik, läuft die Job-Vorbereitung – zumeist über den TÜV – in Trainingszentren, die nicht mit echten Bestellungen arbeiten. Für diese Einarbeitung gibt es etwa in Er-furt einen kleinen Übungsbetrieb, der nicht in der Produktionshalle unterge-bracht ist.

In der richtigen Zalando-Welt gibt es anschließend, wenn die Kandidaten übernommen wurden, für jeweils fünf Ex-Hartz-Bezieher einen »Mentor«, der den früheren Langzeit-Arbeitslosen bei der Wiedereingliederung in den Job-Alltag hilft. Über diese Schiene ist auch Detlef, 59 Jahre alt, zum Job in Brieselang gekommen. Ihn suche ich mir heraus, er arbeitet abseits von der Besuchergruppe an einem Regal. Was er da mache, möchte ich wissen. »Ich lagere ein«, sagt er brandenburgisch knapp und packt Pakete ins Regal. Er sei arbeitslos gewesen, vier Jahre lang, habe ein paar kleine Jobs gemacht, »aber nichts Richtiges«. Über seinen Berater bei der Arbeitsagentur habe er von der Jobmöglichkeit bei Zalando erfahren. Der Job sei in Ordnung, er wisse lange im Voraus, welche Schichten er arbeiten müsse. Lohnschwankungen habe er noch nicht gehabt, auch wenn es mal weniger Arbeit gebe. »Das Gehalt ist immer dasselbe«, bei Auftragsflaute würden halt die Überstunden abgefeiert. Das klingt ganz anders als das, was der Sekretär der Gewerkschaft Ver.di be-hauptet hatte: Denn er sprach von schwankenden Lohnzahlungen, abhängig vom Arbeitsaufkommen. Ob Detlef noch eine andere Chance auf einen Job gehabt hätte? »Nee, in meinem Alter«, sagt er. Hat er schon mal etwas Online bestellt? »Nee.«

Samstags haben er und seine Kollegen meistens frei, denn dann wird nur selten gearbeitet. Bei den Mitarbeitern sind die Wochenendschichten nicht besonders beliebt und bei den Chefs auch nicht. Die müssen dann nämlich

Zuschläge zahlen. Wenn es irgendwie geht, wird darauf verzichtet. Noch funktioniert das.

»Mode muss nicht zwangsläufig am selben Tag geliefert werden. Zwei Tage werden vom Kunden akzeptiert«, glaubt Dieter Holzer, Chef der Tom Tailor Group, die sowohl über Zalando als auch über eigene Onlineshops und klassische Läden am Markt ist. Die Lieferung am Tag der Bestellung gelte als »exzellent«. Bisher ist das noch die Ausnahme, aber irgendwann wird dieser »same day delivery«, zumindest in den Ballungsräumen, wohl Standard werden; Über-Onliner Amazon arbeitet schon intensiv daran. Und dann werden die Konkurrenten wohl mitmachen müssen, um nicht abgehängt zu werden. Was die Anforderungen an die Paketfabriken und die Logistiker wie DHL, Hermes, UPS oder DPD noch verschärft.

Zudem erwarten Experten, dass die Kunden sich früher oder später Zeitfenster von etwa zwei Stunden aussuchen können, an denen sie beliefert werden möchten – etwa zwischen 18 Uhr 20 Uhr, wenn sie von der Arbeit zurück sind. Das erspart ihnen den Weg zur Post, wenn der Paketmann sie vormittags mal wieder nicht zu Hause angetroffen hat. Es soll sogar noch kundenfreundlicher werden: Kurzfristig kann dann der Empfänger die Lieferung seines Pakets umleiten, etwa von zu Hause ins Büro oder umgekehrt.

Großbetriebe, die am Hauptstandort Tausende internetaffine Mitarbeiter beschäftigen, die regelmäßig Online shoppen, werden das zu schätzen wissen. Denn heute lassen sich diese Mitarbeiter ihre Bestellungen gern an den Arbeitsplatz schicken. Was zur Folge hat, dass die Pakete lastwagenweise in der Firmenzentrale angeliefert werden und per Inhouse-Logistik auf Kosten des Arbeitgebers verteilt werden müssen. Jedenfalls, so lange die Firma das nicht verbietet.

»Die Logistik-Unternehmen«, glaubt Holzer, »sind neben Händlern wie Zalando oder Amazon die großen Gewinner des Onlinebooms.« Warum? Weil sie ihr Geschäft mit dem Mengenwachstum immer effizienter machten: »Der Paketmann nimmt die Retoure auch noch am selben Tag wieder mit. Retouren werden also mittelfristig noch weiter vereinfacht werden. Die Paketwagen werden voll sein statt nur dreiviertel voll, sie werden jeden Tag mehr Pakete abgeben als heute. Und das wirkt sich positiv auf deren Effizienz und Rendite aus.«

Accenture-Berater Hiemeyer lobt zwar, dass sich die Logistik im Online-handel in den vergangenen Jahren »enorm verbessert und beschleunigt« habe. Der Kunde wisse eigentlich immer genau, wie seine Lieferung vorankomme. Dennoch kritisiert er die Zustellunternehmen: »Probleme gibt es in erster Linie auf der letzten Meile zum Kunden. Da können sich die Logistikdienst-leister beim Kundenservice noch verbessern. Es ist kein Zufall, dass Amazon über die Schaffung eines eigenen Auslieferservice nachdenkt. Dann können sie das Tempo, die Qualität und die Kosten der gesamten Lieferkette kontrol-lieren und sind nicht auf andere Firmen angewiesen.« Und wenn man bei Amazon darüber nachdenkt, ist das auch für Zalando ein Thema. Schwester-unternehmen in den Schwellenländern bringen die Pakete schließlich schon selber zum Kunden.

Service-Studie:
Zalando ist » sehr gut« – aber andere sind besser

Guter Service und kundenfreundliches Einkaufen war seit der Firmen-gründung ein wesentliches Element, mit dem Gentz und Schneider den Markt aufrollen wollten. Und tatsächlich bestätigen selbst Konkurrenten, dass Zalando in dieser Kategorie in der Handelsbranche zu den besten ge-hört. Bei einer umfangreichen Studie des Kölner Instituts »Service Value« vom Frühjahr 2013 zeigte sich allerdings, dass Zalando aus der Sicht der Kunden noch lange nicht die Nummer eins in Deutschland ist. Service Value hatte 6000 Konsumenten Online nach ihren Erfahrungen mit den Service-Niveaus von 36 Onlinestores gefragt. Dabei landete Zalando zwar in nahezu jeder Kategorie im vorderen Drittel. Insgesamt wurden neben Zalando esprit.de, qvc.de, amazon.de, mytoys.de, sanicare.de, reifendirekt. de, douglas.de und thalia.de mit der Bestnote »sehr gut« ausgezeichnet. Insbesondere esprit.de schneidet aus Kundensicht in vielen Wertungskate-gorien besser ab als Zalando. Und auch die Kern-Disziplin »Kundenser-vice« gewinnt nicht Zalando, sondern der Onlinekanal des Shoppingsen-ders qvc.de.

In der Gesamtsicht empfiehlt das Forschungsinstitut Zalando, das Ange-bot an fair und ökologisch hergestellten Produkten zu erweitern, das hätten

sich die Kunden gewünscht. Sie kritisieren zudem, dass die Nutzerfreundlichkeit des Bestellvorgangs und die Qualität der Bearbeitung von Kundenanliegen am Telefon oder per E-Mail verbesserungswürdig seien.

Insbesondere die leichte Schwäche bei der Bearbeitung von Problemen auf Seiten der Besteller sollten die Zalando-Chefs ernst nehmen. Denn Fähigkeiten auf diesem Gebiet sorgen laut Service Value für besonders hohe Kundenbindung. Wer sich hier Schwächen erlaubt, verschenkt folglich Chancen, Bestellungen von Stammkunden zu bekommen. Und gerade die gelten als besonders kostengünstig, schlagen also besonders positiv auf das Geschäftsergebnis durch. Auch die Lebensdauer und Qualität der verkauften Waren könne nach Ansicht der befragten Kunden besser werden. Was durchaus erstaunlich ist, weil Zalando größtenteils Produkte von Marken verkauft, die auch Konkurrenten anbieten.

Dagegen wurden unter anderem die Produktvielfalt, der Service bei der Benachrichtigung der Kunden über den aktuellen Stand der Lieferung und die Unkompliziertheit bei der Retourenabwicklung mit einem »Weiter so!« bewertet. »Gezielt nutzen« solle Zalando zudem Wettbewerbsvorteile, mit denen das Unternehmen Konkurrenten auf Distanz halten könnte: Punkte brächten dabei vor allem der dauerhafte Verzicht auf Versandkosten, die Schnelligkeit der Lieferung und die Einhaltung der versprochenen Lieferzeiten sowie Sonderangebote.

Neben dem Gesamturteil vergab Service Value aufgrund der Kundenantworten Noten in zahlreichen Unterkategorien. Beim »Kundenservice« bekam Zalando – wie Esprit und der Onlinekanal des Fernseh-Shoppingsenders QVC – ein »sehr gut«, während andere Anbieter wie C&A, Tchibo, otto.de und die Otto-Marke bonprix.de, aber auch amazon.de nur auf ein »gut« kamen. Ähnlich verteilten sich die Noten in den Disziplinen »Kundenservice«, »Gestaltung des Onlineshops« und »Produktempfehlungen«, Zalando liegt jeweils vor Amazon, Otto und C&A. Im »Preis-Leistungsverhältnis« allerdings bekommt Amazon ein »sehr gut«, während sich Zalando – wie H&M, C&A, bonprix und brands4friends – mit »gut« begnügen muss. Auch in der Beurteilung des Sortimentes ergattert Amazon die Bestnote, Zalando muss – wie Esprit und QVC – mit der zweitbesten Bewertung vorlieb nehmen. Den Versandservice bewerten die Kunden sowohl bei Zalando als auch bei Amazon, Esprit und QVC mit »sehr gut«.

Die Befragten konnten ihre Zufriedenheit mit dem Anbieter auch auf einer Skala von 1 (»ausgezeichnet«) bis 5 (»schlecht«) bewerten. Esprit gewann diese Wertung mit der Note 1,85. Amazon kam auf 1,93, QVC auf 1,96, sportscheck.com (Otto Group) auf 2,09, bonprix.de auf 2,19. Zalando wird mit 2,20 bewertet. Das ist zwar immer noch ein sicheres »sehr gut«, liegt aber hauchdünn unter dem Durchschnittswert von 2,18.

Bei der Unterkategorie »Kundenorientierung« indes ist Zalando besser als der Durchschnitt – aber schlechter als Amazon. Bei »Ruf und Image« schneidet Zalando (Note 2,16) ebenfalls besser ab als der Durchschnitt (2,28) und vor allem klar besser als Amazon (2,69), das in dieser Kategorie einzig neckermann.de hinter sich lässt. Hier schlägt wohl noch der Logistikskandal bei Amazon vom Jahresbeginn 2013 durch.

Eine hohe Zufriedenheit des Kunden mit einem Händler ist schön für ihn. Die härtere Währung jedoch istdie Kundenbindung. Sie zeigt, wie viele Konsumenten sich als zufriedene Stammkunden dieser Marke sehen, die auch bereit sind, sie an Freunde und Bekannte weiterzuempfehlen. Und ein Stammkunde ist nun einmal das Beste, was einem Händler passieren kann: Die Marketingkosten sind deutlich niedriger als bei einem Neukunden, den er durch aufwändige Werbe- oder Gutscheinaktionen erst finden und auf seine Seite locken muss. Service Value hatte hier vier Aussagen vorgegeben, die die Teilnehmer jeweils mit »trifft voll und ganz zu«, »trifft eher zu«, »trifft eher nicht zu« oder trifft überhaupt nicht zu« beantworten konnten. Daraus errechnet sich ein »Kundenbindungsindex« zwischen 0 und 100, wobei die höhere Zahl für die bessere Bewertung steht. Die vier Aussagen waren: »Ich fühle mich bei der Marke gut aufgehoben«, »Ich werde bei (…) auch in zwei Jahren noch Kunde sein«, »Bei Online-Shops kommt für mich nur (…) in Frage« und »Ich empfehle (…) auch meinen Freunden und Bekannten«. Wer hier eine gute Bewertung bekommt, hat vieles richtig gemacht und muss sich zumindest für die nahe Zukunft wenig Sorgen machen.

Bestes Textilunternehmen wurde – bei einer Durchschnittsbewertung von 67 – Esprit mit einem »Kundenbindungsindex« von 75. Amazon folgt mit 73, QVC und Tchibo mit jeweils 72. Mit dem knapp überdurchschnittlichen Wert von 69 liegt Zalando vor Bonprix (67), Otto (66), Baur und Sportscheck (jeweils 65), C&A (64) und H&M (63).

Insgesamt bescheinigen die Kunden nach der Studie Zalando also gute bis sehr gute Leistungen im Umgang mit ihren Wünschen. Wenn man noch tiefer in die Details des Konkurrenzvergleiches einsteigt, sieht man, dass Zalando lediglich beim Preis-Leistungs-Verhältnis als durchschnittlich bewertet wird. Klar überdurchschnittlich ist Zalando danach bei den Versandkosten – was wenig verwundert, da keine berechnet werden –, der Retourenabwicklung, der Kundeninformation zwischen Bestellung und Lieferung, der Anzahl von vorgeschlagenen Alternativprodukten, der Menge an Produktbewertungen durch andere Kunden sowie der Einhaltung des versprochenen Liefertermins. Bei der Übersichtlichkeit der Seite, bei den Suchfunktionen, den Produktbeschreibungen, den Sonderangeboten, der Verfügbarkeit und der Verpackung der gelieferten Artikel ist der Vorsprung gegenüber durchschnittlichen Onlineshops dagegen nicht mehr ganz so groß.

Zalando ist nach dieser Studie also eindeutig Teil der Spitzengruppe der Onlinehändler mit dem besten Service in Deutschland. Das Unternehmen hat jedoch keine der einzelnen Kategorien gewinnen können. Immer gab es noch bessere Anbieter. Für eine Firma, deren Gründer stets von der Bedeutung eines exzellenten Kundenservice reden, kann das kein wirklich zufriedenstellendes Ergebnis sein.

Das Zalando-Outlet: »Schrei vor Glück und nimm's gleich mit«

Die Szene wirkt wie bestellt und ist doch genau so passiert: Im etwas trostlosen Gewerbegebiet an der Spree in Berlin-Kreuzberg, zwischen dem Handwerker-Fachmarkt »Plattform«, dem Containerlager von »Zapf-Umzüge« und zahllosen graffitibesprühten Häuserfronten (»Anarchie!«) rennen zwei junge Frauen im besten Zalando-Alter über die Köpenicker Straße und beginnen urplötzlich und synchron laut zu schreien. Lachend. Vor Glück? Tatsächlich haben sie an der roten Backsteinfront des Hauses Nummer 20 dieses Schild entdeckt und spielen jetzt die Werbung ihrer Kultmarke nach: »Zalando Outlet« steht auf dem Schild. Ein Zalando zum Reingehen und Tütenrausschleppen! Mit dem abgewandelten Werbespruch »Schrei vor Glück und nimm's gleich mit« an der Wand des engen, weiß gekalkten Treppenhauses.

Dieses Outlet ist total exklusiv. Denn die Freundinnen haben ja alle nur diese Kartons, die jeder hat. Unsere beiden Mädels haben bald Tüten von Zalando. Ja, wie cool ist das denn! Dabei ist der Laden eigentlich gar nicht cool. Nur selten. Einmalig gar. Das allein scheint für Zalandos Hardcore-Kundinnen schon ein Grund für das freudige Geldausgeben zu sein. Denn der 1000 Quadratmeter große Laden in der zweiten und dritten Etage des alten Gebäudes über einem Weinhändler ist nichts anderes als eine Resterampe, in der die Ware früherer Kollektionen oder solche mit kleinen Fehlern mit bis zu 70 Prozent Rabatt gegenüber dem Ursprungspreis verkauft wird: einzelne Schuhpaare zu Tausenden, Hemden, T-Shirts, Sport- und Kindersachen, Hüte, Tücher, Gürtel, ein wenig Beautyzeugs. Sachen aller möglichen Marken, die niemand haben wollte. Zunächst nicht im normalen Verkauf über die Webseite, danach auch nicht mit Preis-Abschlag im »Sale« und auch nicht über die Angebote von »Zalando Lounge« mit Extra-Rabatt. Artikel also, die der gesamten Kaskade des Abverkaufs von Ladenhütern getrotzt haben. Hier in Kreuzberg aber finden die meisten doch noch einen Abnehmer. Dauernd muss nachgefüllt werden, was die Schnäppchenjäger wegkaufen. Alle paar Tage schicken die Lager Sachen, die dort wochenlang nur noch wertvollen Platz zustellten. Und die deshalb endlich weg müssen.

Dabei sieht man den Schuhen von Adidas, British Knight oder Zalandos Eigenmarken nicht an, dass sie von gestern sind. Nur die Präsentation wirkt so. Ordentlich und sauber zwar. Aber das hat eindeutig nichts von dem, was in der Modebranche so gern als »Inszenierung der Ware« verkauft wird. Die Sachen stehen oder hängen einfach da. Die Schuhe warten, lediglich nach Größe und Geschlecht des Kunden geordnet, in schlichten Holzregalen, selten finden sich einmal zwei Paare vom selben Modell. Etwa drei Viertel der Ware ist für die Mädels, der Rest für Jungs. Ähnlich ist an diesem Mittag auch die Besucherstruktur: Die Frauen haben die überwältigende Mehrheit inne.

Das Label am Schuh zeigt den neuen und den ursprünglichen Preis, dazu gleich noch die Ersparnis in Prozent. Falls es B-Ware ist, steht auch das drauf. Die Textilien baumeln – extrem dicht gedrängt – uninszeniert auf den Ständern, »women« rechts, »men« links. Beratung gibt es nicht. Es sei denn, man fragt die Mädels und Jungs an der Kasse. Kein Schnickschnack, keine Lounge-

Ecke, kein Restaurant, allenfalls Club-Musik aus der Beschallungsanlage. Just Abverkauf.

Einkaufsspaß verspricht das nicht gerade. Man muss schon Zeit, Schnäppchenjägertrieb und Markenliebe mitbringen, um sich hier wohlzufühlen. Hier einzukaufen, ist mühsam. Und damit erfüllt dieses Outlet – wie grotesk ist das denn?! – das genaue Gegenteil der Kriterien, mit denen Zalando seinen Aufstieg zu Europas größtem Mode-Online-Shop geschafft hat: Denn es gibt weder ein superbreites Angebot noch einen schnellen Überblick über die vorhandene Ware, erst recht keine ständige Verfügbarkeit der Artikel, keine emotionale Kundenansprache, aber – wie im stationären Handel nun mal üblich – begrenzte Öffnungszeiten und die Notwendigkeit, irgendwo hinzufahren, um einzukaufen. Bummeln und shoppen gehen per iPad oder Smartphone abends um 23 Uhr oder am Sonntag ist bequemer und kundenfreundlicher. Dafür spart die Kundin an der Köpenicker Straße Geld und kann die Ware, wenn sie denn etwas Passendes findet, gleich mitnehmen.

Wer also vermutet, und dieses Gerücht kommt in der Modebranche immer mal wieder auf, das Outlet sei der heimliche Prototyp für eine vielleicht bald kommende Zalando-Ladenkette, der war noch nicht hier. Das hier ist ein schlichter Verkaufsplatz eines großen Händlers, wie es sie inzwischen zu Hunderten in Deutschland gibt. Das kann kein Testlabor für eine innenstadttaugliche Ladenkette sein!

Doch das tut dem Erfolg keinen Abbruch. Auch an diesem Donnerstagmittag finden sich Kundinnen ein, eine überschaubare Zahl zwar, aber vielleicht mehr als in mancher Warenhausetage in der Innenstadt um diese Uhrzeit. Als der Laden im Frühjahr 2012 eröffnet wurde, herrschte dagegen Ausnahmezustand an der Köpenicker Straße. So sehr zog die Nachricht, dass es plötzlich einen Zalando-Laden gibt. Und obwohl es der beste Beweis für funktionierende Markenbindung sein dürfte, schoben die Verantwortlichen dem, was aussah wie das Revival der Kundenansturm-Szenen beim Start des Schlussverkaufs in den sechziger Jahren, schnell einen Riegel vor: Wer rein will in Zalandos einzigen Laden, muss sich längst vorher auf der Homepage registriert haben und bekommt eine Art Club-Karte er analogen Ära. Das regelt den Kundenansturm.

Was nicht ausschließt, dass junge Mädchen aus ganz Europa beim Berlinbesuch inzwischen unbedingt auch das Zalando-Outlet gesehen haben müssen.

Und sie sehen beim Besuch auch diesen Zettel mit dem »Fotografieren verboten«-Schild im Treppenhaus. Wie grotesk das ist, geht ihnen im Kaufrausch wahrscheinlich gar nicht auf: Denn Zalando wird von der klassischen Schuhladen-Konkurrenz dafür kritisiert, dass es versucht, den Läden mit fragwürdigen Mitteln Kundinnen abzujagen. Über die Zalando-App können sie die Schuhe per Smartphone fotografieren und so blitzschnell den Preis des jeweiligen Modells bei Zalando erfahren und dann direkt dort Online bestellen. Und ausgerechnet dieses Zalando verbietet in seinem einzigen eigenen Laden das Fotografieren!

Jobs bei Zalando: Augusto Minatta
Der Mann, der die Maschine abstimmt – und das in kurzen Hosen
38, Chefplaner

Vielleicht kennt nicht jeder in der Zalando-Zentrale seinen Namen. Aber wenn von »dem mit den kurzen Hosen« die Rede ist, weiß wohl jeder, dass es um Augusto Minatta geht. Der Mann vom Comer See, der einen italienischen und einen deutschen Pass besitzt, pflegt selbst im Berliner Winter in kurzen Hosen zur Arbeit zu erscheinen. »Das ist einfach bequem. Außerdem habe ich fünf Jahre lang jeden Tag Anzug tragen müssen.« Und bei Zalando darf sich jeder am Schreibtisch so anziehen, wie er will. Auch wenn er der Planungschef ist, offiziell »Head of Strategy, Planning and Forecasting«.

Augusto Minatta ist unter den vielen bunten Vögeln bei Zalando wohl einer der buntesten. Von 2005 bis 2011 war er beim Beratungskonzern McKinsey – genau wie einst Rubin Ritter. Dort analysierte und beriet er Versicherungskonzerne, große wie kleine, Lebensversicherer wie Sachversicherer. Bei einem der Sozialprojekte von McKinsey schickte ihn sein Arbeitgeber zu einer Kooperationsaktion mit den Vereinten Nationen, bei der es um die Berechnung der Folgen der Erderwärmung ging. Er kalkulierte die Schäden, die für verschiedene Karibikländer entstehen dürften, wenn der Meerwasserspiegel so stark ansteigt wie prognostiziert. »Wir haben versucht, sehr viel konkreter an die Sache heranzugehen, als das üblich war. Wir haben uns konkrete Fälle herausgepickt und nach dem Kosten Nutzen-Effekt geschaut: Was bringt es, wenn man an dieser Stelle eine Barriere ins Meer baut? Wie bekommt man für den geringsten Einsatz die beste

Schutzwirkung? Und dann musste man irgendwie noch Unwägbarkeiten wie Hurricanes mit einbauen, das war total spannend.«

Nach dem Hochwasserprojekt kam die Frage: Was jetzt? Er bewarb sich bei großen Versicherungskonzernen –und kam mit Robert Gentz ins Gespräch. »2011 war die Sonnenburger Straße noch eine Baustelle. Ich ging mit Robert durch die kaum beleuchteten Gänge und war sofort von der Atmosphäre fasziniert. Bei Zalando gab es so viele gute Zahlen und Daten wie in einer Investmentbank. Die noch besser für die Steuerung des Unternehmens einzusetzen, hörte sich ziemlich spannend an.« Minatti unterschrieb, sagte dem Anzug und den getäfelten Konferenzsälen in den Zentralpalästen der Versicherungskonzerne ade, schlüpfte in die kurzen Hosen, gab sich mit viel zu kleinen und viel zu wenigen Konferenzräumen zufrieden und rechnete jetzt nicht mehr mit steigenden Meerwasserspiegeln, sondern anschwellenden Zahlen von Bestellungen für Schuhe, Hosen oder Sportsdresses.

»Ich hatte noch nie Klamotten Online bestellt, bevor ich zu Zalando kam. Mode interessierte mich auch nicht besonders.« Der 38-Jährige – ja, solch alte Menschen gibt es bei Zalando! – trägt heute zu seinen karierten kurzen Hosen ein graues T-Shirt mit dem aufgedruckten grünen Krümelmonster aus der Sesamstraße. Und trotz des jahrelangen Desinteresses an Zalandos Kernsortiment hatte er sich unwissentlich in seinem alten Job schon ziemlich gut auf den neuen vorbereitet: Denn erstaunlicherweise haben die Klimakatastrophe und der Online-Modehandel mehr miteinander zu tun, als man zunächst glauben mag. Jetzt ist es seine Aufgabe, zu berechnen, was in dem einen Teil des Unternehmens passieren muss, wenn es im anderen eine Veränderung der Parameter gibt. Und das hat etwas von der Wechselwirkung zwischen Meeresspiegelanstieg und Küstenschutz-Notwendigkeiten.

Wenn etwa die Einkäufer – um ein sehr ausgedachtes Beispiel zu nehmen – kurzfristig aufgrund der Nachfrage im Markt beschließen, deutlich weniger T-Shirts als geplant und bedeutend mehr Sommerkleider bei den Fabriken zu bestellen, hat das Auswirkungen auf die gesamte Verkaufsmaschinerie. Und dann kommt Auguto Minatta ins Spiel: »Natürlich muss ich im Unternehmen so gut vernetzt sein, dass ich davon frühzeitig erfahre. Und dann kalkuliere ich, was diese Veränderung für die anderen bei

Zalando bedeutet: Wie muss das Marketing darauf reagieren? Wie die Produktion, die die Internetseiten baut und die Produkte präsentieren muss? Welche Folgen hat das für die Logistik, die es jetzt plötzlich mit einem anderen Produktmix zu tun bekommt? Ändert sich am Finanzbedarf etwas?« Minatta sorgt als dafür, dass die Verkaufs- und Vertriebsmaschine flexibel bleibt – und auch mit plötzlichen Hurricanes oder Flauten am Modemarkt klarkommt.

Minetta sieht sich als Schnittstellen-Manager. Und von diesen Stellen gibt es reichlich. Denn eigentlich besteht Zalando aus drei Unterfirmen: »Zalando ist gleichzeitig ein Online-, ein Mode- und ein Logistikunternehmen. Alle drei Bereiche müssen koordiniert werden. Es tauchen dauernd neue Fragen auf, das ist nie langweilig.« Man möchte es dem Chefvorherseher glauben, wenn man ihm zuhört. Dann fällt es schwer, sich diesen Mann in einem schwerfälligen Versicherungskonzern vorzustellen.

»In diesen Unternehmen gibt es ein unglaublich großes Wissen und richtig viele gute Ideen. Aber es dauert sehr lange, bis eine Idee mal umgesetzt wird. Auf diesem Weg geht sehr viel Potenzial verloren. Das ist bei Zalando anders. Hier zählt interne Politik noch wenig, hier geht es wirklich um die schnelle Umsetzung von Ideen, damit das Unternehmen noch effektiver wird. Hier muss alles immer sofort passieren.«

Und dann sollen die Maßnahmen lange Wirkung zeigen. Dass Zalandos Zukunftshorizont – wie gern kolportiert – nur bis zum Ausstieg der aktuellen Investoren reichen soll, hält er für Unsinn: »Dieses Unternehmen ist ganz klar auf Nachhaltigkeit und Dauerhaftigkeit geführt.« Augusto Minatta sollte es wissen. Er ist immerhin der Chefplaner.

5

Zwischen Gewinnfabrik und Seifenblase

Oder: **Zalando und die Zukunft**

Bleibt Zalando in den kommenden Jahren ein wesentlicher Teil der europäischen Einkaufslandschaft oder platzt das Unternehmen wie eine Seifenblase, wenn die bisherigen Investoren Kasse gemacht haben? Das ist die entscheidende Drei-Milliarden-Euro-Frage rund um Zalando. Drei Milliarden deshalb, weil das knapp der hochgerechnete Wert des Unternehmens war, als die schwedische Investmentbank Kinnevik im Ende 2012 ihre Anteile abermals aufstockte und den Kaufpreis für ihr neues Zalando-Paket veröffentlichte. Vielleicht aber ist es sogar eine Neun-Milliarden-Euro-Frage: Denn die US-Großbank Goldman Sachs rechnete den Wert des gesamten Unternehmens Zalando bei einer Analyse des Kinnevig-Portfolios im Mai 2013 tatsächlich auf 8,6 Milliarden Euro hoch. Goldman Sachs beflügelte damit noch einmal die ohnehin schon leidenschaftlichen Diskussionen und Spekulationen darüber, was dieses nicht einmal fünf Jahre alte Unternehmen denn nun wirklich wert ist: Neun Milliarden? Unter anderem deshalb, weil Zalando hervorragend in einem dauerhaft wachsenden Markt positioniert ist, wegen seiner operativen Exzellenz und der schon bald deutlich sinkenden Marketingkosten, was 2014 zum ersten Jahresgewinn der Firmengeschichte führen könnteOder ist Zalando gar nichts mehr wert, sobald die Anfangs-Investoren – die sich bereits Sorgen machen, ihre eingesetzten Millionen jemals zurückzubekommen – ausgestiegen sind? Weil nämlich der Umsatzboom nur ein kurzfristiger ist, der mit Investorengeldern erkauft wurde, aber kein eigenständig lebens- und wachstumsfähiges Unternehmen geschaffen hat. Sondern einen Versender, den seine hohen Retourenkosten auffressen?

Der Graben zwischen den Vertretern der beiden diametral entgegengesetzten Positionen ist breit und tief, die Diskussion wird, diplomatisch ausgedrückt, emotional geführt. Man gehört mit voller Überzeugung und tiefster Abscheu ob der Naivität der Gegenseite entweder zum einen oder zum anderen Lager. Dazwischen gibt es wenig.

Das machen auch die Einschätzungen zu Zalandos Zukunftschancen deutlich, die im Rahmen der Recherche für dieses Buch zustande kamen. Es gibt noch viel mehr, doch stimmten zahlreiche Zitatgeber der Veröffentlichung nicht zu. Sei es, weil sie sich nicht mit Zalando oder Vertretern des eigenen Lagers anlegen wollten. Sei es aus Sorge, vielleicht falsch zu liegen. Einige immerhin trauten sich, die nachstehende Auswahl ist folglich nicht repräsentativ:

»Zalando ist ein hervorragend gemachtes Unternehmen mit exzellenten Unternehmern. Es hat sich bereits eine solch starke Bedeutung erarbeitet, dass es mit hoher Wahrscheinlichkeit am Markt bleiben wird«,

sagt Katag-Chef Daniel Terberger.

»Zalando wird weiterhin wachsen, keine Frage, recht unterschiedlich in den verschiedenen Märkten. Die werden noch besser werden. Sie könnten schon viel profitabler sein, wenn sie ihre Marketingkosten senken würden. Aber dann würden sie auf zukunftsträchtige Marktanteile verzichten. Deshalb tun sie es nicht. An den Untergangs-Vorhersagen für Zalando ist sehr viel Propaganda. Der Onlinehandel wird weiter wachsen und Zalando ist da mittendrin und wird überproportional wachsen. Ich sehe nicht, warum das anders kommen sollte.« *Ingo Heinrich, stylefruits.de*

»Es muss das Ziel sein, mit einer gleich bleibenden oder sinkenden Zahl an Produkten den Umsatz zu erhöhen. Es scheint mir möglich, das Zalando das schaffen kann.« *Dieter Holzer, Tom Tailor*

»Der eigentliche Herr des Onlinehandels ist Amazon. Aber Zalando ist in Europa in seinen Produktkategorien sehr weit vorne.« *Kay Hafner, Berater*

»Zalando ist ein superspannender Präzedenzfall. Das Unternehmen schreibt ein interessantes Stück Online-Geschichte. Man darf gespannt sein, ob es ein Happy End gibt.« *Christian Hackel, Deichmann.*

»Zalando ist immer noch eine große Wette. Die entscheidende Frage ist: Bekommt das Management sein Geschäftsmodell bis zu dem Augenblick profitabel, an dem die bisherigen Geldgeber einen entsprechenden Payback sehen

wollen und aussteigen können? Ist bis dahin die Gewinnschwelle überschritten, um einen möglichen Börsengang zu rechtfertigen, mit dem das weitere Wachstum finanziert werden kann? Dann kann das Unternehmen auch auf Dauer ein Erfolg werden. Wenn nicht, wird es sehr schwierig.«

Jochen Hiemeyer, Accenture

»Das Faszinosum ist wahrscheinlich dieses enorme Wachstum von Zalando in einer Branche, in der es seit Jahren nicht viel Wachstum gibt. Und in dieser Situation ist Wachstum an sich schon ein Wert, ein Erfolgskriterium, bei dem manche ihr BWL-Studium schon mal vergessen. Das Unternehmen hat sich mit sehr hohen Marketinginvestitionen sehr viel Umsatz erkauft. So etwas kann sich nur rechnen, wenn es auf den Exit ausgerichtet ist. Wenn man mit der ersten Umsatzmilliarde noch nicht in der Gewinnzone ist, wird es mit der zweiten auch nicht leicht.«

Bruno Sälzer, Escada

»Ich weiß nicht, wie sich das ohne Übernahme der Versandkostenpauschale durch den Kunden rechnen soll. Bei potenziell steigenden Logistikkosten sind zudem hohe Retourenquoten in der Bilanz geradezu verheerend. Das Geschäftsmodell kann funktionieren, wenn man es mit anderen Produkten wie Textilien kombiniert. Allein mit Schuhen funktioniert es nach meiner Erfahrung nicht. Damit kann man nur Geld verbrennen.«

Matthias Händle, HammReno-Group

Und noch drei prägnante Zitate, deren Urheber sich hier nicht outen wollten:
»Ich wäre sehr überrascht, wenn Zalando sein rasantes Wachstum nicht fortsetzen würde. Zwei Milliarden Euro Umsatz werden wir wahrscheinlich schon bald sehen, auch drei Milliarden sind drin. Ich traue Zalando auf Dauer eine Rendite von vier oder fünf Prozent zu. Mehr wird aber wegen der hohen Vergleichbarkeit der Artikel und dem daraus resultierenden Preiswettbewerb Online schwierig. Ob das den Investoren ausreicht, weiß ich nicht. Dass Zalando mithilfe seiner Eigenmarken in wirklich attraktive zweistellige Renditeregionen vorstößt, kann ich mir nicht vorstellen.« *Ein Geschäftspartner*

»Zalando? Davon wird nichts übrig bleiben«.

Der Chef eines Laden Mode-Markenherstellers

236

»Wir kaufen uns kein Wachstum, sondern wir erwirtschaften es profitabel«.

Ein Wettbewerber

Im Zalando-Lager selbst nimmt man all die Untergangs-Unkerei zur Kenntnis, fühlt sich aber deutlich unterschätzt. Schon Mitte 2011 ging Florian Heinemann, Chef von Rocket Internet, bei einem Vortrag auf die Skeptiker ein, die sich etwa auf der Onlineseite excitingcommerce.de äußern. Quintessenz seiner Aussage: Die da draußen halten uns für dümmer als wir sind. »If you look at the comments you see on exciting commerce, everybody says: ›Well, these stupid idiots, you know, they are spending so much money. Zalando cannot be worth the money. They are just throwing out all their marketing budgets.‹ I can assure you: This is definitely not happening. We know exactly what we're doing there.« (*http://www.excitingcommerce.de/2011/06/business-intelligence-bei-rocket-internet.html,* gesehen 20.05.2013)

Wenn man Zalando-Gründer Robert Gentz auf die Dauerkritikpunkte »fehlender Gewinn« und »hohe Retourenquote« anspricht, verliert er schon mal etwas von seiner sachlichen Freundlichkeit – vor allem beim ersten Punkt. »Es ist überhaupt keine Frage: Im Kernmarkt Deutschland, Österreich und Schweiz sind wir längst profitabel.«

Das hatte Zalando bereits im Februar 2013 bekannt gegeben, ebenso wie die Eigenkapitalquote die mit 50 Prozent sehr hoch ist. »Wenn wir beispielsweise die Marketingkosten senken würden, wären wir sofort in den schwarzen Zahlen. Aber das machen wir zu diesem Zeitpunkt nicht, das widerspräche unserem Ziel des nachhaltigen Wachstums in allen unseren Märkten und Produktkategorien«, erklärt Gentz. Dass Zalando immer besser werde, zeige ja eindeutig die Entwicklung der – unverändert negativen – Rendite. 2012 lag der Ebit-Marge (Gewinn vor Steuern und Zinsen) bei minus sieben Prozent, nach minus zwölf Prozent im Vorjahr. 2010 hatte die negative Ebit-Marge noch bei rund 15 Prozent gelegen. Der Trend nach oben ist also eindeutig.

Nur ist von außen nun mal nicht zu erkennen, ob – theoretisch oder pro forma – die Gewinnmarge in positive und für Investoren attraktive Regionen steigen würde, wenn Zalando seine Investitionen zurückfahren würde. Genau das würde nämlich passieren, behaupten die Zalando-Geschäftsführer. Aber

weniger Ausgaben für das Marketing, die Logistik oder die Eigenmarken in 2013 oder 2014 würde, so die Argumentation, die mittelfristigen Wachstumschancen begrenzen. Und tatsächlich macht es das Urmeter des Onlinehandels, Amazon, in dieser Hinsicht kaum anders: Der US-Konzern ist zwar profitabel, begnügt sich aber mit winzigen Gewinnmargen, um weiter vor allem in die Logistik zu investieren und damit seine Claims auf den attraktiven Zukunftsmärkten der Welt abstecken zu können.

Nur: Man muss daran glauben, dass diese mittel- bis langfristige Rechnung aufgeht und sich die Investitionen in absehbarer Zeit tatsächlich rechnen. Europäer, insbesondere viele Deutsche, haben ein Problem mit diesem eher amerikanischen Ansatz, zunächst einmal, sozusagen auf Pump, mit Vollgas gleich in mehreren Märkten gleichzeitig zu expandieren, um Positionen in einer sehr frühen Phase der Marktentwicklung zu besetzen und Konkurrenten klein zu halten. Die Gewinne kommen nach dieser Denkweise dann nach ein paar Jahren schon automatisch.

Insbesondere deutsche Unternehmer oder Investoren dagegen bevorzugen traditionell die Strategie, vorsichtig einen Markt nach dem anderen für sich zu entwickeln und erst dann in das nächste Land weiterexpandieren, wenn sich die »älteren« neuen Märkte zumindest der Gewinnschwelle deutlich nähern. So macht es üblicherweise seit über 140 Jahren auch die Familie Haub, Eigentümerin der Tengelmann-Gruppe und früher Zalando-Investor – zumeist mit Erfolg. Diese konservative Vorgehensweise war über Jahrzehnte zumeist die richtige Kombination aus Risiko und Vorsicht. Doch ist diese Strategie dem enormen Wachstumstempo und den relativ geringen Marktzugangskriterien der Onlinewirtschaft nicht gewachsen: Ein Onlineshop lässt sich halt viel schneller und mit deutlich weniger Finanzaufwand aufbauen als eine traditionelle Ladenkette mit vielen teuer zu mietenden Geschäften. Die Konkurrenz ist Online somit potenziell deutlich größer als in der herkömmlichen Ladenwelt. Folglich liegt im Tempo bei der Besetzung neuer Märkte ein Erfolgskriterium für die Onlinehändler: Wer schon da ist und seine Marke bei der Kundschaft bekannt gemacht hat, kann sich – wenn er seine Arbeit gut macht – einigermaßen sicher vor neuer Konkurrenz sein, kann seinen Vorsprung verteidigen und ausbauen und als klare Nummer eins dann irgendwann richtig viel Geld zu verdienen. Nach dem bereits erläuterten Motto »The winner takes it all«. Oder: Wer zu spät kommt, den bestraft der Markt.

Allerdings haben sich die Zeiten für die Unternehmens-Finanzierung verändert: Erst das Auftreten der Risikokapitalgeber macht es den Markteroberern heutiger Zeiten überhaupt möglich, mehrere Schritte auf einmal zu machen. Jedenfalls dann, wenn sie wie Zalando entsprechende Finanziers finden. Frühere Gründer-Generationen dagegen mussten erst in ihren bestehenden Märkten so viel Geld verdienen, dass sie sich den Schritt in ein neues Land leisten konnten. So dauerte es bei ihnen Jahrzehnte, was die Web 2.0-Händler wie Zalando in wenigen Jahren schaffen

Deshalb auch erscheinen den Älteren die Jüngeren mit ihren extrem ehrgeizigen Vorstellungen vom richtigen Wachstumstempo auch bisweilen wie Größenwahnsinnige – und entsprechend fallen auch die Einschätzungen der Alteingesessenen zu den Gewinnchancen der halbwüchsigen Umsatzriesen aus.

Die Alten aber haben zunächst einmal die Fakten auf ihrer Seite: Umsatz ist nicht Gewinn und noch hat Zalando keinen Cent verdient. Dass ihnen das immer wieder vorgehalten wird, ärgert Gentz, Schneider und Rubin Ritter. »Es hat vielleicht etwas typisch Deutsches: Wenn jemand mit einer neuen Idee oder Methode sehr erfolgreich ist, kann da aus Sicht mancher Menschen irgendetwas nicht stimmen. Dieser Haltung begegnen wir oft«, klagt Gentz. Miteigentümer Haub stimmt zu: »In Deutschland sehe ich auch bei manchen ein gewisses Maß an Neid: Wenn jemand so schnell so sehr wächst, wie Zalando, kann da doch nicht alles mit rechten Dingen zugehen. Diese Einstellung ist natürlich Unsinn. Aber sie wird sich drehen, wenn Zalando dauerhaft Ergebnisse liefert und der Erfolg für alle sichtbar wird. Und genau das wird passieren.«

Gentz vermisst so etwas wie Stolz darauf, dass es gelungen ist, ein solches Unternehmen aus Deutschland heraus aufzubauen und hier in der Zentrale sowie in den Logistikstandorten Tausende von Jobs geschaffen zu haben. »In den USA«, sagt der Zalando-Gründer, »wäre das ganz anders«. Da wären sie vermutlich Helden.

Schneider drückt die Skepsis, die seinem Unternehmen zu Hause entgegen schlägt, ein wenig ironisch gefärbt so aus: »Erst hieß es: Schuhe Online zu verkaufen, kann niemals funktionieren, weil die Kunden sie anprobieren wollen. Da haben wir sehr bald das Gegenteil bewiesen. Und dann sagten die Kritiker: Aber Mode und Textilien – das geht Online überhaupt nicht. Auch das läuft inzwischen prächtig. Und heute heißt es: Dieses Geschäft kann nie-

mals profitabel werden. Auch in diesem Punkt sind wir wieder ganz anderer Meinung und werden zeigen, dass die Kritiker unrecht haben.«

Zumal ihre eigenen Berechnungen und Hochrechnungen fast immer gestimmt hätten und oft noch übertroffen worden seien. »Wir wussten beispielsweise sehr früh, dass wir im vierten Jahr im Kernmarkt aus Deutschland, Österreich und der Schweiz profitabel sein würden. Das hat uns und die Investoren, die unsere Zahlen kennen, überhaupt nicht überrascht. Wir wissen sehr genau, wo wir stehen und wo es noch hingehen kann«, sagt Gentz. Online sei ein Megatrend. Schon jetzt wählten die Kunden bei jedem fünften Kauf von Mode oder Schuhen einen Onlinehändler.

In dem oben angesprochenen, ziemlich optimistischen Report von Goldman Sachs über Kinnevik vom 28. Mai 2013 ist etwa ein Fahrplan enthalten, der zeigt, wo es mit Zalando hingehen könnte – mit dem vielsagenden Titel »The road to Zalando profitability«:

Danach erwartet Goldman Sachs für 2013 einen Zalando-Umsatz von zwei Milliarden Euro, im Folgejahr von 2,8 Milliarden und für 2016 sogar 3,6 Milliarden Euro. Bis 2020 sollen es dann sogar 7,5 Milliarden Euro werden. Nach der Goldman-Hochrechnung wird Zalando 2013 noch einen Verlust (bezogen auf das von Ebit-Ergebnis) von 25 Millionen Euro einfahren, was einer Ebit-Marge von minus 1,2 Prozent entspricht. Aber dann soll Zalando auch den Investoren Spaß machen: 2014 ist nach dem Goldman-Plan das erste Jahr mit Gewinn: 48 Millionen Euro, was einer immer noch spärlichen Gewinnmarge von 1,7 Prozent entspräche. Im Folgejahr soll die die Marge sich verdoppeln, 124 Millionen Euro blieben übrig. 2016 soll der Gewinn bei 265 Millionen Euro (Ebit-Marge: 5,4 Prozent) liegen, es folgen 403 Millionen und 476 Millionen bis Zalando 2019 erstmals mehr als eine halbe Milliarde Euro verdienen soll. Das entspricht dann einer für einen Händler attraktiven Ebit-Marge von 7,7 Prozent, die im Jahr 2020 noch auf 8,2 Prozent steigen soll.

Am meisten Schub soll dem Unternehmen auf seiner road to profitability die drastische Absenkung der Marketingkosten bringen. Beziffert Goldman Sachs sie für das Jahr 2011 noch mit 20 Prozent vom Umsatz – und damit sehr deutlich über dem Wert der wichtigsten Konkurrenten –, sollen es 2013 noch zwölf Prozent, im Jahr darauf noch zehn Prozent und ab 2016 nur noch sieben Prozent vom Umsatz sein. Das schlägt, ebenso wie eine wesentliche Ver-

besserung der Rohgewinnmarge durch Skalierung und Eigenmarken, positiv auf das Ergebnis durch.

Träfen die Vorhersagen der Analysten von Goldman Sachs ein, stünden die Skeptiker als Miesmacher und Bedenkenträger da, Zalandos Geschäftsführer und Investoren dagegen wären die weitsichtigen Gewinner. Aber Banker sollen sich bei ihren Vorhersagen der glänzenden Zukunft von Unternehmen auch schon ein paar Mal verspekuliert haben. Ein Schelm zudem, wer unterstellt, dass hier eine Bank ihr Bewerbungsschreiben für die lukrative Durchführung eines möglichen Zalando-Börsengangs abgegeben hat.

Die Skepsis von außen und die hier und da aufblitzende Häme lässt immerhin Investor Haub kalt, jedenfalls nach außen: »In der Internet-Community bringt es Ruhm und Ehre, eine ganz neue Erfindung zu bringen. Etwas, das es noch nie zuvor gegeben hat. Das ist Zalando zweifellos nicht, da gab es andere zuvor. Aber die Verbesserung einer Geschäftsidee, die Skalierung eines Konzeptes auf dieser Basis zählt bei manchen in der Start-up-Szene noch immer nicht viel. Doch genau das – dieser entschlossene Ausrollen – ist die große Leistung von Zalando.«

Und da kommt noch einiges, kündigt Gründer Schneider an: »Was Zalando bis 2013 gemacht hat, war erst der Anfang. Wenn man das Potenzial sieht, dass sich bei Schuhen und Mode in unseren Kernmärkten noch bietet, welche Chancen in neuen Märkten und unseren eigenen Marken noch schlummern, weiß man, wo es hingehen wird«. Umsatz- oder Gewinnziele allerdings nennt er nach Art des Hauses auch jetzt nicht.

»Die Zahlen der vergangenen drei Jahre beweisen, dass wir mit steigendem Umsatz unsere Produktivität steigern konnten und nicht umgekehrt«, sagt Finanzchef Jan Kemper, einst Investmentbanker bei Morgan Stanley. »Es ist immer noch ein Minus, aber die Tendenz ist eindeutig. Das dauert halt, da sind wir ganz locker, das macht uns nicht nervös.«

Und dann erklärt Rubin Ritter, mit welchen Stellhebeln er aus Zalando in den kommenden Jahren einen Goldesel machen will:

Stellhebel Logistik: »Da mussten wir am Anfang dem Dienstleister pro Paket einen Betrag zahlen. Diese Kosten wären proportional zum Umsatz gestiegen. Deshalb haben wir uns sehr bald dazu entschlossen, die Logistik selbst zu machen. Und da gibt es die festen Paket-Preise nicht mehr, da kön-

nen wir von Effizienzverbesserungen sofort profitieren.« Heißt: Steigender Umsatz bedeutet überproportional bessere Ergebnisse.

Stellhebel Marketingkosten: »Am Anfang mussten wir praktisch neue Kunden ›kaufen‹ – durch Werbung, Gutscheinaktionen und so weiter auf uns aufmerksam machen. Inzwischen haben wir einen so großen Anteil an Wiederbestellern, dass die Marketingkosten deutlich sinken könnten. Wir haben in Deutschland, Österreich und der Schweiz (»DACH«) bereits deutlich mehr Stammkunden als Neukunden. Das ist eine Erklärung dafür, dass wir dort in dreistelligen Millionenbeträgen gewachsen sind und den Umsatz verdoppelt haben und gleichzeitig unsere Ergebnisse so weit verbessert haben, dass wir erstmals schwarze Zahlen in DACH geschrieben haben. Und das trotz der Investitionen.« Heißt: immer mehr Bestandskunden machen immer weniger Marketing- und Werbe-Aufwendungen erforderlich.

Stellhebel sonstige Fixkosten: Etwa für das Personal im Lager. »Die müssen wir erst mal aufbauen und vorhalten. Zum Beispiel die IT und deren Kosten wachsen längst nicht proportional mit dem Umsatz mit, wenn wir etwa in neue Länder gehen. Das muss man bei einer Umsatzverdoppelung zwar aufstocken, muss aber nicht annähernd verdoppeln.« Heißt: Je größer das Geschäft wird, desto günstiger wird für Zalando jede einzelne Bestellung. Wenn Zalando es zudem noch schafft, die Retourenquote zu senken, wirkt sich auch das positiv auf das Ergebnis aus.

Der heimliche Stellhebel: Ein Werkzeug erwähnt Ritter selbstverständlich nicht, das mit wachsender Marktmacht Zalandos immer wirkungsvoller wird: Zalando könnte seine Rendite verbessern, indem es die in der Branche üblichen Folterinstrumente auspackt. Dabei verlangt der Händler von seinen Lieferanten ziemlich freundlich, aber bestimmt günstigere Einkaufskonditionen, also Rabatte. Und welche Marke, die hohe – gar zweistellige – Prozentanteile ihres Umsatzes über Zalando erzielt, könnte sich einer solchen »Bitte« gegenüber unbeeindruckt zeigen? Die Waffen sind bei diesem Kampf ungleich verteilt: Zalando würde es im Zweifelsfall nicht allzu wehtun, eine oder zwei bei den Preisverhandlungen allzu störrische Marken einfach von der Seite zu werfen und nicht mehr anzubieten. Der Hersteller allerdings, dem dadurch praktisch über Nacht einer seiner größten Kunden abhandenkommen würde, hätte ein richtiges Problem. Unzählige Male ist dieses Spielchen in der Konsumbranche schon durchexerziert worden – meistens hat am Ende

der Händler bekommen, was er wollte. Nämlich günstigere Einkaufspreise, die sich positiv auf das Ergebnis niederschlagen würden. Es wäre erstaunlich, wenn Zalando auf Dauer auf diese nicht sehr elegante, aber wirkungsvolle Methode zur Verbesserung der Rendite verzichten würde.

Das Management will Zalando zudem stärker als Modeevent im Netz und weniger als schlichten Onlinehändler positionieren, was weiteres Wachstum in höhere Renditeregionen schaffen könnte. Einen ähnlichen Effekt könnte die stärkere Hinwendung zu männlichen Kunden haben: Denn die Jungs produzieren weniger Retouren und damit Kosten als die Mädels. Die verstärkte Einrichtung von Marktplätzen dürfte ebenfalls zu einem besseren Ergebnis beitragen: Dabei können andere Anbieter Warengruppen, bei denen Zalando bisher nicht besser als durchschnittlich ist, über die Zalando-Seite präsentieren. Den Umsatz erzielt das Fremdunternehmen, Zalando kassiert für jede Bestellung eine Provision und vervollständigt nach außen ohne große Kosten sein Sortiment. Amazon, ebay und andere machen es nicht anders.

Eine andere Geldquelle allerdings hat sich Zalando selber verschlossen: die Beteiligung der Kundschaft an den Retouren- und Versandkosten. Vom ersten Tag an hatten Genz und Schneider festgelegt, dass es so etwas bei Zalando nicht geben solle, um sich positiv von den Konkurrenten abzuheben. Das hat ja auch gut funktioniert, wenn man die Zahl der Bestellungen als Grundlage nimmt. Aber das Unternehmen verzichtet damit auf Einnahmen, die nach Ansicht von Praktikern genau den Unterschied zwischen roten und schwarzen Zahlen im Onlinegeschäft ausmachen können. Doch das Unternehmen kann nicht mehr zurück: »Wenn Zalando eine Versandkostenpauschale einführen würde, wären sie teurer als der stationäre Handel. Und dann würde die Zahl der Zalando-Kunden von einem Tag auf den anderen deutlich zurückgehen. So sexy das Geschäftsmodell jetzt auch wirken mag, so schnell wäre es dann vorbei mit ihm. Die Kunden kämen wieder in die Läden, wo sie auch Beratung erhalten«, ist sich Christian Händle sicher, der mit seiner Hamm-RenoGroup solch klassische Läden betreibt.

Der Mann hat seine Erfahrungen gemacht: Reno war Mitte der Achtzigerjahre des zwanzigsten Jahrhunderts im Versandhandel mit Schuhen gut vertreten. Zwischen 350 und 400 Millionen DM lag der Umsatz, sagt Händle. »Aber wir hatten wahnsinnig hohe Retouren und führen ab Mitte der neun-

ziger Jahre Verluste ein, so dass der Versandhandel mit Schuhen nach 1997 eingestellt wurde.«

Und noch etwas könnte das weitere Wachstum bedrohen: Der jugendliche Problemlösungs-Optimismus, der das Unternehmen groß gemacht hat, droht selber zum Problem zu werden: »Es besteht die Gefahr, dass Zalando zu viel gleichzeitig anpackt«, sagt Berater Hafner. »Ich frage mich, ob sieben neue Länder, Emeza und Eigenmarken nicht zu viel sind. Dann besteht die Gefahr, dass sie sich überfordern. Es würde mich wundern, wenn Zalando für all diese Projekte ausreichend Managementkapazitäten hätte. Auch Zalando braucht für all das einen soliden Unterbau. Auf einer Woge der Euphorie zu reiten, ist auf mittlere Sicht zu wenig.«

Die Managementkapazitäten sind angesichts der Vielzahl von Entscheidungen tatsächlich sehr knapp. Das ist ein Risiko, insbesondere für den Fall, dass Unvorhergesehenes passiert. Und man sieht an Beispielen wie den Anlaufschwierigkeiten im Lager Erfurt und der damit verbundenen zeitweiligen Lieferverzögerungen, dass auch der Zalando-Spirit keine Berge versetzt. Vor allem nicht mehrere gleichzeitig.

Unter dem Strich jedoch dürfte es nur eine Frage der Zeit sein, wann Zalando in seinen Kernmärkten Deutschland, Österreich, Schweiz und dann auch mit dem gesamten Unternehmen in die schwarzen Zahlen kommt. Viel spannender wird allerdings die Frage, welche Gewinnmargen das Unternehmen erzielen kann und ob die ausreichen, um weiterhin dauerhaft für genügend Investoren attraktiv zu sein. Für Investor Haub ist die Sache klar: »Dass man Online kein Geld verdienen kann, stimmt nicht. Auch dass man mit Zalando nur fünf Prozent Rendite erzielen kann, ist überhaupt nicht ausgemacht. Warum kann es nicht mehr sein?« Auch der Optimismus von Ritter ist nach oben hin offen: »Wir können allen Zweiflern beweisen, dass es doch geht. Und dass Zalando ein Unternehmen ist, auf das man stolz sein kann. Wir sind sicher, dass die Ergebnisse der kommenden Jahre für sich sprechen werden. Zalando ist wahrscheinlich die erste Idee in Deutschland, mit der man zeigen kann, dass wir auch hier eine internationale Erfolgsstory erreichen können. In den USA ist man da schon viel weiter. »Langfristig und »nachhaltig« sei die Entwicklung von Zalando angelegt, sagen die Gründer gerne gegen die Spekulation, die Investoren würden nur auf einen schnellen Verkauf des Unternehmens zu einem hohen Preis, den sogenannten »Exit«,

hinarbeiten. Doch nach dem Ausstieg fehle der Firma, wie ja tatsächlich schon mehrfach in Samwers Reich geschehen, Geld und Perspektive. Die Zalando-Party sei somit vorbei.

David Schneider stört dabei schon das Wort »Exit«. »Das klingt so nach Ende, aber wir arbeiten an der Zukunft.«

Je länger Zalando eine private company ist, desto besser sei es für die Entwicklung. Grundlegende Entscheidungen der vergangenen zwei Jahre wären wohl nicht so gefallen, wenn Zalando an der Börse wäre. Etwa jene, die Logistik immer mehr in eigener Regie zu übernehmen. Ritter: »Kurzfristig orientierte Anleger hätten so eine langfristig erfolgreiche Investaituion wie die Logistikzentren in Erfurt oder Mönchengladbach wohl nicht mitgemacht. So ein Großprojekt dauert ja nach dem Beschluss des Baus zwei Jahre, bis es perfekt läuft, und in der Zwischenzeit kostet es vor allem Geld. Den return of investment können Anleger mit schlichteren Lösungen auch schneller haben. Die Zalando-Investoren haben einen eher mittelfristigen Zeithorizont. Sie glauben, dass Zalando in drei bis fünf Jahren sein volles Potenzial entwickeln wird.«

Schließlich hatte Kinnevik erst im Herbst 2012 weitere 287 Millionen Euro ausgegeben, um seinen Zalando-Anteil um weitere zehn Prozentpunkte aufzustocken. Die schwedische Investmentbank – und nicht Samwers Rocket Internet – ist Zalandos bedeutendster Anteilseigner. Zwar besitzt Rocket Internet noch mehr Zalando-Anteile als Kinnevik, aber Kinnevik ist zusätzlich auch noch an Rocket Internet beteiligt. Kinnevik, so Genz, investiere dauerhaft in Unternehmen mit langfristiger Perspektive. »Selbstverständlich erwarten unsere Investoren eine Verzinsung.«

»Selbst wenn ein Investor aussteigen würde, stünde sicher schnell ein neuer bereit. Ich sehe aber bei keinem unserer Investoren die Neigung, möglichst schnell aus Zalando auszusteigen«, versichert Genz. »Unsere Investoren kennen unsere Zahlen seit Jahren sehr genau. Und sie wollen nicht aussteigen, ganz im Gegenteil«, ist sich Ritter sicher. Und Haub sagt zu den Gerüchten, dass Mitanleger das Projekt Zalando längst zu heiß geworden sei: »Das wäre mir neu. Ich weiß nicht, wer das gewesen sein sollte. Im Gegenteil: Ich sehe eher ein großes Interesse bei Investoren, Anteile an Zalando zu erwerben.«

Kritiker, die sich nicht zitieren lassen, sehen das alles viel skeptischer: Investorengelder in sehr hohen Millionensummen hätten die Zalando-Jungs in

den ersten vier Jahren schon verbrannt, heißt es. 600 Millionen Euro sollen es inzwischen bereits sein, ist am Markt immer wieder zu hören. Und damit sie überhaupt noch eine Chance haben, ihr Geld irgendwann über den Exit wiederzusehen, müssten die Investoren noch mehr Geld in Zalando investieren und »die Braut hübsch machen«, wie es im Wirtschaftsjargon gern heißt. Ritter atmet einmal tief durch, bevor er auf die Vorwürfe antwortet: »Das Geld ist doch nicht verbrannt! Wir haben es in das Wachstum, in die Bekanntheit, in die Infrastruktur gesteckt – und damit in die Zukunft von Zalando investiert. Das ist doch ein ganz normaler Vorgang beim Aufbau eines Unternehmens.« Und die Summe von 600 Millionen Euro? »Die Zahl lässt sich doch an den Jahresergebnissen, die wir alle veröffentlicht haben, sehr leicht ablesen. Ich kann nur sagen: Es ist eine deutlich niedrigere Summe.«

Irgendwann jedoch werden die Investoren ihr Geld mit Zins und Zinses-zins und üppigem Zuschlag für akzeptiertes Risiko zurückhaben wollen. Fragt sich nur: wann und wie? Dass sie, von denen die meisten Milliarden-summen im Hintergrund haben, ihr Geld in absehbarer Zeit plötzlich abzie-hen, ist höchst unwahrscheinlich. Denn zum einen beteuern sie stets das hohe Zukunftspotenzial des Unternehmens, zum anderen ist kein Ende der Wachs-tumsstory zu erkennen und zum Dritten könnte ein überstürzter Ausstieg ihr bisher eingesetztes Kapital gefährden – weil das am Markt als Flucht interpre-tiert werden könnte, was die Chance auf den Weiterverkauf der Anteile zu einem guten Preis deutlich senken dürfte. Ein geordneter, möglicherweise schrittweise gestalteter Verkauf der Anteile dagegen wahrt die Chance auf opulente Wertsteigerungen ihrer eingesetzten Millionen. Je früher die In-vestoren eingestiegen waren, desto höher wird ihr Gewinn sein, weil sie am wenigsten für ihre Anteile bezahlt hatten. Rocket Internet, Holtzbrink und Haub werden somit die Hauptgewinner sein.

Für den Ausstieg gibt es vor allem zwei Möglichkeiten: den Komplettver-kauf an andere Investoren oder den Börsengang. Aber wer könnte Zalando kaufen? Immerhin dürfte für das Unternehmen ein Preis von mindestens drei Milliarden Euro aufgerufen werden. Vielleicht, wenn die Goldmänner mit ihrer Prognose recht haben sollten, auch noch viel mehr.

Immer wieder fällt der Name Amazon. Das Urmeter des Onlinehandels hatte mit dem Schuh- und Modeverkauf in Europa bisher noch keinen so

großen Erfolg. Zalando in der alten Welt als Pendant zur Tochter Zappos in der neuen Welt hätte einen gewissen Reiz. Bezahlen könnte Amazon Zalando wohl ohne Schwierigkeiten. Allerdings hätte Firmenguru Jeff Bezos wohl einiges zu tun, seinen Aktionären diesen teuren Kauf schmackhaft zu machen. Die Milliarden wären möglicherweise in den Schwellenländern besser eingesetzt. Von diesen Superwachstumsmärkten käme das Geld mutmaßlich schneller in die Taschen der Amazon-Investoren zurück als bei einem europabezogenen Zalando-Deal.

Auch die Hamburger Otto-Gruppe wird immer wieder zumindest als theoretischer Zalando-Interessent genannt. Es wäre eine perfekte Ergänzung, die zudem noch weiteren operativen und kulturellen Sachverstand in das Traditionsunternehmen bringen würde. Nähme man allerdings das offiziell-inoffizielle Naserümpfen über die hohen Retourenquoten und Verluste bei Zalando ernst, wäre das Berliner Unternehmen kein Kauf für die Hamburger, sondern eher ein Klotz am Bein. Hinzu kommt der mutmaßlich hohe Kaufpreis.

Die wahrscheinlichste Variante ist der Zalando-Verkauf an einem Stück damit wohl nicht. »Für einen Komplettverkauf an einen Investor oder eine Investorengruppe ist Zalando vielleicht schon zu groß«, bringt Haub zum Ausdruck, was man in der Branche sehr oft hört. Ausschließen möchte Haub jedoch nichts: »In dieser Branche gibt es immer wieder Überraschungen: Wer hätte gedacht, dass Yahoo 1,1 Milliarden Dollar für Tumblr auf den Tisch legen würde?«

Deutlich mehr spricht allerdings für den Austausch einiger der bisherigen Geldgeber durch andere oder – und das hat es zuletzt ja bereits gegeben – die Ergänzung durch zusätzliche Investoren. Ganz oben auf der Wahrscheinlichkeitsliste steht derzeit jedoch der Börsengang. Dass es irgendwann eine »Schrei-vor-Glück-Aktie« oder »Z-Aktie« geben wird, glauben wohl die meisten Beobachter. Über diesen Weg ließe sich der Ausstieg gut dosieren. Vielleicht gäben die Alt-Eigentümer dabei zunächst nur 30, 40 oder 50 Prozent der Anteile an die Börse.

Einer, der an der Entscheidung darüber einmal teilhaben wird, könnte sich damit anfreunden: »Ich halte es für möglich, dass es irgendwann auf einen Börsengang hinausläuft«, sagt Karl-Erivan Haub. Wobei er den Begriff »Exit« nicht so verstanden wissen will, dass er das Kapitel Zalando komplett hinter sich lassen will: »Selbstverständlich könnten wir uns vorstellen, bei einem Teil-

Börsengang bei Zalando investiert zu bleiben.« Ähnlich könnten es andere Investoren ebenfalls vorhaben, insbesondere Kinnevik. Ein solcher Teil-Börsengang könnte zudem zumindest einen Teil der Nörgler verstummen lassen, hofft Haub: »Im Silicon Valley gilt eine Gründung erst dann als Erfolg, wenn sie in einem Milliarden-Börsengang mündet. Vielleicht ist das in Europa ja auch so.«

Den richtigen Zeitpunkt zum Ausstieg zu finden wird für die Investoren allerdings immer schwieriger. Solange die Samwers immer noch neue Geldgeber außerhalb der Börse finden, dürften die Eigentümer keine Eile mit dem Ausstieg haben. Denn mit jedem neu hinzukommenden Investor steigt der Preis der Anteile, wenn das Konzept aufgeht. Dennoch dürfen sie den Zeitpunkt nicht verpassen und müssen überlegen: Wann ist der geeignete Reifegrad des Unternehmens erreicht, während gleichzeitig noch genügend Entwicklungsperspektive für die nächsten Jahre vorhanden ist? Auf jeden Fall müssen dazu Gewinne her – und eine Story, diese in den folgenden Jahren noch zu steigern. Dass das Gesamtunternehmen im Jahr 2013 über die Gewinnschwelle kommen wird, ist angesichts der hohen Investitionen sehr unwahrscheinlich. Das hieße: Ab 2014, vielleicht erst ab 2015, könnte es interessant werden für diejenigen, die gerne »Schrei-vor-Glück-Aktien« zeichnen wollen. Dann wäre Zalando auf dem Weg zum Unternehmen für die ganze Familie: Tochter, Mutter und Sohn bestellen Stöckel, Kleid und Hose – und Papa kauft die Aktie.

Die Bewertungen bei einem Börsengang und die Nachfrage nach den Papieren wären der bisher beste Indikator, wenn man die Frage beantworten will, ob die »Jungs« in der Geschäftsführung ihre Hausaufgaben wirklich gemacht haben. Ob sie 2013 und in den Vorjahren die Saat für die Gewinne vieler Jahre gelegt oder nur Zeit verloren und Geld verbrannt haben.

Es wäre hoch interessant zu erfahren, wie insbesondere die Samwers über das Thema Ausstieg wirklich denken: Denn auf der einen Seite würde ein langfristiges Engagement bei Zalando ihrem Image nützen. Könnten sie doch dadurch untermauern, dass es ihnen tatsächlich nicht nur um kurzfristiges Hochpäppeln, sondern um langfristiges Begleiten eines jungen Unternehmens geht. Auf der anderen Seite könnten sie die Millionen, die ihnen bei einem Ausstieg in die Hände fielen, gut für ihre anderen – des fiziären – Projekte in Südamerika, Asien oder Afrika gebrauchen. Denn die dürften mut-

maßlich noch besser und schneller »skalieren« als Zalando im tragen und Eurokrisen geplagten Europa. Doch ein Ausstieg der Samwers vor allen anderen Investoren wäre der Öffentlichkeit wohl kaum zu verkaufen. Sie können kaum als erste aussteigen. Wenn sie es doch täten, dürfte klar sein, wie die Samwer- und Zalando-Skeptiker das interpretieren würden: Die Ratten verlassen das sinkende Schiff …

Doch es gibt noch ein Szenario, das bisher öffentlich kaum diskutiert worden ist: Die Samwers könnten zweigleisig planen und neben der Ausstiegs-Option überlegen, Zalando zu einem wesentlichen Bestandteil eines weltumspannenden, operativ viel stärker als bisher vernetzten Handelshauses zu machen. Zusammen mit den Rocket-Internet-Händlern in Brasilien, Russland, Asien, Südafrika, Nigeria und vielen anderen Staaten. Diese Super-Skalierung ergäbe einen Riesenladen mit enormem Wachstums- und Synergiepotenzial. Es wäre eine echte Macht im globalen Konsum für Mode, Technik, Möbel, vielleicht bald auch Lebensmittel. Es könnte das größte Handelsunternehmen der Welt werden, das Wal-Mart entthronen würde – und Amazon gleich mit. Zum Credo des Oliver Samwer würde eine solche Vision passen: »Hauptsache groß«. Allerdings dürften die übrigen Spieler im globalen Handelspoker alles einsetzen, um die Konsum-Weltherrschaft der Samwers zu verhindern.

Dieses Szenario mag nicht das wahrscheinlichste sein. Aber es ist ein weiterer Grund, solch spannende und außergewöhnliche Phänomene wie Zalando und den weltweiten Onlinehandel weiter zu beobachten. Und die Menschen, die dahinter stehen.

Fazit

Schrei vor Glück
Oder: Das Phänomen Zalando

Robert Gentz und David Schneider haben den Onlinehandel nicht erfunden. Nicht einmal den E-Commerce mit Schuhen. Sie haben perfektioniert, was vor ihnen schon andere gemacht haben. Aber sie haben mit Zalando das europäische Unternehmen erfunden, das bisher maßgeblich dazu beigetragen hat, dass wir unsere Einkaufsgewohnheiten für Schuhe und Textilien in den vergangenen Jahren radikal verändert haben. Damit haben sie ihre Branche in einem Ausmaß erschüttert wie kaum eine Veränderung seit der Einführung der industriellen Schuhproduktion. Und das in einem Lebensalter, in dem andere als »Assistent der Geschäftsführung« gerade erste Managementerfahrungen sammeln.

Trotz einiger Schwachstellen spricht vieles dafür, dass das Unternehmen die Verbraucher in Europa in den kommenden Jahren begleiten wird. Zu gut haben Gentz, Schröder, Ritter und all die anderen Führungskräfte den On-linehandel – zumindest den, den wir heute kennen – verstanden, als dass sie übermorgen ein neuer Konkurrent vom Markt fegen könnte. Durch ihre Zahlenorientierung, ihre Kultur des Ausprobierens, Kontrollierens und wei-teren Verbesserns haben sie eine Verkaufsmaschine gebaut, die sich nicht mehr so schnell wird stoppen lassen.

Das Unternehmen hat sich mit dieser Maschine eine zentrale Rolle im Mega-Konsumtrend des frühen 21. Jahrhunderts erarbeitet. Alles spricht dafür, dass der Onlinehandel in den kommenden Jahrzehnten noch deutlich an Bedeutung zunehmen wird. Denn jene Konsumenten, zu deren Leben das Internet einfach immer schon dazugehörte – und damit auch das Einkaufen am Computer –, werden immer mehr. Und jene, für die das Shoppen im

Laden das Selbstverständlichste der Welt war, werden mit den Jahren weniger.

Die Zeit spielt für Unternehmen wie Zalando, die bereits jetzt Riesen auf einem Zukunftsmarkt sind, von dem manche immer noch nicht glauben wollen, dass es ihn überhaupt gibt.

Diese komfortable Position hat Zalando zweifelsohne mit einer Finanzausstattung erreicht, von der andere Firmengründer nur träumen können. Dank der Samwer-Brüder war bisher immer genügend Geld da, um sich in lukrative Märkte hineinzudrängen und Konkurrenten das Leben schwer zu machen. Da das mit hohen Marketinginvestitionen geschah, kann man – wie viele Kritiker es tun – durchaus davon sprechen, dass sich Gentz und Schneider einen Teil ihres Umsatzes »erkauft« haben. Wobei »geliehen« es besser treffen würde, weil der Kampf um den Kunden schließlich an jedem Tag neu beginnt. Niemand kann sich in dieser Branche sicher sein, den Erfolg von heute auch morgen noch genießen zu können, auch Zalando nicht.

Das junge Management arbeitet jetzt daran, in den Kernmärkten Deutschland, Österreich und Schweiz vom reinen Massenwachstum auf Rentabilität umzuschalten. Auch wenn viele Kritiker sich sehr skeptisch geben, dass ihnen das gelingen wird, haben sie doch einige Stellhebel in der Hand, mit denen sie das Verhältnis von Geldausgeben zu Geldeinnehmen so weit verbessern können, dass sie endlich über die Gewinnschwelle kommen und attraktive Renditen erzielen: Marketing-, Retouren- und Logistikkosten können dadurch runter-, Umsätze und Renditen dagegen hochgehen.

Damit dürfte das Unternehmen dann, möglicherweise ab 2014, finanziell auf eigenen Füßen stehen. Dann muss es aber ohne weitere Geldtransfusionen der Investoren auskommen können. Und das wäre dann vermutlich auch der erste Zeitpunkt für die frühen Geldgeber, etwa über einen Börsengang zumindest einen Teil ihrer Anteile mit mutmaßlich sehr hohen Wertsteigerungen abzugeben. Wenn sich Zalando weiterhin operativ verbessert und Anlegern vor allem eine mittelfristige Gewinn-Story verkaufen kann, wird das Unternehmen auch ein größeres Durchwechseln der Eigentümer überstehen. Wichtig ist dabei, möglichst viel vom Start-up-Spirit, von der besonderen Zalando-Kultur in die Regionen jenseits der Zwei Milliarden-Euro-Umsatz-Grenze zu retten: Mit diesem Unkonventionellen hat Zalando bisher seine Märkte gestürmt. Je »normaler« das Unternehmen aber wird, je mehr es mit sich selbst beschäftigt ist, desto mehr Kraft droht es zu verlieren.

Die Zalando-Gegner sollten sich darauf allerdings nicht verlassen: In diesem ungewöhnlichen Unternehmen steckt mehr Substanz, als viele glauben wollen.

Dank an
Rosemarie Suchantke, Carsten Dierig und alle bei der »Welt« und der »Welt am Sonntag«, Frank Elsner, Hartmut Schultz, Hansjürgen Heinick sowie Boris Radke und sein Team.
Ein ganz besonderer Dank gilt Heike Wilhelmi, der Agentin meines Vertrauens.

Frank Wiebe

Wie fair sind Apple & Co.?

50 Weltkonzerne im Ethik-Test

Konsumenten wollen heute wissen, wo ihr Geld schliesslich landet. Vor allem grosse Konzerne reagieren auf Druck der Verbraucher und sehen sich gezwungen, bei Umweltthemen und in sozialen Fragen für Verbesserungen zu sorgen.

Frank Wiebe hat sich weltweit bekannte Marken und Konzerne von A wie Adidas bis Z wie Zara vorgenommen und systematisch auf ethische Stärken und Schwächen hin überprüft. So sind 50 ethische Profile entstanden, die Kunden, Investoren und Konkurrenten einen schnellen, aber gut begründeten Überblick darüber geben, wie weit die Unternehmen die selbst gestellten und die von der Öffentlichkeit geforderten Maßstäbe einhalten. Jeder Konzern bekommt eine Bewertung mit bis zu fünf Sternen.

In einem einleitenden Teil erläutert der Autor die Grundlagen seiner Bewertung und legt dar, wie sich Unternehmensethik erarbeiten, begründen und praktisch umsetzen lässt. Das Werk lässt sich als Handbuch zum Nachschlagen nutzen oder auch als eine detailreiche, mit vielen Beispielen illustrierte und zudem leicht verständliche Einführung in die Unternehmensethik.

264 Seiten, gebunden mit Schutzumschlag, ISBN 978-3-280-05475-8

orell füssli Verlag

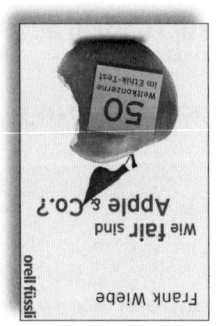

Frank Wiebe
Wie **fair** sind
Apple & Co.?
orell füssli

Daniele Ganser

Europa im Erdölrausch

Die Folgen einer gefährlichen Abhängigkeit

88 Millionen Fässer Erdöl werden weltweit täglich verbraucht. Das sind 44 Supertanker. Woher kommt das Öl? Wie hat es die europäische Geschichte in den letzten 150 Jahren beeinflusst? Und vor allem: Warum geht es uns jetzt aus?

Daniele Ganser, Peak-Oil-Experte und Friedensforscher, legt die erste Gesamtdarstellung zu Europas Erdöl-Abhängigkeit vor. Er schildert den Beginn der Erdölindustrie, das durch billige Energie angetriebene Wirtschaftswachstum, die Erdölkrisen der 1970er-Jahre und die Hintergründe des andauernden, blutigen Kampfs ums Erdöl bis hin zu den jüngsten Kriegen im Irak und in Libyen.

Absoluten Neuigkeitswert hat Gansers Nachweis, dass beim konventionellen Erdöl weltweit bereits 2005 das Fördermaximum erreicht wurde. Für heiße Diskussionen werden auch seine Szenarien zur energiepolitischen Zukunft sorgen: Spitzt sich der globale Kampf ums Erdöl zu? Gelingt den Europäern die Wende hin zu 100 Prozent erneuerbaren Energien?

416 Seiten, broschiert, ISBN 978-3-280-05474-1

orell füssli Verlag